Lodeesen
Hier spricht Ihr Kapitän

MARIUS LODEESEN

Hier spricht Ihr Kapitän

Vom China Clipper
zur Boeing 707

ULLSTEIN

Die englische Originalausgabe erschien unter dem Titel
Captain Lodi Speaking
bei Argonaut Press, Suttons Bay, Michigan
© 1984 by Marius Lodeesen

Die Deutsche Bibliothek – CIP-Einheitsaufnahme
Lodeesen, Marius:
Hier spricht Ihr Kapitän: vom China-Clipper zur Boing 707 /
Marius Lodeesen. Aus dem Amerikan. von Klaus Thiemann. –
Berlin: Ullstein, 1997
Einheitssacht.: Captain Lodi speaking ⟨dt.⟩
ISBN 3-550-06949-9

Deutsche Ausgabe
© 1997 by Buchverlage Ullstein GmbH, Berlin
Alle Rechte vorbehalten

Reproduktionen: Fa. Haußmann, Darmstadt
Satz: Dörlemann Satz, Lemförde
Druck: Grafischer Großbetrieb Pößneck
Ein Mohndruckbetrieb
Printed in Germany 1997
ISBN 3-550-06958-8

Gedruckt auf alterungsbeständigem Papier
mit chlorfrei gebleichtem Zellstoff

Alle Menschen gewinnen im Leben an Erfahrung.
Die Mehrheit bemerkt es jedoch nicht.

Chinesisches Sprichwort

Inhalt

Prolog   9

Auftrag in Nawabscha   11

Wie man abstürzt, ohne zu fliegen   25

Auf dem Weg zum Nordpol   34

Wege des Schicksals   46

Vermächtnis   78

Das wundervollste Lächeln   87

Erinnerung an längst Vergangenes   101

Südwärts nach Rio   118

Als wär's ein Stück von mir   132

Fliegen ist das Leben wert   153

In geheimer Mission   186

Eine große Tragödie   206

Die Kunst des Fliegens   226

Das Schiff heimbringen   230

Sackgasse   244

Ein Streifen Beton   257
Momente des Schreckens   267
Zwischen Affen und Kaninchen   278
Mafia   285
Emigrantenchoral   296
Drei kleine Wörter   312
Das Antlitz der Erde   318
Heldentum ist nicht mehr, was es war   324
Jeden tötet, was er liebt   335
Drei Sekunden   345
Mother Goose   350
Acht Pfeifen ab London   356
Letzte Landung   364

Prolog

Als ich auf einem Symposium der Luft- und Raumfahrt als Oldtimer der Fliegerei geehrt wurde, fragte ich einen Freund: »Warum machen sie einen solchen Aufstand um mich? Ich habe doch gar nichts Außergewöhnliches vollbracht.«

»Lodi«, sagte er, seinen Arm um meine Schultern legend, »sie tun es nicht so sehr wegen dir. Sie sagen einer Ära ›Goodbye‹.«

Die Luftfahrt und ich – wir wurden zur selben Zeit geboren, und beide erlebten wir – Grünschnäbel, die wir waren – Erfolge und Fehlschläge. Die Fliegerei hatte mich in ihren Bann gezogen.

Die Luftfahrt und ich – wir wuchsen zusammen auf. Wir stolperten gemeinsam durch die Jugendzeit und erlangten gemeinsam unsere Reife. Heute ist die Luftfahrt groß und stark, während meine Zeit sich dem Ende zuneigt.

Neben Leben und Fliegen entstand dieses Buch, ein Bericht über »meine Zeit«, noch nahe genug an der Gegenwart, aber schon aus der Entfernung betrachtet.

Geschichte, so wird gesagt, ist ein Roman, der gelebt hat. Dieses Buch ist ein solcher Roman, eine Story um Motorengedröhn und Plackerei, von Männern, die ihre Flugzeuge heimbrachten, und solchen, die es nicht schafften. Es ist eine Erzählung um Tragik und Posse und um einige Seufzer der Erinnerung. Meine Freunde sprechen für mich.

Ich habe versucht, es einfach zu sagen, mit bewegter Seele, wie wenn der Wind an der Maschine rüttelt. Und wessen Herz ich nicht erreiche, den kann ich vielleicht amüsieren.

Also bitte lauschen Sie: Hier spricht Ihr Kapitän.

Auftrag in Nawabscha

In den Gasthäusern und Weinlokalen am Ufer des Bodensees erzählt man sich die Legende vom Reiter über den Bodensee. Manche meinen, sie sei wahr, andere sind sich nicht so sicher. Es liegt eine lange Zeit zurück.

An einem frostklirrenden Weihnachtstag jagte ein Reiter zum See in der Hoffnung, ein Boot zu finden, das ihn zu einem Stelldichein übersetzen würde. Er galoppierte an Dörfern und Bauernhöfen vorüber, über unbekannte Wege und durch Wälder, unter schneebeladenen Zweigen dahin. Die Dämmerung sank hernieder, Straßen und Bäume verschwanden im undurchsichtigen Nichts, und das Getrappel der Pferdehufe wurde vom Schnee verschluckt. Irgendwann vernahm der Reiter das Läuten einer Glocke und erblickte Lichter. Er hielt vor der offenen Tür einer Kapelle, deren Inneres durch den Schein vieler großer Kerzen erhellt wurde.

»Wie weit noch zum See?« rief er. »Gibt es ein Boot, das mich hinüberbringen kann?«

»Ein Boot?« fragte der Priester verwirrt. »Aber der See ist zugefroren. Seit Wochen konnte niemand übersetzen. Wo kommt Ihr her?«

Der Reiter wies zurück. »Von dort!«

Seine Laterne hochhaltend, blickte der Priester scheu ins

Gesicht des Reiters. »Ihr seid über den See geritten, Herr! Kommt herein und laßt uns dieses Wunder Gottes feiern.«

Der Reiter drehte sich im Sattel um und starrte zurück in die dunkle Leere, aus der er gekommen war. Unter lautem Donner zerbarst die Eisdecke und hinterließ breite Risse und Spalten von Ufer zu Ufer.

Weihnachtstag. Friede auf Erden und allen Menschen Wohlgefallen. Über den grenzenlosen Weiten Indiens jagte der Clipper »Sovereign of the Seas« unter Cumuluswolken dahin, passierte Indore und eilte nach Ahmedabad, als die Sonne in die Falten riesiger, sich wälzender Wolkenmassen eintauchte. Nahe dem Fluß Indus sank der Clipper durch verwehte Fetzen in dunkles, brodelndes Grau hinein und wurde durch heftige Turbulenzen arg durchgerüttelt.

Ein gigantisches Tropengewitter hatte Unmengen von Wasser über der Gegend abgeladen. Karatschis Fluglotsen, selbst bei gutem Wetter langsam, waren diesem außergewöhnlichen Geschehen kaum gewachsen. Der Clipper kreiste in der Warteschleife, von gelegentlichen Böen geschüttelt, während die Besatzung dem Funkverkehr zwischen den landenden Maschinen und der Anflugkontrolle lauschte.

Die Verzögerung weitete sich aus. Ein Flugzeug verpaßte die Landung und mußte durchstarten. Ein weiteres dehnte den Anflug endlos aus. Schließlich waren wir an der Reihe.

»Dann los, Skipper«, sagte Jim, der 1. Offizier. »Bringen wir es hinter uns. Ich habe Hunger. Heute nacht ist eine große Weihnachtsparty im Kasino geplant.«

»Ja, Jim. Hast du Lust, diese Landung zu machen?«

Jim nahm das Steuer, und ich lehnte mich in meinem Sitz zurück. Über den Kabinenlautsprecher gab ich unseren

• • • • • •

Fluggästen die übliche Landeankündigung und wünschte ihnen Fröhliche Weihnachten. Nach Überfliegen des Funkfeuers legte Jim die Maschine in eine Rechtskurve und ging auf Gegenkurs, um sofort in das Endteil eindrehen zu können, wenn die Convair vor uns die Landebahn freigemacht hatte.

»Clipper One«, kam es vom Tower, »klar zur Landung. Wind aus 290 Grad mit 18 Knoten, in Böen bis 25 – leichter Regen – Sicht 1,5 Kilometer – Wolkenuntergrenze 180 Meter – Landebahn naß – melden Sie Outer Marker.«

Runter ging's. Kurz nach Passieren des Outer Marker sah ich die Landebahnbefeuerung verschwommen durch die regenstreifigen Scheiben. »Landebahn in Sicht, Jim. Alle Checks okay. Klar bei Landeklappen!«

»Volle Klappen!« orderte Jim.

Als ich meine Hand an den Klappenhebel legte, ertönte die aufgeregte Stimme des Towerlotsen. »Clipper One! Nicht landen! Die Bahn ist überflutet! Nicht landen! Durchstarten und zum Funkfeuer zurückkehren. Rechtskurve – 500 Meter halten!«

»Verrückt!« grollte Jim und schob die vier Gashebel nach vorn. »Fahrwerk ein – Klappen 20 Grad!« Wir röhrten zurück in die Wolken.

Nachdem die erste Verwirrung vorüber war, nahm ich mein Mikrofon. »Wir kreisen über dem Funkfeuer, Karatschi Tower. Ich wechsle auf die Company-Frequenz. Stand by.« Ich schaltete auf den anderen Empfänger um. »Panop Karatschi – Clipper One. Wir sind gerade durchgestartet. Was ist los?«

Eine Stimme antwortete, unverkennbar die von Kenny, unserem Dispatcher. »Ich hörte Sie durchstarten, Captain. Ich sitze hier auf meinem Schreibtisch. Es fließt ein regelrechter Strom durch das Büro. Der Flughafen ist überflutet. Der Deich östlich des Platzes ist gebrochen, und der Fluß ergießt sich über das Rollfeld. Sie sollten nach Bombay ausweichen. Wieviel Treibstoff haben Sie?«

»Nicht ein bißchen, Kenny. Wir haben Kalkutta mit der Mindestmenge verlassen und sind außerdem schnell geflogen. Stand by.«

Ich fühlte eine Hand auf meinem Arm. »Sag Kenny, er soll den Truthahn bis morgen aufheben, Lodi«, sagte Nick, unser Flugingenieur, und rutschte auf seinem Sitz hin und her, wie immer, wenn er aufgeregt war. »Ich habe extra nichts zu Mittag gegessen, um für die Party in Form zu sein.«

»Das ist doch jetzt egal, Nick. Wie sieht's mit der Treibstoffmenge aus?«

Dies war der Beginn einer Krise, die mir noch Jahre später zu schaffen machte.

Ich rief Panop erneut. Keine Antwort. Nervös schaltete ich auf die Turmfrequenz um. Unheilvolles Schweigen.

»Kurzschluß«, sagte Jim lakonisch. »Das war zu erwarten bei all dem Wasser auf dem Platz.«

Ich fror. Schauer liefen mir über den Rücken. Bombay? Nicht genug Sprit. Wetter? Keine Verbindung mit Karatschi. Ein kleiner Teufel hockte auf meiner Schulter und flüsterte mir unangenehme Dinge zu: »Warum hast du in Kalkutta nicht mehr Treibstoff getankt? Warum hast du über Karatschi so lange gewartet, bis es an den Reservekraftstoff ging? Warum ...« Unsinn, hier saß ich mit einem teuren Flugzeug und fünfzig Menschenleben und beschäftigte mich mit mir selbst. Ich riß mich zusammen.

»Wir gehen nach Nawabscha, Jim!«
»Nawabscha? Bist du verrückt?«

· · · · · ·

»Wir haben keine Zeit zu verlieren, keine andere Wahl. Steuere etwa 35 Grad für den Augenblick und steige auf 3000 Meter.« Was für ein Elend! Und das am Weihnachtsabend. Gerade kam Dotty ins Cockpit und legte ihre Hand auf meinen Arm. »Gehen Sie zurück, Dotty. Wir sitzen in der Klemme. Ich informiere Sie, so schnell ich kann.« Ich nannte mich selbst einen kompletten Idioten … Nawabscha war eine Wüstenpiste, etwa 200 Kilometer nordöstlich von Karatschi. Der Platz wurde von der pakistanischen Luftwaffe für Übungsflüge benutzt.

Die Maschine schoß empor wie eine Rakete. Wir waren sehr leicht. Bei 2700 Meter brachen wir durch die Wolken. Die Sterne waren seltsam weit entfernt, schienen unwirklich durch einen dünnen Cirrusschleier oben in der Troposphäre. Ich drehte mich um nach einem Schimmer im Osten. Gerade in diesem Moment ging der Mond, unglaublich groß, über dem Horizont auf und warf einen herrlichen Pfad aus glitzerndem Silber an den Himmel. Ich schaute stumm. Da begann Jim zu sprechen. Ich wußte, was ihn beschäftigte.

»Was ist, wenn der Platz außer Betrieb ist? Was willst du dann tun?«

Ich warf ihm einen flüchtigen Blick zu. Sein Gesicht schien wie aus Stein gemeißelt. Es war unbewegt und ohne jeden Ausdruck. Nick wiederum war rastlos und in ständiger Bewegung. Es war typisch für ihn, herumzuturnen und in knappen, halben Sätzen zu sprechen.

»Wir haben keine Alternative, Jim.«

Die Misere dieser Nacht wird mich immer begleiten. Ich erinnere mich an fast jedes Detail. Wir drei wurden von Spannung und ständiger Sorge beherrscht.

»Tut mir leid, Jim. Es ist alles meine Schuld. Ich hätte …«

• • • • • •

»Du konntest es nicht voraussehen. Es ist nicht deine Schuld.«

»Aber sicher ist sie es«, sagte ich müde, »alles meine Schuld.«

»Vergiß es. Wir haben schließlich seit dem Start alles gemeinsam entschieden.«

»Ich weiß«, antwortete ich ein wenig gereizt. »Aber wir sitzen hier wie auf einem Pulverfaß. Hoffentlich hat Kenny Nawabscha alarmiert. Sonst geht der Vorhang runter; du weißt das.«

»Sicher«, sagte Jim, »darum laß uns jetzt gemeinsam den Karren aus dem Dreck ziehen.«

Das war typisch für ihn. Stark wie der Fels von Gibraltar. Jim war ein Familienmensch. Er hatte drei Kinder, zwei Jungen und ein Mädchen. Ich hatte sie nie gesehen, aber das Gefühl, sie gut zu kennen. Bei der kleinsten Andeutung zog Jim ihre Fotos aus der Brieftasche hervor. Ich glaube nicht, daß Jim jemals Plato oder Herbert Spencer gelesen hat. Seine Philosophie war ebenfalls wie der Fels von Gibraltar, nur mit einem Affen hier und da.

Ich suchte in meiner Kartentasche nach dem Streckenhandbuch. Nawabscha war nicht viel, nicht mehr als ein Notlandeplatz. Die Bahn war 1500 Meter kurz und bestand aus Pflastersteinen. Der Platz war mit einer Landebahnbefeuerung ausgerüstet. Wie war das Wetter dort? Wenn wir nicht landen könnten, hieße das unweigerlich Bruch im Gelände.

Diese Dinge registrierte ich mechanisch, ohne eigentlich an sie zu denken. Ich wählte die Frequenz des Funkfeuers ein. Mit unendlicher Erleichterung sah ich die Nadeln des Radiokompasses zum Leben erwachen und brachte sie nach kurzer Zeit in die richtige Position.

· · · · · ·

Langsam fühlte ich mich besser. Die Nawabscha-Seite aus dem Streckenhandbuch wurde ans Steuerhorn geklemmt. Die Karte zeigte einen Instrumentenanflug mit einem Landekurs, der die Bahn in einem spitzen Winkel kreuzte. Offizielle Mindestflughöhe, bei der Bodensicht erreicht sein mußte, war 300 Meter.

Ich begann, mir meinen eigenen Anflug aufzuzeichnen. Wir mußten den Anflug direkt auf die Landebahn ausrichten. Sichtkontakt in 300 Meter war zweifelhaft. Meine Gedanken schweiften ab. In solchen Augenblicken setzt eine mentale Blockade ein, eine Art Lethargie. Aber ich hatte keine Zeit zu verlieren.

Ich spürte den Flugingenieur dicht neben mir. »Ich habe das Gemisch abgemagert bis kurz vor dem Verhungern«, sagte Nick, den Kopf schüttelnd. »Wir fliegen aus der Reserve. Auf die Haupttanks schalte ich später um.«

»Gut, Nick, nutze jeden Tropfen aus, solange wir noch können.«

»Aber sicher – ich lebe schließlich genauso gern wie du.«

Nick war ein echter Profi. Und seine Geschichten! Kurz nach dem Start, während seine Finger noch über die Schalttafel flogen, ging es los: »Hört zu, als ich nach meinem letzten Flug nach Hause fuhr, hielt ich bei MacCaffertys Bar und traf dort einen Burschen …« Nick hatte keine Kinder und nannte seine Frau »Knuddelchen«. Sie war aber keineswegs dick, wie man meinen könnte, sondern dünn wie eine Bohnenstange und bemutterte ihn entsetzlich. Ich konnte mich stets auf Nick verlassen, hoffte aber manchmal, er würde die Klappe halten.

Mir tropfte der Schweiß von der Stirn auf das Papier und verwischte die Linien. Aus dem Augenwinkel sah ich, wie sich die Nadel des Höhenmessers langsam entgegen dem

Uhrzeigersinn drehte. Jim begann bereits mit dem Abstieg. Das war gut, denn eine Ankunft in unnötiger Höhe würde nur Treibstoff kosten. Ich beendete meine Arbeit und rief den Towerlotsen. Er antwortete. Meine Stimmung besserte sich augenblicklich. Der Lotse sprach mit starkem Akzent, so daß ich ihn nur schwer verstehen konnte. Der Flugplatz war also in Betrieb, nur die Sicht war kritisch.

»Hast du etwas ausgebrütet?« fragte Jim.

»Ja, hier nimm. Schau es dir gut an, damit du weißt, was wir vorhaben.«

»Alles klar«, sagte Jim kurz darauf, »aber es würde mich wundern, wenn es beim ersten Mal hinhaut.«

»Mich auch, aber es wäre uns zu wünschen.«

Wir lachten beide. Jims Gesicht wurde durch das rote Kartenlicht neben seiner Schulter schwach beleuchtet. Ich war froh, ihn dabeizuhaben.

Die Nadeln des Radiokompasses drehten sich um 180 Grad. Wir waren über dem Anflugfunkfeuer. »Was sagt die Treibstoffanzeige, Nick?«

»Keine Sorge. Eine Stunde, vielleicht fünfzehn Minuten länger, wenn ich sie ruhig laufen lassen kann. Ich habe allen Sprit in den Haupttanks, so daß jeder Motor von seinem eigenen Tank versorgt wird.«

Wir bereiteten den Anflug vor. Ich klemmte das Blatt mit meinem Anflugmuster mitten auf das Steuerhorn und richtete die Kartenlampe genau darauf. »Entspanne dich, alter Junge – keine Aufregung.« Entspannung jedoch ist bei äußerster Konzentration furchtbar schwer. Aber ich mußte mich entspannen, sonst würden sich meine Augen nur auf eine Anzeige fixieren, anstatt das ganze Armaturenbrett zu beobachten.

Es klappte nicht gut. Wir trieben beim Passieren des

Funkfeuers seitlich ab. Beide Nadeln drehten um 180 Grad nach rechts. Wir waren also knapp links am Funkfeuer vorbeigeflogen.

»Fahrwerk raus – Klappen 30 Grad!« Ein Rumpeln zeigte an, daß die Muschelschalen unter der Maschine geöffnet und die Räder draußen waren. Jetzt: eine Rechtskurve auf den Landebahnkurs – runter mit der Nase. Leistung zurück auf 18 Zoll Ladedruck. Das Funkfeuer lag hinter uns, war nicht mehr zu gebrauchen. Ich hielt die Richtung zur Bahn und setzte den Sinkflug fort.

Hoch mit der Tragfläche! Abstieg fortsetzen! Fünf Grad ab vom Kurs! Drück sie zurück. Ich spürte ein übermächtiges Verlangen hinauszublicken, wußte aber sehr wohl, wie schwer man sich dann wieder auf die Instrumente einstellt.

»Landebahn in Sicht! Rechts von mir!« Ich sah hoch. Totale Dunkelheit. Schnell kehrten die Augen auf die Anzeigen zurück.

»Durchstarten!« kommandierte Jim knapp. Ich schob die Gashebel langsam vor, instinktiv nicht bis zum Anschlag. Wir waren leicht, und wir mußten Benzin sparen. Ohne ein Wort von mir fuhr Jim das Fahrwerk ein. Ich fühlte, wie die Vibrationen aufhörten, als die Räder arretiert waren. Geradeaus steigend erreichten wir wieder 300 Meter.

Ich befeuchtete meine trockenen Lippen mit der Zunge. »Auf diese Weise schaffen wir es nie, Leute. Zum Teufel mit den Landeinstruktionen. Nick, verarme das Gemisch, wenn wir unsere Höhe haben. Nur voll fett anreichern im Endteil. Jim, die Checks nicht laut lesen. Ich kann mich sonst nicht konzentrieren. Beim nächsten Mal muß es klappen.«

Ich wußte, was ich meiner Besatzung zumutete. Besonders für Jim war es hart. In der normalen Verkehrsfliegerei machen Copiloten niedrige Anflüge auch selbst, aber da werden Mindesthöhen eingehalten. Ich konnte mir gut vorstellen, mit welcher Anspannung Jim und Nick meinen Anflug verfolgten, während sie machtlos jeden Moment den Aufschlag erwarteten. Die Verantwortung lag allein bei mir. Es war mein Job.

Während wir die zweite Runde drehten, teilte uns der Tower mit, daß wir sehr niedrig über die Bahn hinweggeflogen seien und man unsere Lichter über der Schwelle gesehen hätte. Die Sicht variierte ständig, weil tiefe Wolken über den Platz zogen.

»Jim, frage den Tower, wie das Terrain hinter der Landebahn beschaffen ist. Falls wir zu weit kommen, welche Bodenverhältnisse können wir dort erwarten?«

Nach wenigen Augenblicken wandte sich Jim zu mir. »Er sagt, wir sollten es lieber lassen. Das Gelände fällt steil ab.«

»Das ist wie ein Zwei-Meter-Zaun, wenn man ein Pferd für einen Ein-Meter-Zaun hat«, sagte ich mit einem halbherzigen Versuch, unbekümmert zu wirken. »Nimm sie für eine Minute, Jim. Ich will mir meine Pfeife anzünden.« Dankbar sog ich das Aroma meiner Cavendish-Mischung ein. Ich fühlte mich entspannter.

Jim leitete mich mit seiner gleichbleibend ruhigen Stimme. »Du liegst perfekt drauf – gut, weiter so – eine Idee nach links – gut so …« Mir lief der Schweiß den Nakken hinunter. Ich schielte auf die Uhr. Wir hatten mehr als eine halbe Stunde vergeudet. Ich kaute auf dem Mundstück meiner Pfeife herum.

Die Zeiger des Radiokompasses zögerten, dann drehten sie links herum. Verflixt – zu weit rechts dieses Mal. Ich spürte das Fahrwerk ausfahren, dann die Klappen. Ich sollte die Kurve ein wenig steiler fliegen, die Sinkrate auf zwei

Meter pro Sekunde erhöhen. Der Höhenmesser kroch durch 60 Meter über Grund, 45 Meter ...

»Landebahn in Sicht! Genau voraus! Hoch!«

Ein spitzer Kegel baute sich vor mir auf, die übliche optische Täuschung, wenn auf Instrumente eingestellte Augen plötzlich zwei Streifen konvergierender Landebahnlichter gegen einen pechschwarzen Himmel erblicken. So würde es nichts werden. Ich startete abermals durch.

»Wieviel Sprit, Nick?« fragte ich mit schwacher Stimme.

»Für zwei Anflüge. Besser nur für einen.«

Ja, besser nur einen. Das Leerfliegen der Tanks während des Landeanfluges würde fatale Folgen haben. Besser wäre eine Landung irgendwo auf dem Platz. Ein Gefühl absoluter Niedergeschlagenheit übermannte mich. »Meine Schuld – meine Schuld«, hämmerte es in meinen Schläfen. Ich wischte die nassen Handflächen an den Hosenbeinen ab und drückte den Rufknopf für die Stewardeß.

Als Dotty nach vorn kam, sagte ich es ihr geradeheraus. »Wir landen jetzt. Es könnte eine Bauchlandung werden; setzen Sie sich neben die hintere Tür. Entriegeln Sie das Schloß sofort nach dem Aufsetzen, damit es sich später nicht verklemmen kann. Nick nimmt die vordere Tür. Keine Notrutschen. Sie blockieren nur die Ausgänge, wenn das Fahrwerk drin ist. Dotty, wenn es möglich ist, bringen Sie mir einen Becher Kaffee. Mein Mund fühlt sich an wie Watte. Wir haben vier Minuten. Und beten Sie für mich.«

Sie legte ihre Hand auf meinen Arm. »Ja, Lodi«, sagte sie. Nie zuvor hatte sie mich so genannt. Es war immer nur Captain Lodi.

Ich bekam meinen Kaffee innerhalb von Sekunden. In drei Minuten würden wir über dem Funkfeuer sein – zur Landung. Ich dachte nicht an mich. Ich dachte nicht an die

Fluggäste. Ich dachte nicht daran, daß wir in wenigen Minuten tot sein könnten. Ich betete nicht. Ich hätte gar nicht gewußt, wie.

Ein winziges Zögern der Magnetnadeln. Dann drehte eine nach rechts, die andere nach links. Wir trafen das Funkfeuer genau auf den Kopf. Die Räder rumpelten heraus.

Ich brauchte sie ausgefahren zur Kontrolle der Anfluggeschwindigkeit. Sollte eine Bauchlandung nötig werden, würde Jim sie im letzten Moment wieder einziehen. Vier Ladedruckanzeiger krochen auf 18 Zoll.

Und dann tat ich etwas, was ich niemals zuvor getan hatte und auch nie wieder tun würde: Ich ignorierte den Höhenmesser. Hätte ich ihn nämlich beobachtet, hätte ich die Steuersäule in dem Moment unbewußt leicht gezogen, wo konsequentes Sinken dringend nötig war. Ich führte das Flugzeug nicht mehr. Hände hielten das Rad, Füße traten die Ruderpedale, ich agierte instinktiv. Hinunter ... hinunter ... hinunter. Eine Kraft trieb mich. Ich hätte gar nicht anders gekonnt.

Jims eiskalte Stimme: »Landebahn in Sicht! Bring sie runter!«

Da war die Leiter aus Lichtern. Dieses Mal nicht so steil. Sehr geschlossen. Eine Hand langte über meine Schulter und knipste die Landescheinwerfer an. Ein Lichtkegel stieß voraus und verwandelte die Leiter in eine Landebahn. Wie die Füße eines erschöpften Vogels nach einem langen Flug griffen die Räder nach dem Boden. Automatisch stellte ich die Propverstellungen auf Umkehrschub. Gegen ein Kissen aus Luft verloren wir rasch an Geschwindigkeit. Ich setzte die Parkbremse.

»Gott sei Dank«, stöhnte jemand.

· · · · · ·

Meine linke Hand suchte in der Fensterablage nach der Pfeife. Sie war nicht da. Konnte sie auf den Boden gefallen sein? Dann merkte ich, daß sie noch immer zwischen meinen Zähnen klemmte.

Eine Mädchenstimme drang in mein Bewußtsein. Sie sagte irgend etwas über Passagiere. Jemand lachte schrill. Ich wußte nicht, wer. Vielleicht war ich es selbst. Die Motoren blubberten im Leerlauf.

Ich bemerkte ein Blinklicht unterhalb meines Fensters. Ein großer Mann mit einem dunklen Turban stand neben einem Jeep und blinkte mit einer Lampe. Ich schob das Fenster zurück, konnte aber nicht verstehen, was er sagte. Darauf erklomm er seinen Jeep und verschwand für einen Moment unter der linken Tragfläche. Ich rollte zum Ende der Bahn und drehte die Maschine herum. Dann folgte ich dem Jeep bis zu einem Abzweig, der uns zu einem hölzernen Bauwerk führte. Hier sprang mein Führer aus dem Wagen und schwenkte die Arme über seinem Kopf. Ich setzte die Bremsen, schaltete die Landelichter aus und schloß die Gemischhebel.

Wir waren wieder ein Team. Jim nahm seinen Kopfhörer ab und drehte Funk und Avionik aus. »Was für ein Ort«, brummte er, »um Weihnachten zu feiern.«

Nick ging die Checkliste so sorgfältig durch, als würde er auf dem Heimatflughafen überprüft. »Das war ein Traum von Landung«, sagte er, während seine Finger flink über die Bedientafel glitten.

»Sei nicht albern. Die Landung habe nicht ich allein gemacht, sondern wir alle.«

»Ach was«, sagte Nick, »ich wußte, du würdest es schaffen. Du bist einfach ein Glückspilz.«

»Ganz sicher«, sagte ich.

Der Mann mit dem Turban stand neben dem Flugzeug und hielt eine gewöhnliche Holzleiter. Als wir die vordere Tür geöffnet hatten, richtete er die Leiter auf. Sie war zu kurz und stand deshalb sehr steil. Nick nahm das Rettungsseil vom Haken und band die oberste Sprosse am Türscharnier fest. Ich kletterte die Leiter hinunter und glitt, auf der Hälfte abrutschend, dem Mann in die Arme.

»Ich bin Abdullah Baig, der Leiter des Flugplatzes«, sagte er, seine dunklen Augen in meine bohrend. »Allah ou Akbar – Allah ist überall.«

Die Heilige Nacht verbrachte ich in einem Korbstuhl auf der Veranda des morschen Gebäudes, das sich als das Nawabscha-Flughafengebäude entpuppt hatte. Gegen Morgen schrak ich aus einem Alptraum auf. Langsam stopfte ich meine Pfeife, entzündete ein Streichholz und blies den Rauch zu den Wolken empor. Mein Blick folgte der blauen Spirale.

Kies knirschte unter meinen Sohlen, als ich von der Veranda zum Ende des Flugplatzes wanderte. Schließlich setzte ich mich unter eine Tragfläche, gegen ein Rad des Flugzeuges gelehnt, und lauschte in die Stille der Einöde. Die Wolken waren aufgerissen, und durch die Zwischenräume funkelten Sterne hindurch. Die Nacht wurde ganz klar, und ich vernahm die Stimme der Wüste. Ich drehte den Kopf und blickte zurück in die dunkle Leere, aus der ich gekommen war.

Aus der Dämmerung traten drei Schafhirten heran. Auf ihre langen Stäbe gestützt, betrachteten sie das Flugzeug. Ihre Silhouetten hoben sich gegen den herannahenden Tag ab, und ein stilles Wetterleuchten war in der Dunkelheit zu sehen.

· · · · · ·

Wie man abstürzt, ohne zu fliegen

Luft und Wasser zeigten ein zeitloses Bild: Ein weiter holländischer Himmel spiegelte sich auf der Oberfläche eines Kanals. Ein kleiner Junge an der Hand seines Vaters lauschte auf den Wind, der durch das Laub am Straßenrand raschelte. Das Dröhnen von Trommeln und Pauken und das Schmettern von Trompeten begrüßte die beiden, als sie die Wiese »Oude Schans« am Stadtrand von Alkmaar, einer Kleinstadt im Flachland Nord-Hollands, erreichten.

Fahnen flatterten über einer kleinen Bühne; fahrende Händler und Verkäufer priesen ihre Waren an, und Trauben bunter Luftballons an bonbonfarbig gestreiften Stöcken tanzten über den Köpfen der wogenden Menge. Der Vater kaufte einen roten Ballon, wie ihn das Kind sich gewünscht hatte, und band dem Jungen die Schnur um das Handgelenk, damit der Ballon nicht davonfliegen konnte.

Eine fremdartige Maschine stand mitten auf der Wiese. Sie ähnelte ein wenig den Papierdrachen, die die älteren Brüder des Jungen steigen ließen, war aber viel größer. Dem Jungen erschien die Maschine unbeschreiblich schön und voller Anmut. Einige Männer, die um die Maschine herum postiert waren, begannen mit Fähnchen versehene Stangen in den Boden zu schlagen und ein Karree abzustecken, in dessen Mitte »das Ding« stand. Mehrere Blaskapellen rund um das Feld spielten gleichzeitig. Für das Kind war alles eine aufregende Mischung aus Hören und Sehen.

Die Musik hörte auf, und ein Murmeln ging durch die Menge, als ein Wagen mit offenem Verdeck auf das Feld fuhr. Ihm entstieg ein Mann in einem ledernen Anzug, den Mützenschirm nach hinten gedreht. Die Aufregung wuchs.

Die Kapellen spielten die Nationalhymne »Wilhelmus van Nassau«. Ein Tusch ertönte, und auch die Händler unterbrachen ihre lauten Rufe. Plötzlich war da ein Dröhnen, ein Geräusch, das schrecklicher war als alles, was der Junge bislang gehört hatte. Ein halbes Dutzend Männer hielt die Maschine fest; ihre Haare und Mäntel flatterten wie im Sturm.

Als die Wimpel auf den Stangen bewegungslos herunterhingen, hob der Mann in Leder den Arm. Die Männer ließen die Maschine los, und der Apparat schoß vorwärts, rollte über das Gras und erhob sich in die Luft. Er glitt über das strohgedeckte Dach eines Bauernhauses, und jedermanns Auge folgte seinem Kurs. Der Flieger saß gut sichtbar zwischen den Flügeln über zwei kufenartigen Stangen, an denen zwei winzige Räder befestigt waren. Die Flugmaschine verschwand hinter einem Buchenwäldchen, und ein Aufatmen ging durch die Menge, als sie wieder erschien, gerade auf das Feld zuhaltend. Als die Maschine die Erde berührte, brach die Hölle los. Der Junge wurde durch die Menschenmasse fortgerissen, die die Absperrung niederwalzte und sich auf das Flugzeug stürzte. Starke Männer hoben den Flieger auf ihre Schultern; einige legten einen großen Kranz um seinen Hals. Der Mann war totenbleich. Er starrte vor sich hin, als würde ihn das alles nichts angehen.

· · · · · ·

Ich sehe alles vor mir, als wäre es gestern gewesen. Es ist unauslöschlich in meine Seele eingebrannt.

Am nächsten Morgen beim Frühstück teilte ich Mutter mit, daß ich über den Nordpol fliegen wolle.

»Oh, Mickie! Das ist wundervoll«, rief sie aus. Dann fügte sie etwas ruhiger hinzu: »Aber würdest du nicht lieber mit Großvater zur ›Oude Schans‹ gehen? Warte – ich gebe dir eine Tüte mit Pfeffernüssen, und ich will Großvater fragen.«

»Nein, Mutter, ich will nicht mit Großvater gehen, und ich will auch keine Pfeffernüsse. Ich war gestern auf der ›Oude Schans‹. Deshalb will ich ja über den Nordpol fliegen.«

Mutter schüttelte den Kopf und schenkte sich eine Tasse Tee ein. In diesem Moment begann ich zu begreifen, daß Frauen Männer niemals verstehen können.

An einem Frühlingsmorgen des Jahres 1916, als Holland von den kriegführenden Nationen Europas eingeschlossen war, radelte ich eine gepflasterte Straße entlang. Der Kirchturm von Breda unterbrach den flachen Horizont. Breda war eine Garnisonsstadt in Brabant im Süden Hollands, wo mein Vater, damals Oberst, die Abwehr an der niederländisch-belgischen Grenze befehligte. Über grüne, mit Gänseblümchen übersäte Straßengräben hinweg wurde ich von friedlichen Kühen beobachtet; Lerchen schwebten über den Wiesen und ließen ihre flötenden Rufe ertönen.

Ein kleiner Dreidecker mit schwarzen Kreuzen auf Tragflächen und Rumpf glitt über mehrere Weiden hinweg und landete holpernd neben der Straße. Der Motor hustete noch ein- oder zweimal und blieb dann stehen. Ich ließ mein Fahrrad einfach zu Boden fallen, wobei einige Bücher vom Gepäckträger auf die Straße fielen. Ich sprang über ei-

· · · · · ·

nen Zaun und lief auf den fremden Apparat zu. Der hintere Teil des Flugzeuges, vom Cockpit bis zum Leitwerk, war von Löchern durchsiebt. Im Führersitz drehte sich ein mit Helm und Fliegerbrille verkleideter Kopf zu mir hin.

»Hast du eine Zigarette, Kleiner?« Die Stimme klang heiser und fremd. »Nein«, stammelte ich, »ich rauche noch nicht.«

»Gottverdammt«, murmelte der Pilot. Er versuchte, seine Brille hochzuschieben, aber sein Kopf fiel vornüber. Zwei Bauern, die auf einem Feld in der Nähe gearbeitet hatten, kamen angelaufen. Sie zogen den Flieger aus dem Cockpit, legten ihn auf den Boden und packten eine zusammengerollte Jacke unter seinen Kopf. Sein Gesicht war schneeweiß; er wirkte kaum älter als mein älterer Bruder. Zwei scharfe Linien liefen von der Nase zu den Mundwinkeln. Der Flieger murmelte etwas Unverständliches.

»Was versucht er zu sagen?« fragte einer der Männer. »Ich glaube, er wollte eine Zigarette«, antwortete ich. Der jüngere der beiden nahm eine aus der Tasche, zündete sie an und steckte sie dem Piloten zwischen die Lippen. Gierig sog der verwundete Mann den Rauch ein. Seine halbgeschlossenen Augen wanderten von einer Seite zur anderen, nichts erkennend – wie die eines Babys. Dann fiel sein Kopf seitlich auf die Schulter. Der ältere Bauer schob seine Hand unter den Waffenrock des Piloten. Nach einiger Zeit zog er sie wieder hervor und sagte: »Er ist tot.«

Ich löste meine Augen von dem leblosen Körper im Gras und schaute zum Flugzeug. Es stand still und zerbrechlich auf seinen zwei Rädern, die drei kurzen Flügel an ihren Enden durch eine einzige Strebe zusammengehalten. Die beiden Maschinengewehre wiesen in den Himmel.

Ich schloß einen Pakt mit mir selbst: Eines Tages würde

ich auch fliegen, ganz gleich, wie groß die Hindernisse sein würden. Nichts, weder Leiden noch Todesfurcht, sollten mich davon abhalten.

Kurze Zeit darauf besuchte uns Hendrik Los van Haarlem, ein entfernter Verwandter. »Nun, Marius«, fragte er mich mit einer Stimme, die so trocken war wie die Gesetzeswälzer, die sein täglich Brot waren, »was willst du denn einmal werden, wenn du groß bist? Ein Offizier wie dein Vater oder ein Rechtsanwalt wie ich?«

»Nein, Dirk«, sagte meine Mutter, »Marius will Flieger werden.«

»Hrumffff!« verschluckte sich van Haarlem an seinem Zigarrenrauch.

»Ich habe schon immer Wahnsinn in der Familie vermutet.« Er sah mich an, als wäre ich reif, abgeholt zu werden; Füße nach oben.

Wenige hätten in jenen Tagen Onkel Dirks Ansicht widersprochen, daß die Fliegerei und ich ein Eine-Million-zu-eins-Flop seien. Ein aussichtsloseres Paar war kaum vorstellbar.

War es nicht schon immer so gewesen? Die medizinische Wissenschaft weigerte sich, die anästhetischen Qualitäten des Äthers anzuerkennen. Experten prophezeiten, daß Reisende in einem offenen Eisenbahnwaggon das Bewußtsein verlieren würden, wenn jener eine Geschwindigkeit von 35 Kilometern pro Stunde überschritte. Die Kartoffel wurde früher für giftig gehalten; ähnlich erging es der Tomate. Der Erste Weltkrieg, davon war jedermann überzeugt, bedeutete das Ende aller Kriege.

Die Ansichten der Menschen sind so verwinkelt, wie die Straße, die sich zum Großglockner hinaufwindet. Keine andere Entdeckung erschütterte die mittelalterliche Welt so nachhaltig wie jene, daß sich die Erde um ihre eigene Achse dreht. Galileo entging dem Scheiterhaufen nur dadurch, daß er seine Entdeckung widerrief. Eine ähnliche Einstellung herrscht heute immer noch vor, nur umgekehrt. Die Leute akzeptieren alles, aber glauben an nichts. Wir haben das Gespür für das Wunder verloren. Die durch alle Zeitalter rufende Stimme der Unsterblichkeit findet kein Echo.

Es gibt eine innere Stimme, die uns sagt, was richtig und was falsch ist; eine Stimme, die uns mitteilt, was wir tun und was wir lieber lassen sollten. Ich habe auf sie gehört und bin zu dem Schluß gelangt, daß man, je mehr man das Leben mag, umso mehr auch selbst gemocht wird.

An einem Spätsommernachmittag radelte ich auf einem Treidelpfad am Fluß Yssel in der Nähe Deventers entlang; nach dem Abschied meines Vaters vom Militär waren wir dorthin gezogen. Mit meinen Gedanken war ich am Himmel, am Steuerknüppel eines Kampfflugzeuges, und jagte – ratatat – einem feindlichen Angreifer, der sich durch einen »Korkenzieher« vor mir zu retten versuchte, eine Serie blauer Bohnen in die Innereien ... Hallo! Was war das? Da stand ein halbes Dutzend Flugzeuge aufgereiht auf einer Wiese neben einem großen Zelt. Ich erkannte sofort: ein Fliegender Zirkus.

Ich fuhr hinüber, stand zwischen den Flugzeugen und sah bewundernd zu den Piloten hin, einer malerischen Schar in Reitstiefeln, Fliegerhauben und Lederjacken. Es waren alles junge Kerle; die einzige Ausnahme war ein Mann um die 40 mit dunklem Gesicht und herabhängendem Schnurrbart, eine Zigarette im Mundwinkel.

Voller Sehnsucht starrte ich auf die Flugzeuge: Fokker, Nieuports, Breguets und D.H.4's mit wassergekühlten

Liberty-Motoren, alle aus dem Ersten Weltkrieg. Ich blieb fast den ganzen Tag dort und kaufte in der Stadt Zigaretten, die die Piloten mit wahrhaft heroischer Gleichgültigkeit annahmen. Ich wußte alles über diese Flugzeuge, so wie die Jungen heutzutage mit einem Blick einen Audi von einem Mercedes unterscheiden können. Ich hatte gelesen, daß ein an einer Strebe befestigter Stumpf anzeigt, ob das Flugzeug in der Kurve nach innen dreht oder nach außen schiebt. Und eine Aluminiumscheibe, lose auf einem senkrechten Spanndraht laufend, maß die Fluggeschwindigkeit.

Der dunkelhäutige Bursche, oder der Mongole, wie ich ihn heimlich nannte, hatte Ärger mit dem wassergekühlten Motor seiner Maschine, einem ziemlich großen Doppeldecker. Er bastelte ständig an ihm herum, aber er lief unregelmäßig. Ich war den ganzen Nachmittag bei ihm, erledigte Aufträge, putzte Werkzeuge und brachte ihm Bier und Zigaretten.

Am späten Nachmittag waren alle Zuschauer gegangen. Die Piloten saßen in einem Zelt, das ihnen als Unterkunft diente. Nur mein Mongole, der vom Mechaniker Buzz genannt wurde, aber eigentlich Brinkmann hieß, war noch immer mit seinem Motor beschäftigt.

Der Mechaniker und ich standen vor dem Flugzeug, während Brinkmann, im Cockpit sitzend, den Motor zum x-tenmal laufen ließ. Dann nahm er das Gas zurück. »He, Hans«, rief er, »ich denke, wir haben den Fehler. Er läuft jetzt gut. Wir sollten ihn noch heute ausprobieren, denn morgen haben wir keine Zeit zu verlieren.«

Ich half Hans eine der unteren Tragflächen festzuhalten, so daß der Pilot die Maschine herumdrehen konnte. Meine Augen suchten Brinkmanns Blick. Sah er den Wunsch in ihnen? Er lächelte; ich sah es bei ihm zum ersten Mal. »Ich starte zu einem kurzen Probeflug. Willst du mitkommen, Junge?«

Hans stülpte einen Helm über meinen Kopf und half mir in das Cockpit, in dem zwei Personen hintereinander Platz hatten. Von dem harten hölzernen Sitz aus konnte ich kaum über die Seitenverkleidungen hinwegsehen. Ich fühlte, wie sich die Maschine fortbewegte. Wir rumpelten über das Gras bis zum Ende der Wiese. Atemlos faßte ich nach den Cockpitseiten, wagte kaum, mich zu bewegen. Brinkmann schwenkte das Flugzeug herum und blickte zu mir nach hinten. »Alles klar?« Ich nickte. Das Rappeln des Motors schwoll zu einem Dröhnen an.

Wir begannen zu rollen, schneller und schneller. Der Schwanz hob sich, und nun konnte ich vor mir die lange Rumpfoberseite und den Hinterkopf des Piloten sehen. Mein Magen krampfte sich zusammen. Die Welt wurde zu einem Inferno aus Lärm und schneidender Luft.

Die Räder lösten sich vom Boden, bumsten ein-, zweimal auf. Das Ende des Feldes kam rasend schnell näher. Vor uns lag ein Graben. Das Motorengeräusch erstarb plötzlich, aber wir sausten weiter. Ich schloß die Augen und hielt mich fest.

Dann spürte ich einen scharfen Ruck. Im nächsten Augenblick wurde ich aus meinem Sitz geschleudert, flog über die obere Tragfläche hinweg und landete mit einem furchtbaren Schlag auf dem Rücken im Graben. So muß es zumindest gewesen sein. In diesem Moment wußte ich nur, daß ich im Wasser kämpfte, ohne Vorstellung, wo oben und unten war. Ich griff in mein Gesicht und riß den Helm herunter. Mit den Füßen auf schlammigem Grund und bis zu den Achseln im Wasser stehend, sah ich das Flugzeug über mir wie ein riesiges Kreuz, das Leitwerk senkrecht in den Himmel ragend.

Ich watete zum Ufer, konnte mir aber nicht selbst heraushelfen. Ich fühlte mich schwach und hilflos und hätte gern gewußt, ob ich verletzt war. Leute kamen angerannt. Sie zogen mich aus dem Graben, bedeckt mit Schlamm und Wasserpflanzen. »Bist du verletzt?« schrie Brinkmann, noch immer im Cockpit sitzend. »Ich fühle mich elend«, antwortete ich, drehte mich um und übergab mich auf dem Gras. »Himmel!« fluchte jemand. »Dieser Junge stinkt wie eine Latrine. Holt trockene Sachen, schnell!«

Ich spürte, daß man mich auszog und Hände meinen Körper befühlten, ob auch alles heil sei. Ich stand neben dem Flugzeug, nackt wie am Tag meiner Geburt.

Ich war abgestürzt, ohne richtig geflogen zu sein.

· · · · ·

Auf dem Weg zum Nordpol

Ich stamme aus Holland – einem Land voller Nebel und Dung und widerwärtigem Nieselregen, wie Vater Katz, ein aufrichtiger niederländischer Dichter, es definierte. Holland ist ein Land, das seine Zukunft hinter sich hat. Nach seinen Goldenen Zeitaltern der kühnen Seefahrer, mittelalterlichen Maler, gotischen Baumeister und Renaissance-Künstler sank es in einen Schlummer des Mittelmaßes. Als Flittergold jedoch schimmerte es weiter in den Seelen der Käsemacher, Torfstecher, Müller, Schäfer, Heringsfischer. Gleichgültig und geduldig verbringen sie ihre Tage, reden über Schafwolle, die Auswirkungen des Tidenhubs auf die Laichgründe des Herings, den Rüsselkäfer und die Liebe. Ihre Seelen sind zwiegespalten: Eine Mischung aus Freiheitsliebe, die jedoch nur widerstrebend die Bindung an die Heimat aufgeben kann, und Ruhelosigkeit darüber, daß es so ist.

Ich war ein drittes Kind, unvernünftig von Anfang an. Als ich unterwegs war, sagte meine Mutter zu meinem Vater: »Dieses eine ist für mich. Sie wird Maria heißen.«

Daraus wurde Marius, ein Kompromiß.

Man kann bei der Auswahl seiner Eltern gar nicht sorgfältig genug vorgehen. Nicht alle Nachkommen des legendären »Man of War« waren Rennpferde, aber es ist nur schwer vorstellbar, daß der Sieger im Kentucky Derby aus einer Liaison zwischen Ackergäulen hervorgegangen ist. Daß ich davor bewahrt wurde, mein Leben vor einen Gemüsekarren gespannt verbringen zu müssen, verdanke ich meinen Eltern.

Mutter war eine weltoffene Unschuld. Als Mädchen, so erzählte sie mir, erhielt sie ein Religionsbüchlein, um sich mit seiner Hilfe auf die Konfirmation vorzubereiten. Eine der Fragen lautete: »Warum werden wir im Himmel so glücklich sein?« Ihre Antwort: »Wegen der Gesellschaft, die wir dort antreffen.« Um sich auf diese himmlischen Teeabende einzustellen, bediente sich Mutter der irdischen.

Mutter erzählte auch gern, daß, als Vater ihr den Hof machte, sie und ihre ältere Schwester nicht wußten, auf welche von ihnen er ein Auge geworfen hatte – bis er eines Tages auf einem feurigen Wallach in seiner gelb-grünen Galauniform als Rittmeister der Kavallerie vor den Haupteingang ritt und förmlich um die Hand der jüngeren Tochter anhielt. Beide lebten seither glücklich zusammen.

Mein Vater war ein unschuldiger Mann von Welt, der nie wußte, wieviel Geld er in der Tasche hatte, und dem das auch völlig gleichgültig war. Er trat zu einer Zeit in den Militärdienst ein, als, wie er sagte, »das einzige Recht des Soldaten das Recht auf die tägliche Brotration war.« Er quittierte den Dienst schließlich als Generalmajor. Mit gezwirbeltem Schnurrbart und aristokratisch gebogener Nase, deren Form von einem Sturz vom Pferd in seiner Jugend herrührte, ähnelte er auffallend Kaiser Wilhelm II. von Deutschland. Aber damit endete die Ähnlichkeit auch schon, denn hinter seiner martialischen Erscheinung verbarg sich der sanfteste und ritterlichste Mann, der sich denken läßt.

Nach einer hervorragenden militärischen Karriere zog er

sich von der Welt zurück und wandte sich dem Studium von Geschichte, Kultur, Moral und Religion zu, abwechselnd am Schreibtisch oder am Stehpult arbeitend. Zwischendurch bastelte er Spielzeug für uns, schnitzte selbst die Puppen für das Marionettentheater und schrieb auch die Märchenszenen dazu.

Ehre war der Grundstock seines Daseins. Er konnte nicht lügen. Einst, als er über seine Zeit als unverheirateter junger Offizier in Niederländisch-Indien (heute Indonesien) sprach, berichtete er auch, wie ledige Offiziere junge Javanerinnen als Haushälterinnen beschäftigten, oft Mädchen voller Charme und Schönheit. Vor der Heimkehr nach Holland trafen diese Offiziere dann gewisse Regelungen, vor allem dann, wenn sich Nachwuchs eingestellt hatte.

»Hattest du auch solch eine junge Frau in deiner Menagerie, Johan?« fragte Mutter unschuldig. Vater wurde knallrot und verließ das Zimmer.

Vor allem jedoch war er der ideale Vater, der uns genau die richtige Menge an Disziplin zukommen ließ, niemals aggressiv oder unnötig, immer erklärend, selten einmal schimpfend. Er legte großen Wert auf Umgangsformen, auf soziales Verhalten und Verbindlichkeit. Mehr als alles andere jedoch versuchte er, Sinn für menschliche Beziehungen und Mitgefühl zu vermitteln. Heute weiß ich, was für ein großherziger Mann er war. Keiner seiner vier Söhne konnte ihm darin das Wasser reichen.

Bei Tisch lernten wir, nur dann zu reden, wenn wir angesprochen wurden, und zu schweigen, wenn sich die Erwachsenen unterhielten. In unseren eigenen Zimmern, die mit Schulbänken ausgestattet waren, konnten wir tun, was wir wollten. Mit fünfzehn Jahren begann ich, Klassiker zu lesen, zum Beispiel Stendhal, Voltaire, Schiller, Hugo, Dikkens, Homer, als auch James Fenimore Cooper, Karl May und Henry James, alle im Original, und kümmerte mich nicht um die für jugendliche Gelegenheitsleser produzierte Massenware.

Ich akzeptierte meine Umgebung als selbstverständlich, diese Welt von gestern, dieses paradoxe Zeitalter, wo sich Millionen beispiellosen Wohlergehens erfreuten und andere Millionen in erbärmlichster Armut lebten. Eines Tages wurde ich vom Kutscher der Pferde-Straßenbahn, mit der ich täglich zur Schule zockelte, eingeladen. Sein Haus war eine Hütte, die sich an den Pferdestall lehnte. Die Familie saß auf rohen Holzstühlen um einen Tisch, vor sich eine Schüssel mit Pellkartoffeln. Gerrits Frau erzählte, daß es der kleinen Tochter nicht gut ginge; das kleine Ding sah bleich und elend aus. Sie sei schwindsüchtig, sagte die Mutter, die populäre Bezeichnung für Tuberkulose. Als ich heimkam, fragte ich Vater, warum diese Leute in derart schlimmen Verhältnissen lebten. Entsprechend seiner Gewohnheit gab er mir einige Bücher zu lesen, und ich entdeckte, wie die andere Hälfte der Menschheit lebte. Der Wohlfahrtsstaat war eine Utopie.

Mein Vater versuchte, mich für eine Laufbahn in der Tiermedizin oder in der Forstwirtschaft zu interessieren. Als das fehlschlug, verlegte er sich auf das Seehandelsgeschäft. Mutter hatte andere Vorstellungen.

Ich erinnere mich an zwei Versuche, die mich von meiner unkonventionellen Karrierewahl fortlocken sollten; beide haben nichts genutzt.

Der erste stammte von meiner Mutter, die sich nach ihrer Konfirmation zu der Niederländisch-Christlich-Reformierten Vorstellung vom Himmel nicht recht hingezogen fühlte. Aber da ich ein introvertiertes Kind war und die

Nase ständig in Bücher steckte, war sie zu der Ansicht gelangt, daß eine andersartige Umgebung mein Temperament vielleicht beeinflussen könnte. Ich wurde in die Sonntagsschule geschickt, die nicht etwa am Sonntag, sondern am Samstag abgehalten wurde. Katechet Wauthe lehrte das Evangelium in einem muffig riechenden Raum im ersten Stock des Kirchenanbaus. Unter diesem Raum waren unsere Fahrräder abgestellt. Der Katechet, die Daumen in den Ärmelausschnitten seiner perlgrauen Weste, sprach über das Himmlische wie über persönliche Termine.

Eines verhängnisvollen Tages, als ich tagträumend eine Flugmaschine durch den azurblauen Himmel steuerte, donnerte die Baßstimme des Katecheten: »Und wer, Marius, war Nebukadnezar?« In die lastende Stille hinein war ein scharfer Krach zu vernehmen, wie ein Miniatur-Donnerschlag als Verweis des Himmels – so wie in der Geschichte, die der Katechet erzählt hatte, in der ein mächtiger Donner den Himmel spaltete, und Gottes Engel zu Abraham sprach: »Abraham, Abraham, opfere nicht Deinen einzigen Sohn Isaak; ich weiß jetzt, daß Du Gott fürchtest!« Und Abraham opferte an seiner Stelle einen Widder.

Der Katechet, dessen Gesicht einen schmerzlichen Ausdruck angenommen hatte, wandte sich einem Mitschüler zu. Als wir nach Unterrichtsschluß die Treppe hinunterstürmten, ergriffen die Jungen ihre Fahrräder und fuhren heim, mich in dem leeren Raum zurücklassend. Mein Rad war gestohlen worden. Der Krach rührte vermutlich von dem aufgebrochenen Drahtverschluß her.

Mir traten die Tränen in die Augen. Wie konnte der liebe Gott eine solche Freveltat in der Kirche zulassen. Doch dann kam mir der Gedanke, daß es vielleicht eine Strafe Gottes gewesen war. Ich war ja meistens unaufmerksam und hatte mich inmitten meiner Klassenkameraden abfällig über den Katecheten geäußert. Obgleich eine solche Bestrafung eigentlich zu hart für meine Verfehlung war.

So verschwand mein erstes Fahrrad. Von meiner religiösen Ausbildung blieben nur kleine Reste, aber der Name jenes Kirchenmannes ist für immer in meiner Erinnerung eingraviert.

Das andere Ereignis war ebenfalls traumatisch. Ich hatte ein Auge auf eine flachshaarige Schönheit geworfen, die einzige Tochter eines furchtbar reichen Fabrikanten von Sanitärartikeln. Wir gewannen den zweiten Preis auf einem Kostümball für das am besten zusammenpassende Paar: Gertrude als Marquise de Pompadour, ich als Louis XV.; eine Tortur. Warum nicht das Geld heiraten und saniert sein? Meine Brüder verspotteten mich gnadenlos; Herman reimte ein Gedicht in Hexametern, welches etwa so begann: »Wenn Frau Dingsbums einmal muß – nur auf'm Sitz von Firma Nuss.« Aber dann las ich George Bernard Shaw. Er sagt, daß es bequemere Wege durch das Leben gibt, als eine reiche Frau zu heiraten. Wegen meiner großen Hochachtung vor Shaw ließ ich die ganze Angelegenheit fallen.

Die Schlachten des britischen Empire, behaupten jedenfalls die Engländer, wurden auf den Spielfeldern von Eton gewonnen. Ich hingegen schlurfte durch ein Trainingscamp unter den schlaff herabhängenden Bannern eines ausgemusterten disziplinarischen Systems; mein Rucksack wog schwer mit all den Ängsten, Frustrationen und Gefühlen der Unzulänglichkeit. Im Jünglingsalter schlagen sich die meisten mit dem Problem des Lebens herum, manifestiert in düstern Gedanken und vagem Weltschmerz. Mein unmöglicher Traum vom Fliegen vergrößerte meine Verwirrung vollends.

• • • • • •

In den zahlreichen Schulen meiner Kindheit und Jugend saßen wir in Zweierreihen wie die Galeerensklaven. Die rückgratverbiegenden Bänke in den Klassenzimmern verströmten einen Geruch, der unsere Kleider und unsere Seelen durchdrang. Herr Hogeboom diktierte mit knochentrockener Stimme, zerrieb die Glorie des alten Griechenland zu Sägemehl und reduzierte das Mittelalter zu einer Serie unerzählter Ereignisse. Eines allerdings sitzt fest in meiner Erinnerung: Jan Willem Beukelzoon aus Buiksloot entdeckte 1587 das Ausnehmen und Salzen des Herings. Später hörte ich zufällig, warum dieses anscheinend nebensächliche Ereignis so lebenswichtig war. Die Haltbarmachung dieses wertvollen und dabei billigen Lebensmittels versetzte Hollands Handelsflotte in die Lage, seine Reichweite auszudehnen.

Nützliche Tips, aufgeschnappt von Vos, dem Stallmeister meines Vaters, rundeten meine praktische Ausbildung ab. Vos, ein heiterer, ständig seinen Priem kauender Gauner, zeigte mir, wie man Kaninchen durch einen schnellen Schlag hinter die Ohren tötete und wie man eine übereifrige Henne vom ständigen »Legenwollen« abbrachte: »Steck' sie in einen Kartoffelsack und hänge sie einen Tag lang auf.« Er unterwies mich sowohl im Reiten ohne Sattel, wobei zwischen meinem Hinterteil und dem Pferderücken kein Tageslicht durchscheinen durfte, als auch im Kurieren von Warzen mit Wolfskraut. All dies war unendlich wertvoller als das Ausnehmen von Heringen, einem historischen Edelstein, den ich hier das erste und hoffentlich auch das letzte Mal erwähne.

Da gab es, so fand ich, andere Lektionen in der Schule zu lernen als den Lehrsatz des Pythagoras oder die Tatsache, daß Louis XVI. an dem Tag, als die Französische Revolution ausbrach, in sein Tagebuch schrieb: »Rien.« Eine Sache fällt mir ein, eine Lektion in Unmenschlichkeit von Mensch zu Mensch, oder von Mann zu Kind, die ich erfuhr.

Herr Kruitbos knechtete seine Klassen mit brutaler Disziplin. Später hörte ich, daß er sich zu Anfang seiner Laufbahn nicht durchsetzen konnte, so daß ihm seine Schüler auf der Nase herumtanzten und der Direktor geholt werden mußte. Eines Tages fand Herr Kruitbos eine Methode, mit seinem Problem fertigzuwerden. Von einem Lamm verwandelte er sich in einen Zuchtmeister und zahlte das Elend, das er durchlitten hatte, mit Zins und Zinseszins zurück. Seine Doppelrolle veränderte seine Persönlichkeit. Es war ein klarer Fall von umgekehrter Hysterie. Jeder Medizinstudent hätte das diagnostizieren können. Ich wußte nichts von diesen Dingen, aber ich träumte von den fürchterlichsten Racheakten. In einer Laune schenkte mir das Leben dazu eine günstige Gelegenheit.

Nachdem ich diese Schule verlassen hatte, traf ich die Tochter meines früheren Peinigers, ein recht hübsches Mädchen. Statt eines Vampirs war sie ein Püppchen. Ich lud sie zu einer Radtour ein. An einem warmen Nachmittag saßen wir im Gras unter Eichen; unsere Fahrräder lehnten an einem Baum. Mareika hatte Brote mitgebracht, die wir aßen. Über die Wiesen klang das Zisch-zisch der Schnitter beim Schärfen ihrer Sensen. Grillen zirpten im Gras. Die Luft war schwer vom Duft des frischen Heus und der Wiesenblumen.

Mareika senkte die Augen, ihre Lippen bebten. Ich beugte mich zu ihr und berührte ihre Wange mit meinen Lippen. Wir sanken zurück in das Gras, und ich preßte sie fest an mich.

Wie dunkel und mysteriös sind doch die Winkel unserer

Seelen! In diesem Moment durchzuckte mich der Gedanke, wie ich meinen Rachedurst an diesem unschuldigen Mädchen stillen könnte, das da hilflos in meinen Armen lag. Ich hätte alles mit ihr tun können, alles, was ich wünschte. Im gleichen Augenblick jedoch wurde ich durch die Frage niedergeschmettert, wie um alles in der Welt ich an etwas derart Gemeines auch nur denken konnte! Ich fühlte, wie sich ihr Körper straffte. Sie schaute auf, eine stumme Frage in den Augen, als ob sie meine Gedanken ahnte.

»Laß uns gehen, Mareika«, sagte ich sanft. Ohne ein Wort stand sie auf, und wir fuhren schweigend heim.

Bevor die Wiesen sich wieder mit Blumen schmückten, würde ich Holland verlassen, und die Wunden meiner Jugend würden heilen. Aber Wunden der Seele heilen nicht so wie solche des Fleisches. Sie heilen nie ganz.

Die Zeit war reif, mir selbst zu vertrauen. Berufe? Militär, Medizin, Justiz, die Wissenschaften, akademische und pädagogische Bereiche, die Geistlichkeit – laßt es gut sein. Ich war aus jeder Schule, die ich »besucht hatte«, hinausgeflogen, und es reichte nun. Ich hatte viel Zeit mit dem Bau von Flugzeugmodellen verbracht und träumend aus dem Fenster gesehen. Ich war zu Viehweiden gefahren, wo Halbgötter in wacklige Drahtverhaue geklettert und durch die Luft davongebraust waren. Ich wollte sein wie sie, obwohl ich mich eigentlich unwürdig fühlte.

Was ist größer als eine leidenschaftliche Sehnsucht? Und was mächtiger als ein unbeirrbarer Glaube? Wenn du eine Leidenschaft lange verfolgst, wird ihre Realisation weniger wichtig, aber kein einziger Schritt ist vergeudet. Das ist eines der ersten Dinge, an die du als Kind glaubst, und zeigt die Weisheit der Jugend. Ein junger Mann muß hinaus in die Welt. Jeder Junge hat Fernweh. Und jeder Mann auch.

• • • • • •

Im Herzen ist ein Mann immer noch ein Junge, obgleich er das vor anderen zu verbergen sucht. Er muß gehen und lernen, er selbst zu sein. Manch einer meint, es wäre nicht so. Aber es ist so. Ein Mann muß ein Heim haben, ein Haus, von dem er fortgehen und zu dem er zurückkehren kann. »Es ist«, behaupten die Niederländer, »keine Zeit für einen jungen Mann mehr vertan, als in Mutters Küche zu sitzen.« Es ist nicht verkehrt, ein wenig vor dem heimatlichen Herd zu zögern, aber es kommt der Moment, um die Reisestiefel anzuziehen. Einer geht mit dem Rucksack, einer mit einem Paar Ski, einer auf dem Fahrrad, zu Pferde, auf einem Segelboot, im Auto ... oder im Flugzeug.

Höre nur! Die Ferne ruft. Wir sind jung; die Zeit ist heran. Schnell! Bevor es zu spät ist.

Wieder war es mein Vater, der meine Käfigtür öffnete.

An diesem Tag beorderte Vater uns in sein Arbeitszimmer. Das verhieß eine wichtige Mitteilung, und wir nahmen mit dem Ernst von Kabinettsministern Platz. An der Wand hing ein großes Ölgemälde, welches die napoleonischen Soldaten auf dem Schlachtfeld zeigte, schlafend eingewickelt in ihre Mäntel, die Gewehre zusammengestellt. Durch den rötlich gefärbten Himmel verfolgte eine Reiterschwadron den Feind. Es war Vaters Lieblingsbild. Unter dem Bild, eingelassen in ein Holztäfelchen, war Clausewitz' Leitspruch zu lesen:

»Sei kühn und schlau in Deinen Plänen, fest und beharrlich in ihrer Ausführung und entschlossen, einen glorreichen Sieg zu erringen.«

Während Vater sprach und die Nachwirkungen des Krieges sowie die folgenden politischen Entwicklungen ausmalte, blickten meine Augen wie gebannt auf das Täfelchen. Aus Vaters Klugheit hatte sich seine Überzeugung herauskristallisiert, daß der Krieg einen instabilen Zustand in Europa geschaffen hatte: allenthalben politischer Aufruhr, Staatsbankrotte, gestürzte Monarchien, Aufstand des Proletariats; ein zweiter Weltkrieg lag durchaus im Bereich des Möglichen. »Europa«, folgerte Vater, »stagniert, wenn es nicht sogar rückwärts geht. Amerika dagegen ist dynamisch, ein Versprechen in die Zukunft.«

»Ich nehme an«, schloß Vater, »ihr versteht, was ich angedeutet habe.«

Vor mir erstand eine Fata Morgana. Sei kühn ... beharrlich ... entschlossen, einen glorreichen Sieg zu erreichen! Hinfort mit Traditionen, überlebten Gewohnheiten. Zerreiße die Bande von Mittelmäßigkeit und Überkommenem. Beginne ein neues Leben. Sei frei!

Randvoll mit Hoffnungen, Plänen, Träumen marschierten wir in das Wohnzimmer, um Mutter zu informieren. Sie trug es wie die große Dame, die sie war. Sie bot uns eine Tasse Tee an.

Einige Tage, bevor ich Holland verließ, suchte ich einen Magier auf, der für seine Hellsichtigkeit und seine Taschenspielerkunststücke berühmt war. Der alte Mann saß in seiner Hütte, der Geist Lichtjahre von der Welt um ihn herum entfernt.

»Setz dich«, sagte er, mich durch halbgeschlossene Lider anblickend. »Laß mich ein Weilchen nachdenken.« Als ich schon fürchtete, daß er eingeschlafen sei, nahm er ein kleines Stück Karton. Er schrieb etwas darauf und gab es mir.

»Ich könnte dir vieles erzählen«, begann er, »aber ich will nicht. Solche, denen ich einen Ratschlag geben könnte, brauchen ihn nicht; und jene, die einen brauchen, wollen keinen. Aber ich will dir einen Talisman mitgeben, der dir alle Türen öffnet, der dich stützt in der Niederlage und dich demütig macht im Siege.« Ich nahm das Schildchen und las:

»Ich glaube:

Daß die Welt ein großer Plan der Evolution ist, unbegreiflich sowohl an ihrem Anfang als auch an ihrem Ende.

Daß man alles erreichen kann, wenn man bereit ist, den Preis dafür zu zahlen.

Daß man, wenn man sein Ziel nicht erreicht, aber alles gegeben hat, was möglich war, trotzdem erfolgreich war.

Daß jeder seinen eigenen Weg zu geistiger Größe finden kann.

Daß kein Glück möglich ist, wenn es auf dem Unglück anderer aufgebaut wurde.«

Und meine Mutter packte wollene Strümpfe und lange Unterhosen in meinen Reisesack. »Es ist sehr kalt am Nordpol, Mickie.«

»Nordpol?«

»Ja«, sagte sie, »du erzähltest mir einst, daß du über den Nordpol fliegen wolltest. Ich weiß, du wirst es.«

Einen geflochtenen Koffer in der Hand, den Reisesack über der Schulter, meinen treuen Hund Astor neben mir, verließ ich mein Zuhause. Wer eine lange Reise plant, schrieb Voltaire, braucht kein unnötiges Gepäck. Die Erde lag in Sonnenschein gebadet da. Tautropfen funkelten an den Zweigen des Immergrüns, das den Weg vom Haus zum Gartentor säumte. Die große weite Welt öffnete sich vor mir.

• • • • • •

Wege des Schicksals

Als ich die Neue Welt betrat, war England eine Weltmacht, Lenin ein erledigter Mann, und China erschien als verlorene Nation. Der Schimmelpilz war eines Nobelpreises unwürdig; niemand wußte etwas von Uranium 235. Antibiotika stapelten sich nicht in den Regalen der Drugstores, und Arbeitslosigkeit war kein Thema im Kongreß. Die Höhen des Himmels waren nur den Göttern vorbehalten: niemand hatte je das Geräusch von Flügeln gehört, welche schneller als der Schall flogen. Die Sozialstruktur arbeitete nach dem Prinzip, daß du, wenn du nicht arbeitest, schnell Hunger leidest. Wenn du arbeitest, dauert es etwas länger.

Ich schnallte den Gürtel fest und schritt in meine Zukunft.

Der Blick vom Deck des S.S. »Rotterdam« war grenzenlos – die Wolkenkratzer Manhattans schwammen wie eine Insel im Himmel.

»Schau, Astor«, sagte ich, seine Ohren kraulend, »dort ist es. Meinst du, daß es echt ist?«

»Warum nicht?« antworteten Astors Augen. »Laß uns schnell an Land. Ich hatte seit einer Woche keinen Baum.«

Als Astor seine Pfoten auf amerikanischen Boden setzte, war seine erste Tat, ein Hinterbein zu heben und die Ecke des Zollhäuschens zu bewässern. Meine erste Tat war das Schreiben zweier Briefe. Den einen an ein Mädchen, das ich auf dem Schiff kennengelernt hatte, und den anderen an den Registrator der Columbia-Universität. Beide Briefe waren Fehlzünder, weil, wie ich später erfuhr, der an das Mädchen mit »Dear Sir« und der an den Registrator mit »Dear Mabel« begann.

Nach einem derart mißglückten Start konnte fast alles passieren.

Mein Vater pflegte zu sagen: »Setze nach der Inventur deiner Aktivposten deine Truppen dementsprechend ein.« Ich kannte die monarchistischen Reihenfolgen der Bourbonen, der Habsburger und der Hohenzollern, der Tudors und der Plantagenets. Über George Washington wußte ich nur, daß er der Vater des Landes war, und über Abraham Lincoln, daß er die Sklaven befreit hatte. Ich konnte französische unregelmäßige Verben konjugieren. Ich konnte Stendhal und Proust im Original lesen. Als ich einen Passanten auf der Third Avenue fragte: »What watch is it?« erntete ich einen erschrockenen Blick. Ich konnte einen Kreis quadrieren und algebraische Gleichungen kürzen. Ich hatte die Gesetze der Schwerkraft, der Ausdehnung von Gasen, des elektrischen Stromes und des Magnetismus' gelernt. Aber ich hatte weder eine Ahnung, was ein Vergaser ist, noch wie die Lichtmaschine eines Automobils funktioniert. Ich konnte ein Mädchen bei einem Menuett und einem Pas de Patineurs über die Tanzfläche führen, hatte aber noch nie eines geküßt.

Mit diesen oberflächlichen Kenntnissen über meine Unwissenheit begann ich meine Amerikanisierung. Aber womit beginnen? Mit dem Küssen eines Mädchens?

Berny, der Sohn meiner Pensionswirtin in Grand Rapids,

Mrs. de Jong, arrangierte ein »blind date« für mich. Er riet mir, das Mädchen in ein Kino einzuladen. Als wir aus der Vorstellung kamen (es war ein Film mit Conway Tearle und Corinne Griffith), blieb das Mädchen, ein hübsches kleines Ding mit einer auf die Stirn geklebten Locke, vor ihrer Haustür stehen und flüsterte: »Du darfst mir einen Gutenachtkuß geben.« Ich tat es. »Hmmm«, seufzte sie, »warum kommst du nicht herein? Meine Eltern sind noch nicht zu Hause.« Ich tat auch das. Sie setzte sich auf ein Sofa und deutete auf den Platz neben sich. Nach einer Weile stand sie auf und zog die Vorhänge zu, und ich denke, es ist besser, wir lassen die beiden allein.

Eine Reihe von schlechten Jobs mit langer Arbeitszeit und schlechter Bezahlung ließen in mir Zweifel aufkommen an meines Vaters Vorstellung vom »Schönen Amerika«.

Wenn ich so zurückblicke, bin ich erstaunt, wie ich das alles ohne Verzweiflung ertrug, obwohl ich doch niemals zuvor richtig gearbeitet hatte. Vielleicht war es der Schwung der Jugend, vielleicht auch das Neue in einem anderen Land, die Herausforderung und das Abenteuer. Es konnte auch sein, daß ich nur wenig Zeit zum Nachdenken fand. Ich hatte meine Brücken hinter mir abgebrochen. Es war ein Akt des Überlebens.

Diese Plackerei hätte mir niemals finanziell durch eine professionelle Ausbildung hindurchgeholfen, die ich, wie mir schließlich klar wurde, benötigte. Glücklicherweise führte mich meine rhythmische Begabung am Ende zur Musik. Ich wurde Schlagzeuger in Licht- und Lustspielhäusern.

Inzwischen war mein Englisch in einem Stadium angelangt, in welchem jeder Satz mit »Darauf kannste wetten!«

endete. Ich spickte meine Konversation mit doppelten Verneinungen und gewöhnte mir ein Näseln nach Art des Mittelwestens an, das ich nur mit großer Mühe wieder loswurde.

Aber ich eile meiner Schilderung voraus. Nach einem trüben Intermezzo in einer der vielen auf »Borax«-Möbel spezialisierten Fabriken in Grand Rapids, wo ich, mit den Händen in einem Topf voll heißem Leim, Kiefernbretter einstrich, schubste mich das Schicksal in eine ganz fremde Rolle, die ich ohne Widerstand annahm. Ich schloß mich der Bruderschaft von Männern an, für welche Arbeit ein unanständiges Wort ist. Ich lernte einen Herrn kennen, der einen Kopf wie eine ungeschälte Kokosnuß und eine Hasenscharte hatte. Er lud mich zu einem Hamburger »all the way« ein. Ich wußte mit diesem Ausdruck nichts anzufangen, nahm aber, für jedes Abenteuer bereit, an. Bei dieser Mahlzeit häufte der Gentleman auf beide Hälften eines Fünf-Cent-Hamburgers Unmengen von Mayonnaise, Ketchup, gehackten Zwiebeln, Gewürzen und Senf. Dann drängte er mich, ihn auf einer Reise nach Miami zu begleiten.

»Miami? Wo liegt das?«

»Hast du keine Ausbildung genossen?« lispelte mein Gastgeber. »Sieh mich an; ich war in jedem Staat der USA einschließlich Mexiko.« Ganz klar, daß wir zwei Intellektuellen uns zueinander hingezogen fühlten.

In dieser Nacht drangen Railroad Red, Astor und ich in den Güterbahnhof von Grand Rapids ein und bestiegen einen leeren Waggon, Zielort unbekannt. Ich rollte mich mit Astor auf dem schmutzigen Boden zusammen, eingelullt vom Klicketi-klicketi-klank der Schienen und Räder, der Trampermelodie auf der Reise ohne Ziel und Zweck, der

Straße ohne Ende. So begann eine Odyssee, die mich durch viele Staaten der USA und sogar bis nach Kanada führen sollte.

Mit Red zog ich durch das Land und kümmerte mich wenig darum, wohin die Reise ging. Wir kampierten in Landstreicherunterkünften und auf Rangierbahnhöfen. Wir erledigten kleine Jobs für ein Essen, immer auf der Hut vor der Polizei. Landstreicher waren vogelfrei. Sheriffs steckten sie für eine Nacht ins Gefängnis und ließen sie am nächsten Morgen mit einem »Hau ab, Strolch!« wieder laufen.

In verschlafenen Kleinstädten spazierte ich an schattigen Holzhäusern vorüber, bei denen die Zweige von Ahorn und Bergahorn fast die oberen Stockwerke berührten. Stimmen drangen von offenen Veranden auf die staubigen Straßen hinaus. Junge Pärchen schlenderten Hand in Hand, und auf ungepflegten Rasenflächen lagen Dreiräder und Kinderspielzeug. Vor den Drugstores lungerten Teenager herum und lutschten an ihren Eiscremetüten. Durch die offenen Eingangstüren konnte ich in düstere Dielen mit goldverzierten Spiegeln und Hutständern hineinblicken. Hinter Chintz-Vorhängen hingen Vogelkäfige, und billige Drucke zierten die Wände.

Ich begann, die Weite Amerikas zu begreifen, die Schönheit der eisernen Windmühlen auf dem flachen Lande, die Einsamkeit der Menschen in den vergessenen Hütten in den weiten Ebenen, die Unermeßlichkeit der unendlich wirkenden Getreidefelder.

Auf dem Weg nach Miami geriet Reds Geographie etwas durcheinander, und wir stoppten in Des Moines, um für kurze Zeit eine Arbeit anzunehmen, damit sich unsere Finanzen erholen konnten. Zur anfeuernden Begleitung eines rattenhaften Vormannes, der »Heyla Hupla – Heyla Hupboy!« sang, schleppten wir Schienenteile zum Gleisbett, trieben mit einem Vorschlaghammer große Eisennägel in die Schwellen und verfüllten die Zwischenräume mit Schotter. 25 Cents die Stunde, zehn Stunden pro Tag, machte 15 Dollar die Woche. Ein finsterer, hinkender Mann mit einem Adlergesicht lud mich zu einem Spaghettiessen ein.

»Ich würde nicht hingehen, Dutch«, warnte Red. »Warum nicht?« fragte ich enttäuscht. »Weißt du nicht«, schmunzelte Red mit einem heiseren Lachen, »daß Wingy ein ›fairy‹ ist?« Ich hatte keine Ahnung, was das Wort bedeutete, aber ich blieb Wingys Spaghetti-Party fern, worauf sich seine Haltung mir gegenüber gefährlich abkühlte. Ein Ortswechsel war angezeigt. Doch da griff Gott oder der Teufel ein.

Wingy wurde beim Falschspiel am Wasserturm erwischt. Mugger Mike, ein gefürchteter Typ unter diesen Banditen, schlug Wingy ein Eisenstück auf den Kopf. Dessen Augen öffneten sich in stummem Erstaunen und seine Nasenlöcher weiteten sich; dann stürzte er zu Boden, hart mit dem Schädel aufschlagend.

Ich fühlte einen Griff am Arm: »Kommst du mit, Dutch?« fragte Red. »An der Straße ist eine Imbißbude. Ich werde immer hungrig, wenn ich eine Leiche sehe.«

»Du bleibst hier, Red«, brummte Mike und bewegte drohend sein Eisenstück in der Faust, »wir geben ihm ein christliches Begräbnis. Du, Dutch, bist ein gebildeter Bursche. Du hältst die Leichenrede.«

Die Schaufeln wurden von einem nahen Werkzeugschuppen ausgeliehen. Wir gruben abwechselnd. Der Boden war voller Steine, Reste von Rohren und Blechdosen. Wir legten den Körper in die Grube und stellten uns im

Kreis auf. Ich sagte: »Hier liegt Wingy. Wir wissen nicht, wo er geboren wurde oder woher er kam. Aber wir wissen, wo er starb. Asche zu Asche und Staub zu Staub. Der Herr gibt es, und der Herr nimmt es wieder. Und er vergibt uns unsere Sünden. Möge der Herr Wingys Seele gnädig sein. Amen.«

In der Ferne pfiff ein Zug. Eine Lokomotive hielt kreischend am Wasserturm. Als der Güterzug schließlich keuchend und schnaufend wieder anfuhr, enterte ich ihn zusammen mit Astor, Endziel Montreal.

Das war alles, was ich von Des Moines sah. Man sagt, es sei eine hübsche Stadt.

Ich fand nie die Gelegenheit, Kaninchen mit einem schnellen Schlag hinter die Löffel zu töten oder eine übereifrige Henne vom ständigen »Legenwollen« abzubringen. Hingegen führte mich das Reiten ohne Sattel, bei dem kein Tageslicht zwischen meinem Hinterteil und dem Pferderücken hindurchscheinen durfte, zum Pferderennsport.

Der Güterzug, den ich in Des Moines bestiegen hatte, brachte mich zu einer Stadt, die sich später als Cheyenne entpuppte. Dort wurde ich von einem Bahnpolizisten aus dem Güterbahnhof gejagt, während ihn Astor wirkungsvoll am schnellen Laufen hinderte. Nachdem ich meinen Verfolger abgeschüttelt hatte, kam ich an einem kleinen Restaurant vorüber. An der Tür hing ein Schild: »Mitarbeiter gesucht«. Schultz, der Besitzer, stellte mich aufgrund der Devise »Wir Leute aus der Alten Welt müssen zusammenhalten« hinter den Herd, wo ich lernte, wie man Hamburger brät und wie man aus einem Glas Royal-Crown-Hotel-Mayonnaise durch Zusatz von Milchpulver und Mazola deren zwei macht.

Dort erhielt ich einen Brief von meinem älteren Bruder

Rudy. Ihm war es bisher nicht gelungen, ein Visum für die USA zu bekommen, und so war er nach Montreal gereist, um dort auf das beantragte Visum zu warten und Kontakte zu den Einwohnern zu knüpfen. Ich warf meine Schürze in die Ecke, pfiff nach Astor unter dem Tresen und bestieg den Zug nach Montreal. Rudy kam den Bohlengang mit schwarzem Homburg und beigefarbenen Gamaschen herab, die Violine unter dem Arm. Meine Aufgabe wurde es, Rudy, die Zierde jedes Ballereignisses, in das kanadische Proletariat einzuführen. Wenn diese Geige nicht gewesen wäre ...

Wir mieteten ein Zimmer – wenn man eine Besenkammer ein Zimmer nennen kann – für drei Dollar die Woche im Haus von Madame LaGasse, einer Witwe von vornehmer Art; ihr Ehemann war ein hohes Tier bei der Eisenbahn gewesen (Wart im Stellwerk). Madame selbst bewohnte ein hinteres Privatgemach, an dessen Tür man bereits durch einen muffigen Geruch empfangen wurde. Sie machte es sich zur Gewohnheit, uns zum Nachmittagstee zu bitten. Eines Tages, als ich allein zum Tee bei ihr weilte, hob sie ihren üppigen Busen, rollte die Augen und flüsterte: »Oh, mon petit, wie glücklich könnten wir zusammen sein. Ich habe dieses Haus, welches mir mein Mann hinterlassen hat«, – hier betupfte sie ihre Augen – »möge le bon dieu seiner Seele gnädig sein. Die Vorsehung brachte dich zu mir.«

Zum Teufel mit der Vorsehung, dachte ich. In meiner Verzweiflung erwähnte ich, daß eine große Verantwortung auf meinen Schultern läge. Das wäre Rudy.

»Oh, das ist in Ordnung«, rief das alte Mädchen, »le maitre kann mit uns zusammenleben. Ich werde ihm nur die halbe Miete berechnen.«

• • • • • •

Bevor wir von diesem großartigen Angebot Gebrauch machen konnten, suchten Rudy und ich eines Tages eine chinesische Wäscherei auf, Rudy mit unserer Wäsche im Geigenkasten.

»Laß uns ein Bier trinken«, bot Rudy an, »ich habe Durst.«

»Sehr gern. Hast du denn Geld?«

»Aber sicher«, sagte Rudy, und fischte einen Vierteldollar aus der Tasche.

Wir gingen in eine Bar, wo Rudy zwei kleine Biere bestellte, während wir uns mit hartgekochten Eiern, Pickles und Brot von den Platten auf dem Tresen versorgten. Ein neben uns sitzender, schwergewichtiger Herr fragte Rudy: »Verzeihen Sie, aber spielen Sie Violine?«

»Jawohl«, erwiderte Rudy, »oder denken Sie, ich trage meine schmutzige Wäsche im Geigenkasten umher?« Der Herr schaute interessiert. Er stopfte sich etwas zu Essen in den Mund und fragte: »Haben Sie bereits in Orchestern gespielt?«

»Das will ich meinen; ich habe als Konzertmeister mit dem Königlichen Symphonieorchester in Amsterdam musiziert«, sagte Rudy und sah so wichtig aus, wie das Ensemble eingebildet war.

Der Herr fragte ihn, ob er Interesse hätte, in einem Theaterorchester mitzuspielen.

»Maestro«, wandte ich mich an Rudy, mein viertes Ei hinunterwürgend, »Sie sollten besser gehen, sonst kommen Sie zu Ihrer Verabredung mit den Symphonikern zu spät. Lassen Sie mich mit diesem Impresario verhandeln.«

Das Ergebnis dieser Transaktion war, daß Rudy sich im Theatergraben von Percy's Burlesque wiederfand, einem der kleinen Schmierentheater in Montreal. Meine Aufgabe war, während der Pausen im Gang schlüpfrige Postkarten und sonstige Souvenirs zu verkaufen. Ich war hingerissen von der Chefstripperin, die ihre nackten Brüste in Rotation versetzen konnte, eine rechts-, die andere linksherum, derweil die Brustwarzen mit roten Troddeln verziert waren. Wenn Louela in Stimmung war, drehte sie sich mit dem Rücken zum Publikum und wackelte mit dem Allerwertesten, auf dessen beiden Hälften je ein Schmetterling tätowiert war.

Nachdem ich Rudy untergebracht hatte, mußte ich nach einer einträglichen Beschäftigung für mich selbst Ausschau halten. Das Schicksal schob mich dahin, wo ich offenbar hingehörte: zum Schaufeln von Pferdeäpfeln.

Als ein Geschenk für mich hatte Vater Reithosen und ein Paar kastanienbrauner Stiefel in Rudys Reisetasche gepackt (für die Ausritte in den weiten Westen, mit denen ich in meinen Briefen nach Hause geprahlt hatte). Ich richtete meinen Haushalt in einer Pferdebox in Delorimier Park ein, eine halbe Meile vor den Außenbezirken Montreals gelegen. Rasch erkannte ich, daß die Gäule nur einen Schritt von der Hundefutter-Konservenfabrik entfernt waren.

Es war dies der beste Job, den ich bisher hatte. Ich liebte Pferde, und sie zu versorgen war keine Arbeit für mich. Meine Box, mit Pferdedecken dekoriert und mit einem Petroleumkocher für Tee sowie mehreren Flaschen Hochprozentigem ausgestattet, wurde zum Treffpunkt. Fasziniert hörte ich den Jockeys, Stallburschen und Landstreichern zu und erwarb ein ganz neues Vokabular. Die Geheimnisse des Pferderennsports wurden für mich rasch zu einem offenen Buch, ähnlich dem aufgeschlagenen Sears & Roebuck-Katalog, der an einer Schnur in einem Nebengebäude hing.

Mein nächster Nachbar war Wormwood, ein Wallach.

· · · · · ·

Old Wormy überrundete das Feld in jedem Rennen, aber stets in der falschen Richtung. Dahinter kam die hühnerbrüstige Pedestrian, eine rötlich-braune Stute, welche ihrem Namen alle Ehre machte. Traviata war eine edle Diva und so nervös, daß ihr der Schweiß schon herablief, wenn ich sie nur zur Koppel führte. Konsequenterweise hatte sie im Rennen nichts mehr zuzusetzen. Der tonnenförmige Salt Peter hatte ein schlimmes Auge. Er konnte gut laufen, tat es aber selten. Siegprämien? Ich höre heute noch Salt Pete's wieherndes Gelächter.

Amberfly, ein knochiger Brauner, war unser Leistungsträger, allerdings unabsichtlich. Nachdem er sechs Rennen verloren hatte und durchaus Aussicht auf ein ähnliches Ergebnis im siebten bestand, galoppierte Amber zum Sieg, als niemand, noch nicht einmal sein Besitzer, auch nur einen Dollar auf ihn gesetzt hatte. Jimmy Starkey, ein Nachwuchsreiter, ein Bursche von fünfzehn Jahren, hatte nicht die Kraft, Amber zu halten (was er vermutlich hätte tun sollen). 30 zu 1 lautete die Quote auf Ambers Nase.

Sein Eigner, Mr. Beaman, war außer sich, Jimmy hatte seine Jungfräulichkeit verloren, und ich wurde zu einer Teeparty eingeladen.

Nebenbei gesagt, für jene, die mit den Gepflogenheiten des Pferdesports jener Tage nicht vertraut sind, es war durchaus üblich, ein Pferd während eines Rennens in unregelmäßigen Abständen zu zügeln. Obwohl fähig zu gewinnen, wurde das Pferd absichtlich dazu gebracht zu verlieren, damit es in einer niedrigeren Klasse bessere Siegchancen erhielt. Illegal, sicher, aber die Juroren drückten beide Augen zu. Wer sollte denn die Futterrechnungen und die Boxmieten bezahlen? Die Zuschauer auf der Tribüne hatten von alledem keine Ahnung.

∴ ∴

Mrs. Beaman, eine Dame mit verkniffenem Gesicht, von deren Lippen Essig sprühte, wann immer sie sie öffnete, übermittelte mir die Einladung persönlich mit einem Lächeln, welches Man Mountain Dean in seinem Seilgeviert hätte erbleichen lassen. »Dutch«, schnurrte sie, »unsere Tochter Claudia bittet Sie, auch zu kommen.« Sie sah aus, als hätte sie gerade einen Pferdeapfel verschluckt.

Claudia fuhr in einem Cleveland-Six-Tourenwagen vor, um mich zu der Festivität zu bringen. Sie war ein raubtierhaftes Mädchen, auf die dreißig zugehend, mit einem hungrigen Blick. Sie besaß alle Merkmale ihrer Mutter, jedoch noch nicht so ausgeprägt.

»Vater erzählte mir, daß Ihr Vater Kavallerieoffizier in Holland war«, sagte Claudia, als wir durch das Delorimier-Tor fuhren, »ich sah einst einen Film über das Armeeleben in Europa. Es muß einfach faszinierend sein.«

»Oh, Miss Claudia, das würde Sie bestimmt nicht interessieren. Warum erzählen Sie mir nichts über Kanada? Laufen dort noch immer die Indianer herum?«

Claudia schnappte den Köder wie Moby Dick ein Stück von Kapitän Ahab. Sie plauderte und plauderte und fuhr immer langsamer, bis wir zu einer schmutzigen Straße gelangten, die auf einen Hügel hinaufführte. Sie lenkte den Wagen hinein und sagte, daß man den Blick auf Montreal von diesem Hügel nicht versäumen dürfe. Oben hielt sie an und gebot mir, ihren Kopf an meinen auf der Rücklehne liegenden Arm lehnend, den Anblick zu genießen. Für einen unverheirateten jungen Mann war der Blick in der Tat nicht schlecht, von den delikaten schwarzen Augenbrauen über die sanfte Kurve der Wangen zum vollen, sinnlichen Mund. Sie schloß ihre Augen. Dann schaute sie auf und lächelte provozierend. Und als ich in ihre Augen blickte, sah ich runzlige Wangen, eine verkniffene Nase und einen Mund, der zum häßlichen Schlitz geworden war. In diesen Augen sah ich das Antlitz ihrer Mutter.

Ich könnte der Besitzer eines Rennstalls sein, einer großen Villa am Cote de Neige Boulevard in Montreal, eines ertragreichen landwirtschaftlichen Anwesens. Aber der Preis war zu hoch. Als wir auf die Party kamen, wußte ich, daß ich meinen Job verloren hatte.

Ich wurde Handlanger, hielt das Geläuf sauber, drehte die Kurbel der Häckselmaschine und bewegte die Pferde um das Oval, während die Trainer mit der Stoppuhr auf der Einzäunung saßen. Ich sollte längst weg sein, bekam aber nirgends etwas anderes. Ich dachte nur noch selten ans Fliegen. Es war außerhalb meiner Reichweite.

Als die Herbststürme die gelben Blätter über die Stalldächer trieben, bereiteten sich Männer und Pferde auf die Abreise für die Wintersaison in Havanna vor. Landstreicher, Ausreißer und Herumtreiber enterten ebenfalls den Pferdezug in das Land des Rums und des Sonnenscheins. Ich war dabei – warum auch nicht?

Irgendwo in den Sümpfen von Georgia hielt der Zug. Die Bahnpolizei suchte nach blinden Passagieren. Ich verbarg mich unter Stroh hinten in Pedestrians Box. Nach einem großen Tumult kletterte ein Marshal der Bahnpolizei in meinen Wagen. Pedestrian ließ gedankenverloren eine Ladung Pferdeäpfel auf mich herabfallen.

Es wurde still, und der Zug setzte sich wieder in Bewegung. Einer aus der Begleitmannschaft klopfte mir auf die Schulter, als ich wieder auftauchte. »Die meisten Schwarzfahrer wurden geschnappt«, sagte er. »Arme Kerls, sechs Monate an der Kette und in den Kiefernwäldern Terpentin abzapfen. He, Shorty, gib Dutch was zu trinken. Ich weiß, daß du eine Flasche hast; ich sah, wie du sie gekauft hast.«

»Okay, Dutch, aber vorsichtig. Es dauert noch ein Weilchen bis Key West.« Dankbar führte ich die Flasche zum Mund und nahm einen großen Schluck. »Oh je«, seufzte ich und wischte die Lippen mit dem Ärmel ab.

In Oriental Park in Havanna lernte ich von einem Dollar pro Tag zu leben. Ich aß meistens Bananen. Eines schönen Morgens kurz vor Ende der Saison bewegte ich ein Pferd rund um den Kurs. Dabei erblickte ich einen Himmelsschreiber, ein Flugzeug, das in riesigen Lettern »Coca Cola« in das unendliche Blau schrieb. In diesem entscheidenden Augenblick meines Lebens wurde ein Vorhang beiseitegezogen, und meine Zukunft stand schonungslos und quälend wie eine kalte, schimmernde Fata Morgana vor mir. Plötzlich war mir klar, daß ich davontrieb. In diesem Moment wurde alle Lethargie hinweggeschwemmt – ich hatte das »Ja« in mir gefunden.

Wie in Trance beendete ich meinen Galopp und ritt Shingle Shack vor die Ställe. Ich rutschte vom Pferderükken, führte das Tier in seine Box, nahm das Zaumzeug ab und hob den Sattel von dem glänzenden, schweißbedeckten Rücken.

»Was ist los, Dutch?« fragte Andrew Bisbee, der Besitzer, und kaute auf seiner Zigarre, »du siehst aus, als hättest du einen Geist gesehen.«

»Vielleicht habe ich das, Mr. Bisbee.« Ich gab ihm Zügel und Sattel. »Sie sollten sich besser nach einem anderen Bereiter für Ihre Pferde umsehen.« Ich blickte auf. Die Fata Morgana verschwand wie ein Häufchen Lentikulariswolken, das über einen Höhenzug gewirbelt wird. Astor erwartete mich vor den Ställen. »Komm, Astor«, sagte ich, »wir sind auf unserem Weg.«

Ich hatte meinen Fingerzeig von oben erhalten. Sonderbar ist nur, daß ich mir aus Coca Cola nie viel gemacht habe.

In jedem Leben kommt früher oder später eine Phase der Zurückweisung oder gar der Vertreibung, mit der zum Beispiel in der Bibel alle irdische Plackerei begann. Glück hat, wer solches in einem Alter erlebt, wo es nicht zerstört, sondern frische Kräfte für Widerstand und Wandlung freisetzt.

Ein Flugplatz nahe Detroit im Jahre 1925. Ich näherte mich einem Mann, der am Motor eines kleinen Eindeckers arbeitete.

»Sir«, sprach ich ihn an, »was sind die Bedingungen, um Pilot zu werden?«

»Laß mich in Ruhe, Junge«, brummte er und rieb eine Zündkerze an seinem Overall sauber, »denkst du denn, ich würde mich mit diesem Motor abmühen, wenn ich Pilot wäre?«

Ich ging in den Hangar und öffnete die Tür zu einem winzigen Büro. Ein Gentleman saß an einem Tisch und sprach mit einem Mann mit gewachstem Schnurrbart und einer braunen Lederjacke. Ich fragte den Gentleman, welche Bedingungen ich erfüllen müßte, um Pilot zu werden.

»Was hast du für Qualifikationen?«

»Ich habe im Moment keine. Aber ich würde gerne fliegen.«

»Bist du Amerikaner? Deinem Akzent nach müßtest du Ausländer sein.«

»Das ist richtig, Sir. Ich bin Holländer.«

»Oh, ein Dutchman. Junger Mann, ich kann meine Zeit

nicht vergeuden. Aus dem Stegreif würde ich sagen, wenn du keine tausend Stunden Soloflugzeit hast und nicht bei der Armee oder der Marine ausgebildet wurdest, opfere ich dir keinen einzigen Tag. Dort ist die Tür.«

»Aber Sir ... alles was ich möchte ...« Der Mann in der Lederjacke grinste und leckte am Papier seiner Bull-Durham-Zigarette, die er gerade gedreht hatte. »Das stimmt, was du ihm erzählt hast, Bert«, sagte er. »Fliegen ist kein Spiel für Grünschnäbel mit Eierschalen hinter den Ohren.« Ich fühlte, wie mir das Blut in die Wangen schoß. Ich ging zur Tür. Mit der Hand am Türgriff drehte ich mich um und sagte: »Vielen Dank, daß Sie mir Ihre Zeit geschenkt haben. Wenn ich diese Qualifikationen habe, werden Sie für mich das Büro aufwischen.« Dann verließ ich den Raum.

Ich war natürlich zu impulsiv. Er gab mir den bestmöglichen Ratschlag. Herumzigeunern würde mir nicht weiterhelfen, aber der Lehrsatz des Pythagoras würde es. Ich mußte meine unterbrochene Ausbildung wieder aufnehmen.

Felix Pavlowsky, Guggenheim-Professor für Luftfahrttechnik an der Universität von Michigan, stand vor seiner Klasse »Aero 1«.

»Ich habe einen hermetisch abgedichteten Vogelkäfig«, begann er in seinem ausgeprägten Akzent, »mit einem auf seiner Stange sitzenden Kanarienvogel. Vogel und Käfig wiegen exakt zwei Pfund. Wenn der Vogel im Käfig zu fliegen beginnt, nimmt dann das Gewicht von Käfig und Kanarienvogel ab?« Neben einigen Enthaltungen stimmten die meisten Studenten mit ja.

»Ist jemand anderer Meinung?« fragte Pavlowsky.

Zögernd hob ich meine Hand. »Ich glaube, daß das Gewicht gleich bleibt. Ich weiß nicht, warum, aber es erscheint mir logischer.«

Der Professor lächelte. »Sie werden ein guter Luftfahrtingenieur. Allen anderen würde ich das Umsteigen auf die Zivilingenieursausbildung anraten.«

Ich wurde nie ein guter Ingenieur, noch nicht einmal ein mittelmäßiger. Oft ging ich im Dickicht der Thermodynamik verloren (anstelle von »thermodynamics« nannte ich es »thermogodamnics«). Aber irgendwie nahm ich die Hürden und erhielt mein Diplom für die Arbeit über »Transatlantische Luftlinien«. Niemand wußte zu jener Zeit viel darüber, ich eingeschlossen. Ich ließ meiner Phantasie freien Lauf. Ich fühle nach wie vor den Hauch des Wunders beim Anlassen der Motoren und wenn das Flugzeug sich vom Boden erhebt. Theorien und Kalkulationen faszinieren mich nicht. Was Fliegen bedeutet und wie es sich auf den Mann am Steuer auswirkt, das will ich wissen. Vielleicht hätte ich Psychologie studieren sollen. Aber nein, das ist ebenfalls zu theoretisch. Was mich in meiner späteren Laufbahn immer wieder erstaunt hat, ist die Betonung des Materiellen und die Mißachtung der Seele in unserer Kultur. Fast alles, was ich an der Universität gelernt habe, ist vergessen. Ich erinnere mich jedoch an meine Studienkollegen, meine Freunde, an den freundlichen, liebenswerten Pavi in seinem unordentlichen, kleinen Büro im Erdgeschoß der Abteilung für Ingenieurswesen, mit seinem Schreibtisch voller Stapel alter Berichte und Lernunterlagen, deren Rückseiten er für Notizen und Berechnungen verwendete.

Nach wie vor mit einem Gefühl von Minderwertigkeit belastet, versuchte ich Menschen, gemäß Dale Carnegies Buch »How to make friends and influence people«, zu beeinflussen. Auf dieses Buch wurde ich allerdings erst nachträglich aufmerksam, als ich seine Ratschläge nicht mehr benötigte und die Künstlichkeit derselben erkannt hatte. Ich bemerkte früh, daß die Leute mir gegenüber freundlich eingestellt waren. Warum, wußte ich nicht. Ich war zu unbedarft, um zu erkennen, daß menschliche Beziehungen ein vitaler Bestandteil des Lebens sind. Sind sie nicht vorhanden, führen andere Qualitäten nicht zum erfolgreichen Leben. Sind sie jedoch da, wird das Leben nie ein gänzlicher Fehlschlag sein. Ob im Theater oder im Cockpit, einer ist abhängig von anderen.

Um beim Theater zu bleiben: mein ausgeprägtes Gefühl für Rhythmus trommelte mich schnell in die »Musikszene« der Theaterorchester hinein.

Als ich einen Kollegen vertrat, der mit einer Blinddarmentzündung zu Bett lag, fand ich mich plötzlich im Parkett des Majestic-Theaters, des besten Hauses von Ann Arbor, wieder. Nick Falcone, der Orchesterleiter, war ein harter Bursche mit wenig Sinn für Schlagzeuger. Ich begleitete die Wochenschau, zwei Filmrollen Harold Lloyd und die ersten beiden Akte der Vorführung (es gab wenig zu tun – ein Sänger und ein abgerichteter Hund). Dann kam die Hauptattraktion des Abends, der große Doktor Chung aus Peking, einer dieser Asiaten, die glauben, Chop Suey sei ein chinesisches Nationalgericht.

Zuerst ließ Chung Platten und Teller auf langen Stäben über seinem Kopf rotieren und zeigte ähnliche Tricks zusammen mit anderen chinesischen Jongleuren. Dann kam das große Finale: Er wirbelte ein Dutzend Kegel mit zwei Händen durch die Luft. Die Partitur, die ich dazu aufgeschrieben hatte, wies zum Schluß einen gewaltigen Beckenschlag aus.

· · · · · ·

Chung wirbelte seine Kegel, sein langer Schnurrbart flog ihm um die Wangen. Ich wirbelte auf meiner Trommel, das Publikum saß gebannt da. Er griff nach einem Kegel, fing ihn, dann zwei, drei, vier, fünf, sechs, sieben ... da sauste mein Schlagstock einige Tausendstel einer Sekunde zu früh auf das große Becken. Der gute Doktor verfehlte den letzten Kegel. Der schlug auf den Bühnenboden und kam, sich wie ein Propeller drehend, auf mich zu. Ich sprang auf und riß die Arme über den Kopf, um den Aufprall abzuwehren. Das nächste, was ich wußte, war, daß ich den Kegel hoch über meinem Kopf in der rechten Hand hielt. Das Publikum explodierte in tobendem Applaus, mit Pfiffen und Getrampel. Ich verbeugte mich tief mit der Hand auf dem Herzen und warf den Kegel zurück zu Chung. Falcone ließ mit puterrotem Gesicht die Violine sinken, und das Orchester schmetterte die Ouvertüre für die nächste Darbietung, ein Akrobatenteam. Während einer kurzen Musikpause zischte Falcone mir zu: »Du bist gefeuert!«

Noch bevor der Hall meines letzten Paukenschlags am Schluß des Programms ganz verklungen war, floh ich durch die Tür des Orchestergrabens und landete in den Armen von Dr. Chung. »Es tut mir leid, Doc«, stammelte ich, »ich wollte nicht ...«

»Leid tun?« rief Chung und sah mit seinem flatternden Schnurrbart fast wie ein echter Chinamann aus. »Ich hatte nie zuvor in meinem Leben einen derartigen Applaus! Daraus mache ich einen festen Bestandteil meiner Show. Morgen ...«

»Okay, Doc, tun Sie das. Aber sprechen Sie zuvor lieber mit dem Orchesterleiter. Ich bin entlassen.«

Während meiner Collegezeit lernte ich vieles, das ich schnell wieder vergaß. Für anderes fand sich niemals eine

Anwendung. Eines aber prägte sich mir fest ein: Gib niemals auf, bevor die Situation wirklich hoffnungslos ist. In meinem Fall war sie es oft. Ich besaß keine besondere Begabung für Mathematik, Mechanik und ähnliches. Jedoch, eines milden Frühlingstages, als die Kastanien auf dem Campus mit weißen Kerzen geschmückt waren, ging ich mit geliehenem Hut und Talar über einen Blütenteppich und nahm meine Eintrittskarte in Empfang, das Diplom als Luftfahrtingenieur.

Aber der Türsteher wollte mich nicht einlassen. Obgleich ausbildungsmäßig überqualifiziert, obgleich außergewöhnlich motiviert, obgleich ausgestattet mit mehr als hundertprozentiger Sehschärfe und einem exzellenten Nervensystem, bekam ich ein »Nein« von der Marine. Ich war nach wie vor ein Holländer und ein Ausländer.

Das Balancieren am Abgrund war fast zur Gewohnheit geworden. Aber in kritischen Momenten lief ich stets zur Höchstform auf, und ich fühlte das Leben nie intensiver als in Augenblicken, in denen das Blut kochte und die Tränen flossen. Die Marine, diese letzte Hürde, war so hoch wie der Mount Everest, unerreichbar, unbezwingbar, außer für jene, die von den Göttern bevorzugt wurden.

Wenn eine unaufhaltsame Kraft ein unbewegliches Objekt bedrängt, muß einer von beiden nachgeben. Das war nicht ich. Während meiner Studienzeit kroch ich unter dem Zaun hindurch auf das Gelände der Naval Reserve Aviation Base in Gross Ile (Michigan) und bestach angeworbene Soldaten mit Bier und Zigarren, mich Flugzeuge putzen zu lassen, die von den Reservepiloten der Marine für Wochenendmanöver benutzt wurden. Sie flogen Curtiss Fledglings und Helldivers für Navigationsübungen und zur Schießpraxis.

· · · · · ·

Fledgling (Küken) war ein angemessener Name. Es flog wie ein flügellahm geschossenes Rebhuhn. Helldivers (Sturzkampfbomber) überschritten im senkrechten Sturz nicht 370 Stundenkilometer. Diese Reserve-Marinebasen waren im ganzen Land verteilt, um den Reservepiloten der Streitkräfte die Möglichkeit zu geben, ihren Ausbildungsstand zu halten und zu verbessern. Für einen oberflächlichen Betrachter aus Pavlowskys ebenerdigem Büro erschien diese martialische Zurschaustellung eines solchen Luftkampfpotentials übermächtig. Mir kamen alle Piloten wie Supermänner vor. Daß nicht jeder einer war, sollte ich schnell herausfinden.

Lieutenant Commander Simmington, genannt »der Herzog«, war ein Beau Brummel, lautstarker Wortführer bei Flugdiskussionen im Hangar. Er hatte eine Trockenreinigung in Detroit und flog an den Wochenenden. Warum der Commander, ein Annapolis-Absolvent und früher regulärer Marineflieger, die Navy gegen die Trockenreinigung eingetauscht hatte, war ein Geheimnis, das er nie lüftete.

Eines Sonntagsmorgens kletterte er in einen Helldiver, den Schnurrbart frisch gewachst und einen weißen Seidenschal flott um den Hals drapiert. Zum Platz zurückgekehrt, landete er mit dem Wind, obwohl eine frische Brise wehte. Der Herzog setzte auf und sprang in weiten Sätzen über das Feld wie eine Katze, deren Schwanz in Flammen steht. Keine drei Meter vor der Tankstelle, die mit Petty Officer Davies und mir besetzt war, kam er mit laufendem Propeller zum Stehen. Während wir wie erstarrt dastanden, beugte sich ein behelmter Kopf seitlich aus dem Cockpit: »Mach sie voll, Davie.«

Häßliche Zungen behaupteten, daß der Commander

einst mit einem Schwimmflugzeug in Corey Field landete, dem Übungsplatz der Pensacola Naval Station für Landflugzeuge. In jenen Tagen war es üblich, einen Piloten nach einem Flugunfall gleich wieder nach oben zu schicken, damit sich keine Angst in ihm festsetzen konnte. Dem Herzog wurde ein kurzer Hüpfer in einem NY-2-Landflugzeug verordnet. Eine halbe Stunde später fischte ihn das Rettungsboot aus der Mitte der Pensacola Bay.

Es war eine gute Truppe, diese Gross-Ile-Reserveflieger, die mich unbarmherzig mit meinem Akzent aufzogen. Ich bin sicher, daß sie es nicht böse meinten. Die meisten von ihnen waren prima Piloten mit mehr als der üblichen Flugerfahrung. Aber Fliegen war damals kein Beruf. Das änderte sich erst, als ein Genie namens Lindbergh allein den Atlantik in 33 Stunden ohne Pinkelpause überflog. Die Größe dieser Heldentat wurde mir erst sieben Jahre später so richtig klar, als ich 24 Stunden lang in einem Flugboot zwischen San Francisco und Hawaii unterwegs war, dessen Toilette alles wieder zurückspie, was man ihr anvertraut hatte.

Ja, an dem Tag war ich glücklich, als ich sie Kollegen nennen konnte. Mit dem Ausbruch des Zweiten Weltkrieges wurden die meisten von ihnen zum aktiven Dienst eingezogen. Alle hielten sich wacker.

Jenen Sommer spielte ich mit einer Band in The Inn, einem großen Hotel in Charlevoix, Michigan. Am 27. August, nach dem Abendtanz, verstaute ich mein Schlagzeug und setzte mich hinter das Lenkrad meines Ford, um nach Ann Arbor zu fahren. Ich würde am nächsten Tag amerikanischer Staatsbürger werden. Eine spezielle Vereinbarung war getroffen worden, da ich nicht auf eine der regulären Zeremonien warten konnte. Der Zeitraum war zu kurz.

Lieutenant Charles D. Williams, der Leiter der Basis, hatte erreicht, daß ich als Kadettenanwärter bei der Naval Flying School in Pensacola, dem Annapolis der Lüfte, angenommen wurde. Aber ich mußte meine Staatsbürgerschaft erhalten, bevor die Meldefrist für die letzte Klasse in diesem Sommer, am 7. September, ablief.

Lieutenant Williams war eine der Stützen, die mir mein Glücksstern in kritischen Situationen meines Lebens an die Seite stellte. Zusammen mit einer Anzahl weiterer Kandidaten, die weitaus vielversprechender waren als ich, erhielt ich von ihm den Schlüssel zu den Türen zu Ehrgeiz und Bemühen. Guter, freundlicher Lieutenant Williams. Gesegnet sei seine Seele.

Zurück zu meinem Ford. Nachdem ich eine Stunde auf verlassenen Schotterstraßen dahingezockelt war, überholte ich nördlich von Gaylord einen Lastwagen. Als ich auf gleicher Höhe mit ihm war, sah ich plötzlich zwei schwach flackernde Lichter vor mir. Ich riß das Steuer scharf nach links herum, sauste über den Straßengraben und landete krachend auf einer Wiese. Mein Kopf schlug hart an das Lenkrad.

Als ich wieder zu mir kam, stand mein Ford mit vier platten Reifen wie ein Schlitten auf dem Gras. Mein Gesicht war blutig, ein Schneidezahn abgebrochen. Mein rechter Arm fühlte sich an, als wäre er ausgewrungen worden. Der Lastwagenfahrer bekundete seine Anteilnahme, und der unbeleuchtete Verursacher des Ganzen nahm mich in seinem Ratterkasten mit nach Gaylord. Dort klopfte ich an die Tür eines Apothekers.

Der gute Doc beklebte mich mit Heftpflastern, gab mir eine Schmerztablette und nahm mir fünf Dollar ab. Ein Handelsvertreter für Damenunterwäsche, der Gaylord zu dieser späten Stunde passierte, ließ mich bis Ann Arbor mitfahren. Um zehn Uhr am nächsten Morgen stieg ich die Stufen zum Distriktsgericht empor.

Ich wurde in ein Büro geführt, in dem ich einen Gentleman im beigefarbenen Gabardineanzug antraf.

»Guten Morgen, Euer Ehren«, sagte ich.

»Morgen«, erwiderte er und blickte erstaunt auf. »Ich bin nicht der Richter. Mein Name ist Pray, und ich bin Angestellter des Gerichts. Was ist denn mit Ihnen passiert? Sie sehen ja aus wie ein Kanarienvogel, der in einem Würfelbecher gefangen war.«

»Euer Ehren ... Mr. Pray, auf dem Weg zum Gericht ist mir letzte Nacht ein kleiner Unfall passiert.« Kurz erzählte ich ihm mein Mißgeschick. »Ich hoffe, es macht Ihnen nichts aus«, schloß ich meine Schilderung. Das tat es nicht. »Normalerweise«, begann er, »stelle ich an die Einbürgerungswilligen einige Fragen, um ihre Vertrautheit mit der englischen Sprache und ihre Grundkenntnisse in unserem Staatswesen festzustellen. In Ihrem Fall jedoch scheint das unnötig zu sein. Aber eine Frage muß ich doch stellen. Würden Sie im Falle eines Krieges gegen Ihr Heimatland ins Feld ziehen?«

Das traf mich wie ein Keulenschlag. Darüber hatte ich noch niemals richtig nachgedacht. Ich mußte alle Taue kappen, alle geistigen und emotionalen Bindungen an Holland abbrechen. Niemand kann unter zwei Flaggen dienen. Aber Blut ist dicker als Wasser.

»Ja!« sagte ich fest.

»Eine andere Sache«, fuhr der Angestellte fort, »manche Anwärter auf die Einbürgerung nehmen einen anderen Namen an oder ändern seine Schreibweise, wenn Veranlassung zu Mißverständnissen besteht. Sie haben einen langen, aus zwei Teilen bestehenden Namen. Er wird Ihnen Schwierigkeiten bereiten. Würden Sie daher einen anderen Namen wählen oder Ihren Namen anglisieren, um sowohl nach außen als auch im Geiste ein echter Amerikaner zu werden?« (Mein jüngerer Bruder tat genau das. Mit einem Federstrich und einer Gebühr von 25 Dollar wurde aus Johannes David Lodeesen-Grevinck einfach Clifford Lewis Graves.)

Ein anderer Name? Ein Name ist von deinen Vorfahren an dich weitergegeben worden, mit ihrer Ehre und ihren Traditionen versehen, um an ungeborene Generationen weitergereicht zu werden. Ein Name ist der Stab, der vom Vater an den Sohn übergeben wird, eine Identität im endlosen Strom der Geschlechter.

»Mr. Pray«, antwortete ich, »ich will keinen anderen Namen. Ich will meinen behalten. Lassen Sie den letzten Teil weg. Ist Marius Lodeesen in Ordnung?«

Der Angestellte lächelte. »Sehr gut soweit. Lassen Sie uns zur Vereidigungszeremonie in das Büro des Richters gehen.«

Die große Depression im Herbst 1929, die mit dem Börsenkrach begonnen hatte, war das Ende einer Ära und der Beginn einer neuen. Die Euphorie der zwanziger Jahre war zerschlagen, und das Land verfiel in einen Zustand der Verzweiflung. Und schon durchschritt das Gespenst des Hungers die Straßen; Millionen wurden zu Notleidenden. Die Menschen blickten verwirrt auf das Phantom ihres einstmaligen Wohlstandes.

Der Wirbel der Zwanziger hatte mich relativ unberührt gelassen. Ich war zu sehr von meinen eigenen Problemen in Anspruch genommen und zu unerfahren, um die Realität richtig zu begreifen. Die Auswirkungen der Depression trafen mich daher wie der Ansturm eines Tornados. Durch einen glücklichen Zufall konnte ich ihm entwischen, ohne in die Vorhölle geweht zu werden. Während der folgenden Jahre wurde mir allmählich klar, daß mein Lebenskurs nicht rein zufällig so verlief, sondern daß meine innere Wandlung mit der Wandlung der Welt übereinstimmte.

Es gab keinen Weg zurück. Weder eine Rückkehr in die Familie oder in die Kindheit, noch eine Rückkehr in Vorstellungen von einer romantischen Liebe oder in Jugendträume von Ruhm und Ehre. Es gibt kein Zurück zu alten Formen und Systemen, die einem ewigwährend erscheinen, in Wirklichkeit jedoch einem ständigen Wechsel unterworfen sind.

Zum ersten Mal, seit ich amerikanischen Boden betreten hatte, war ich unschlüssig und durcheinander. War ich zu gierig gewesen? War ich zu gefangen in meinem Traum, um die Wirklichkeit zu sehen? Hatte ich mich durch den euphorischen Geist des vergangenen Jahrzehnts einfach nur mitreißen lassen?

Ich wußte sehr wohl, daß ich, wenn ich mein Ziel nicht erreichte, keine Kraft für einen Neubeginn haben würde. Mein Spiel hieß »Alles oder Nichts«. Wenn ich an »Nichts« dachte, stand mein Herz still.

An diesem Nachmittag zog das Farmland des südlichen Michigan an meinem Eisenbahnfenster vorbei. Stille lag über dem Land. Die Ernte war eingebracht, und die Erde ruhte sich unter der Herbstsonne aus. Wieder und wieder tastete ich nach meiner Brusttasche und zog die Order heraus, die mich für einen Monat zum Anfänger-Flugtraining auf die Great Lakes Naval Station nördlich von Chicago schickte.

• • • • • •

Achtzehn Hoffnungsvolle, aus Hunderten ausgewählt, traten am ersten Morgen zum Appell an. Der kommandierende Offizier erschien in smartem Fliegergrün. Ein Officer bellte: »Achtung!« Wir standen steif wie die Ladestöcke. »Männer!« sagte der Commander, und sein Blick wanderte die Reihe der Kadetten entlang. »Sie sind hier zum Auswahltraining. Und ich meine Auswahl! Jene von Ihnen, die dann allein fliegen, werden für ein Jahr zum Flugtraining nach Pensacola überstellt. In diesem Jahr werden aus Fähnrichen der USNAR (United States Navy Army Reserve) Marineflieger.« Er machte eine kleine Pause, und der Anflug eines Lächelns huschte über sein Gesicht. Dann fuhr er fort: »Sehen Sie den Mann zu Ihrer rechten und den zu Ihrer linken. Am Schluß dieses Trainings werden sie nicht mehr dabei sein.« Der Commander ging davon.

»Wegtreten!« bellte der Officer.

Eine Sirene heulte. An der Gaffel des großen Mastes am Ufer wurden langsam zwei schwarze Bälle geheißt. Das bedeutete eine Flugrunde mit rechten Kreisen rund um den Hafen. Ich ging zu den anderen Kadetten in das Fallschirmlager und paßte die Schulter- und Beingurte an.

Dann saß ich auf einer Bank, mit dem Rücken an die sonnenwarme Hangarwand gelehnt, und betrachtete die Reihe der NY-2-Wasserflugzeuge. Die plumpen Maschinen waren am Strand aufgestellt, die Vorderseiten der Schwimmer lagen auf dem Sand, die hinteren Enden dümpelten auf dem Wasser. Der kantige, stoffbespannte Rumpf lief nach hinten spitz zu. Hinter den Tragflächen waren zwei offene Cockpits hintereinander angeordnet, mit Lederringen rund um die Ränder und mit winzigen, rechteckigen Windschutzscheiben versehen. Von den Cockpits führten die Steuerdrähte außen am Rumpf entlang zu den Rudern. Ein luftgekühlter Sieben-Zylinder-Sternmotor trieb einen hölzernen Propeller an.

Mir erschienen sie wunderschön.

Da hörte ich eine Stimme neben mir: »Sie müssen Lodeesen sein. Ich bin Lieutenant Miller.« Ich sprang in Habachtstellung. »Setzen Sie sich wieder hin, Junge. Ich will Sie nicht fressen.« Er entledigte sich seines Fallschirmes und schob die Fliegerbrille aus der Stirn. Dann erläuterte er mir die Manöver, die ich bei meinem ersten Trainingsflug ausführen sollte.

Wir gingen über den warmen Sand zu unserer Maschine, während die Fallschirme bei jedem Schritt von hinten gegen unsere Oberschenkel schlugen. Ein Seemann kletterte auf die untere Tragfläche und begann den Starter durchzudrehen. Dann zog er die Kurbel ab und hielt seinen Daumen in die Höhe. Miller kuppelte den Starter in die Kurbelwelle des Motors. Der Motor sprang an und tuckerte im Leerlauf vor sich hin. Zwei Matrosen drehten das Flugzeug herum. Miller ließ den Motor schneller laufen und langsam entfernten wir uns vom Ufer.

Draußen drosselte mein Fluglehrer den Motor und blickte sich nach mir um. Die Maschine drehte in den Wind. Ich hob die rechte Hand, Daumen nach oben. Mit dem Aufbrüllen des Motors sprühte Gischt über den unteren Flügel, und die Nase ging hoch. Ich fühlte, wie sich unser Flugzeug streckte. Fast unmerklich ließ es das Wasser unter sich zurück, während der Fahrtwind durch die Spanndrähte pfiff und der Motor mit voller Kraft dröhnte.

Ich saß da und schaute auf die Welt unter mir. Es war, als wenn ich stillstand und die Erde sich unter mir drehte. Höher und höher. Horizonte wichen zurück – Häuser, Felder, Bäume, die Gebäude der Flugstation, alles erschien so klein von diesem erhabenen Sitz aus. Umarmt von Licht und Luft, erblickte ich eine derart perfekte und machtvolle Symphonie aus Farben, daß ich vollkommenes Glück fühlte.

Drei Wochen später erfolgte der letzte Check vor dem ersten Alleinflug. Als wir zum Strand zurückglitten und die Schwimmer sich sanft auf den Sand schoben, kletterte Miller aus dem Flugzeug und sagte: »Okay, Junge, nehmen Sie sie. Und nicht vergessen: nur eine halbe Stunde.«

Ich flog im Licht der Morgensonne dahin und schwang mich zwischen den bauschigen Wolken hindurch. Durch die Zwischenräume schaute ich auf die gewellte Oberfläche des Michigansees hinab, auf adrette Häuschen und auf das Netz der Straßen, das in alle Richtungen führte. Seewärts trennte der ferne Horizont Silber und tiefstes Blau durch eine saubere Schnittlinie voneinander.

Als ich den Gashebel langsam zurücknahm, sank die Maschine sachte dem Hafen entgegen. Der Wind, der in den Drähten sang, schwoll in meinen Ohren zu einem tosenden Crescendo an, und mein Herz wollte vor Glück zerspringen.

Gegen Mittag des folgenden Tages packten sechs zukünftige Marineflieger ihre Sachen zusammen. Ein Officer betrat den Raum: »Order vom Skipper. Antreten vor der Kaserne!« Wir sahen einander an. Was hatte das zu bedeuten? Wir hatten gestern bestanden. Wir hatten unsere Reiseorder.

Ein weiteres Mal standen wir stramm. Commander Hoskins kam aus seinem Büro. Im Gegensatz zur gestrigen Musterung lächelte er heute nicht.

»Ruhe!« donnerte der Commander. Sein Blick schweifte ab. Als er zu sprechen begann, starrte ich in sein Gesicht und fühlte mich krank. Denn was ich zu hören bekam, konnte nicht wahr sein.

»Ich bedaure, Sie davon in Kenntnis setzen zu müssen«, begann er, »daß mich heute morgen eine Depesche des Marineministeriums in Washington erreichte, nach der aufgrund von Sparmaßnahmen lediglich zwei von Ihnen nach Pensacola geschickt werden können. Morgen früh werden Sie an einem speziellen Testflug teilnehmen. Die vier, die ausscheiden, erhalten im nächsten Jahr als erste die Möglichkeit zur Qualifikation. Melden Sie sich morgen früh um neun Uhr am Startplatz.« Der Skipper schritt davon.

»Wegtreten!« bellte der Officer.

Ich war einer der vier. Im nächsten Jahr würde ich über die Altersgrenze hinaus sein.

Wenn du beim Roulette alle Chips auf eine Zahl gesetzt hast und mit ansehen mußt, wie der kleine Ball in das Loch einer anderen Ziffer springt, gebietet die Tradition, daß du deine Fliege geradeziehst, einen letzten Drink an der Bar nimmst, dein Wechselgeld an deine Begleiter verteilst und hinaus in den Garten gehst, um dir zwischen den Gardenien eine Kugel durch den Kopf zu schießen.

Eine Pistole war bequem, aber ohne den entsprechenden Anzug mußte ich nach etwas anderem Ausschau halten. Die nächste Alternative war weniger angenehm. Ich steuerte meinen Ford nach Detroit, mietete ein Zimmer und durchforstete die Stellenangebote in den Zeitungen. Alles, was ich fand, war ein Inserat der Kelvinator Company, die einen Vertreter suchten. Der Chefverkäufer der Firma sagte mir eine brillante Zukunft voraus. Wie meine Luftfahrt-Ausbildung, mit einer natürlichen Ängstlichkeit vor dem Zusammentreffen mit Menschen, mit diesem Gewerbe in Einklang zu bringen sein würde, war mir ein Rätsel. Ich fühlte mich so fehl am Platze wie ein Schoßhund auf der Wolfsjagd.

Am Morgen versammelten sich die Vertreter in einem großen Raum, hörten dem schwungvollen Vortrag des Managers zu und sangen muntere Lieder über das Leben oder Sterben für die gute, alte Kelvinator Company. Dann traten wir auf die Straße.

Nachdem ich eine Woche lang an Haustüren geläutet hatte, ohne auch nur einen Kühlschrank zur Probe losgeworden zu sein, rief mich mein Boß in sein Büro.

»Mein Freund«, sagte ich, »ich habe Sie beobachtet. Sie benötigen nichts weiter als einen kleinen Erfolg, um in Schwung zu kommen. Sie haben einen Verkauf nötiger als Präsident Hoover Freunde. Ich habe einen Kunden für Sie reserviert. Alles, was Sie nun noch zu tun haben, ist hinzugehen und das Geschäft abzuschließen. Viel Glück.«

Frohen Herzens eilte ich davon, denn was ich noch mehr brauchte als einen Ansporn, war Geld. Bei der angegebenen Adresse läutete ich. Durch den Türspalt war ein schlaffes Gesicht zu erkennen.

»Guten Morgen, Madam«, begann ich in meiner überzeugendsten Art, »ich weiß, daß Sie an einem elektrischen Kühlschrank interessiert sind. Ich komme von ...« Das Gesicht verschwand und die Tür schlug zu.

Ich ging die Straße hinunter. An einer Ecke stand ein jugendlich aussehender Mann neben einem Handkarren. An dem Karren hing ein Schild: »Arbeitslos. Äpfel – 5 Cent«.

Ich kaufte einen Apfel und biß hinein. Der Saft spritzte mir ins Gesicht. Mit bleiernen Füßen ging ich langsam zu meiner Unterkunft. Unterwegs beschloß ich, mir einen gebrauchten Smoking zu besorgen, und sah mich nach einem Garten mit Gardenien um.

• • • • • •

Als ich die Tür meines Zimmers öffnete, sah ich überrascht ein Telegramm auf dem Tisch liegen. Ich riß den Umschlag auf und las:

»... sind angewiesen, sich bei der U.S. Naval Training Station in Pensacola, Florida, zur Aufnahme des Flugdienstes zu melden ...«

Die Buchstaben tanzten mir vor den Augen. Es war wie die Begnadigung von der Todesstrafe. Zitternd setzte ich mich nieder. Tränen schossen mir in die Augen. Ich stand auf und sah im goldgerahmten Spiegel auf der anderen Seite des Raumes das Antlitz des Lebens.

Vermächtnis

Ein Päckchen mit persönlichen Papieren und Habseligkeiten wurde mir ausgehändigt, nachdem sich einer meiner Kameraden von der Naval Flying School das Leben genommen hatte. Ich verstand zuerst nicht, warum diese armselige Hinterlassenschaft mir zugesandt worden war. Dann jedoch erinnerte ich mich an den Pakt, den Bill und ich einst geschlossen hatten. Aber das war so lange her. Hatte Bill keine näheren Freunde oder Verwandten? Bill war erfolglos, an der Flugschule und auch im Leben. Armer Bill. Die Leute lachten über ihn, ignorierten ihn.

Aber ich kann Bill nicht vergessen.

Es war Samstagabend. Ich saß auf meinem Feldbett und las, um abzuschalten. Abgesehen von einigen Fliegen, die ständig gegen die Scheibe flogen, war der Raum in der Kaserne leer. Da kam Bill zur Tür herein. Er hatte ein sanftes, rundes Gesicht und lachte nervös. Seine Augen waren, wie üblich, ein bißchen ängstlich, unsicher.

»Lach nicht«, sagte Bill.

Ich legte mein Buch zur Seite.

»Warum sollte ich lachen, Bill?«

»Du weißt, jeder tut es.« Er blickte auf den Boden. Dann schaute er mich mit seinen Spanielaugen an. »Lach nicht über das, was ich dich fragen möchte.« Er bat mich, auf seine persönlichen Papiere achtzugeben, falls er abstürzen sollte.

»Du bist mit den Nerven fertig, Bill. Wir alle sind es. Komm, laß uns in den Club gehen; Gill wird uns einen Kaffee machen. Es war eine harte Woche. Wir könnten ein paar Platten spielen. Du weißt, ich würde gern noch einmal ›Three little words‹ hören.«

Wir gingen, und als uns Gill den Kaffee brachte, setzten wir ein Schriftstück auf, derweil die Musikbox hämmerte. »Three little words – what do they stand for …« Wir hatten einige Mühe, die richtige Form zu finden. Wir übergaben die Verfügung dem Personaloffizier, der sie unter »Nächste Verwandte, die im Todesfall zu benachrichtigen sind« ablegte.

Bill war ein ruhiger Mensch. Er schloß sich mir an. Warum, weiß ich nicht. Seine Treue schmeichelte mir, und ich mochte ihn recht gern. Bill war, man könnte sagen, ergeben. Aber mit Ergebenheit kam man in der Naval Flying School nicht sehr weit.

Bill kam nicht weit. Aber bevor er entlassen wurde, rettete er mir das Leben. Damals dachte ich, ich würde es nie vergessen.

Eines Morgens standen wir an der »flight line« in Corey Field, der Basis für die Anfängerschulung auf Landflugzeugen. Bill und ich waren in der zweiten Gruppe, und wir warteten auf die Rückkehr der ersten Gruppe. Flugzeuge rollten an die Linie, und Flugschüler stiegen aus und ein. Natürlich war es sehr laut. Ich stand mit dem Rücken zu den hereinkommenden Maschinen, unmittelbar neben der »flight line«. Plötzlich ergriff Bill mich am Hemd und zog mich gewaltsam zu sich hin. Wir stürzten beide, und ich fiel auf ihn. Ich hörte seine Stimme: »Nicht aufstehen!

Bleib unten!« Ich wandte den Kopf. Ein Propeller drehte sich dicht über meinen Knien. Mein Körper spannte sich wie eine Violinensaite. Ein nie gekanntes Gefühl erfaßte mich von den Füßen an aufwärts. Zwei Augen, groß wie Untertassen, in einem schneeweißen Gesicht, starrten mich aus dem vorderen Cockpit der NY-2 an. Der Propeller blieb stehen.

Bevor Bill und ich aufstehen konnten, sprang der Pilot heraus. Er lief um den Flügel herum und stand neben uns. »Ich habe euch einfach nicht gesehen! Ich achtete auf die Tragflächen der Flugzeuge neben mir. Ich sah euch nicht! Seid ihr in Ordnung?«

»Aber ja«, sagte Bill, »wir sind in Ordnung. Wenn Lodi von meiner Brust heruntergehen würde, könnte ich vielleicht aufstehen.« Der Flugzeugwart kam fluchend herbei. »Mann, war das knapp. Sie standen viel zu dicht an der Linie.« Der Flugschüler, der die Maschine gelandet hatte, blickte nervös umher. Niemand Wichtiges hatte den Vorfall bemerkt. Wir hätten alle 'rausfliegen können.

Bill flog 'raus, kurze Zeit danach. Gut genug fliegen konnte er. Im wesentlichen war an seiner Fliegerei nichts verkehrt. Aber an Bill war eine Menge verkehrt.

Er fiel beim 15-Stunden-Testflug auf Landflugzeugen durch. Der nächste Check würde der entscheidende sein. Bill war vernichtet. Er war jemand, der nicht mehr aufstand, wenn er am Boden lag. Ich fragte ihn, ob er irgend etwas Wichtiges versiebt hätte.

»Es war diese Wildsau Gilhorn …«

»Oh, dieser Bastard. Ihn kannst du bei deinem nächsten Test am wenigsten gebrauchen.«

»Ich wußte, ich war schon untergegangen, bevor ich nur im Cockpit Platz genommen hatte«, sagte Bill verdrießlich.

· · · · · ·

»Ich habe zwei ›cut-guns‹ ausgelassen. Einen in Clay Pits und einen über den Wäldern.«

Ein »cut-gun« war der Lieblingstest der Ausbilder. Irgendwann unterwegs stellte dieser den Motor ab (cut), und der Flugschüler hatte mit exakt 100 Kilometer pro Stunde den besten Notlandeplatz innerhalb seiner Reichweite anzusteuern. Konnte keine geeignete Stelle erreicht werden, mußten die Baumwipfel als gedachte Landefläche angeflogen werden, wo der Fluglehrer den Motor wieder startete (gun). Das NY-2-Trainingsflugzeug konnte durchaus kontrolliert notgelandet werden, ohne den Piloten dabei zu töten. Aber der Verlust der Kontrolle mit anschließendem Trudeln ging fast immer fatal aus. Das ständige Ausschauhalten nach Landeplätzen bürdete den Schülern eine Extralast auf. Nach einigen Wochen auf Landflugzeugen konnten die meisten von uns den Kopf drehen wie eine Gliederpuppe.

»Aber Bill«, sagte ich, »du kennst alle diese Plätze. Clay Pits ist Unsinn. Niemand kann dort landen, noch nicht einmal Gilhorn.« Clay Pits war ein aufgegebener Steinbruch in den Kiefernwäldern nördlich von Pensacola.

Ich war mit Bill die halbe Nacht auf, und wir simulierten einen typischen Checkflug. Anhand der Karte des Gebietes um Pensacola studierten wir alle Möglichkeiten, einen annehmbaren Notlandeplatz zu finden, aus jeder Höhe und aus jeder Richtung. Einen übersahen wir jedoch: Corey Field selbst.

Als Bill von seinem zweiten Testflug heimkehrte, umflog er, froh über seine gute Leistung, Corey Field in etwas zu großem Abstand. Da nahm der Checkpilot teuflischerweise die Motorleistung zurück. Bill versuchte, den Gleitflug zu strecken, und hätte dabei die Maschine überzogen, wenn der Ausbilder nicht für einen kurzen Gasstoß gesorgt hätte.

· · · · · ·

Gott vergibt Sündern. Ausbilder sind keine Götter.

Das geschah an einem Freitag. Ich mußte zusehen, wie ich Bill durch das Wochenende brachte. Die Naval Air Station unterhielt eine Flotte von Segelbooten für die Offiziere und Flugschüler. Ich wählte eines aus, und am Sonntagmorgen flitzten wir zusammen mit vier anderen Booten über die Pensacola Bay, um als erste an der Landestelle auf der Landzunge anzulegen, die die Bucht vom Golf von Mexiko trennt.

An Land packten wir unseren Picknickkorb aus. Jemand hatte einen handbetriebenen Phonographen mitgebracht. Ich saß auf dem heißen Sand mit einem Glas Getreidelikör in der Hand und höre heute noch »Just a gigolo«, den Hit jener Tage. Die letzte Zeile des Songs lautete etwa: »And the world goes on without me.« Bill schaute über die Bucht auf die Reihen gelber Rettungsboote am Strand, während die Sonne auf unsere Schultern herabbrannte.

»Diese Welt dreht sich ohne mich weiter«, sagte Bill mit einem Klang in der Stimme, daß sich mir das Herz zusammenzog.

Ich brachte ihn am frühen Montagmorgen in die Amtsstube. Auf dem Flur trafen wir einen regulären Marineoffizier, Lieutenant Smalling, der in derselben Situation wie Bill war. »Ich habe keine Hoffnung, es zu schaffen«, sagte der Lieutenant mit einem schwachen Lächeln. »Ich gehe zurück zur Flotte.« Offenbar fand Bill es unnötig, ihm zu erzählen, was es für ihn bedeutete. Er sah aus, als wäre er zu matt dazu. Ich klopfte ihm auf die Schulter und ging zurück.

Als ich von meinem Morgenflug zurück war, sah ich Bill beim Essen. Ich wußte, was zu tun war. In einem geliehenen Auto fuhr ich ihn in die Stadt und machte ihn stockbetrunken. Am nächsten Tag begleitete ich ihn zum Bahnhof. Als der Zug abfahrtbereit war, sagte Bill: »Ich weiß, du wirst es schaffen, Lodi. Dein Kopf ist für die Offiziersmütze gemacht.«

Ich schüttelte seine Hand. »Haß mich nicht, Bill.«
»Ich versuch's«, sagte er.

Wir schrieben uns von Zeit zu Zeit. Die Dinge liefen nicht gut für ihn, obwohl er es nicht zugab. Bill war nicht der einzige »Verlierer«, der Schwierigkeiten hatte, in das Leben da draußen zurückzufinden. Gerade weil die Fliegerei eine alles verzehrende Leidenschaft ist, kann ein Scheitern in einem solchen Lebensabschnitt entscheidend sein. Die Jahre, die dem Zusammenbruch von 1929 folgten, vernichteten die Leben zahlloser junger Männer.

Einige Jahre später trafen wir uns wieder. Bill erzählte, daß er eine Privatpilotenlizenz erworben hätte und gelegentlich bei einem Fliegerclub in Roosevelt Field auf Long Island fliegen würde. Er bestand auf einer Vorführung und wollte mir ein oder zwei Dinge zeigen.

Als ich das Flugzeug sah, in dem mir Bill ein oder zwei Dinge zeigen wollte, wurde mir doch ein wenig anders zumute. Es war ein winziger, zweisitziger Eindecker; Pilot und Passagier saßen nebeneinander. Ein Motor, kleiner als der Vergaser eines Whirlwinds, war mit einem hölzernen Spielzeug-Propeller verbunden. Wir schnallten uns an, und Bill übernahm das Kommando.

Während wir über Long Island kreisten, kam ich mir vor wie in einem Lehnstuhl, der in den Raum entschwebt. Irgendwann fühlte ich einen Überdruck in meinem Wasserleitungssystem und schlug vor, daß wir irgendwo landen sollten, um dem dringenden Bedürfnis abzuhelfen. Bill wollte jedoch nichts davon wissen.

· · · · · ·

»Bill«, sagte ich, »dann fliege so langsam, wie du kannst, während ich mich über die Seite hänge.« Ich hätte es besser wissen müssen. Während ich, aus der Kabine hängend, meiner Verrichtung nachging, gab der Put-Put einen müden Seufzer von sich und quittierte den Dienst.

»Verdammt«, rief ich, »nun müssen wir ohnehin landen, und ich hätte es am Boden erledigen können!« Bill saß mit erstarrtem Gesicht da. Wir überflogen gerade ein »cutgun«-Paradies. Long Island war damals noch nicht so zugebaut wie heute.

«Nimm du sie!« rief Bill.

»Ich denke nicht daran. Ich habe keine Ahnung von diesem Ding. Sieh: dort links ist ein Feld, so groß wie ein Flugplatz.«

»Nimm du sie!«

Ich griff nach dem Knüppel zwischen meinen Beinen und setzte die Füße auf die Ruderpedale. Die Luft pfiff um den Rumpf. Wir glitten viel zu schnell hinab. »Mit welcher Geschwindigkeit landest du?« rief ich.

»90 Stundenkilometer. Anflug mit 120!«

Ich nahm die Nase hoch, Das Pfeifen ließ nach. Der Propeller hatte aufgehört sich zu drehen.

Die Wiese, die ich ausgesucht hatte, war nicht besser oder schlechter als jede andere. Einige Kühe grasten auf ihr, aber sie standen in einer Ecke zusammen. Ich fing zu hoch ab, und wir landeten mit einer Serie von Hüpfern. Als wir aufsetzten, hatten wir schon die Hälfte der Viehweide hinter uns und kamen schließlich unter einer riesigen Eiche zum Stehen.

»Oh je«, flüsterte Bill, »bloß gut, daß du diesen Baum verfehlt hast.«

»Baum verfehlt? Was meinst du damit? Denkst du denn,

ich will dieses Flugzeug in der glühenden Sonne parken?«
Ich hoffte, daß Bill mein Herzklopfen nicht hörte.

Bill hatte seine Gelassenheit wiedergefunden. Als wir ausstiegen, sagte er: »Du bist Mechaniker-Meister und graduierter Luftfahrt-Ingenieur. Es ist dein Baby.«

»Ich würde lieber einen anderen Experten hinzuziehen«, antwortete ich unsicher. »Laß uns ein Telefon suchen.«

Bill hatte mir ein oder zwei Dinge gezeigt. Gilhorn hatte verheerende Arbeit geleistet.

Kurz nach dem Kriege hatte ich vorübergehend eine Aufgabe in Miami, ein Job, der mir absolut nicht schmeckte und glücklicherweise auch nicht lange währte. Eines Tages, ich war zu Hause auf Abruf, klingelte das Telefon. Wahrscheinlich der Flughafen, der dich zu einem Flug ruft, dachte ich. Ich erkannte die Stimme am anderen Ende der Leitung nicht: »Hier ist Bill.«

»Bill – welcher Bill? Ich kenne ein Dutzend Bills.«

»Du weißt, Lodi, Bill, der Dummkopf.«

Da wußte ich plötzlich, wer es war. Ich sah ein Gesicht vor mir. Ein rundes Gesicht mit unsicheren Augen und einem halben Lächeln um den Mund.

»Ich hoffe, ich störe dich nicht ...« und dann kam ein kleiner Scherz.

»Weißt du noch, als ...?« Ein langgezogenes »Ja, damals ...« Eine Pause.

Alles lag so weit zurück, trieb davon im Lauf der Jahre. Nur an das Gesicht erinnerte ich mich deutlich, blaß und rund. Wie lange war es her, seit wir uns getroffen und ein Stück Wegs miteinander gegangen waren. Damals lag das Leben vor uns, unendlich, Abenteuer, Erfüllung ...

Was ich so tue, wollte er wissen. Oh, ihm ginge es gut. Er hatte geheiratet. Bill lachte leise. Ich konnte es durch den Hörer vernehmen. Was? ... Geschieden? Ja, die Ehe hatte nicht gehalten.

Rief er aus der Stadt an? Dann könnten wir uns doch bei mir zu Hause treffen und uns unterhalten. Nein, ich konnte nicht fort. Ich hatte Bereitschaftsdienst. Aber morgen vielleicht?

Nein, er riefe von außerhalb an, einfach so. Ja ... bis zum nächsten Mal. »Ich melde mich vorher, und wir werden zusammen ...« Ich antwortete, das würde schön werden.

Klick – aufgelegt. Auch ich legte den Hörer zurück auf die Gabel. Ich fühlte mich unbehaglich, aber ich konnte ihn heute nicht treffen. Ich war sicher, er hatte aus einer Telefonzelle in der Stadt angerufen. Er klang so matt, so zurückhaltend. Aber so war er eigentlich immer gewesen. Armer, törichter Bill. Er mußte allen Mut verloren haben – vielleicht wartete er darauf, daß ich den ersten Schritt tat. Warum sagte er dann nichts?

Ich las die Papiere und Briefe nicht, die in dem Päckchen aus der Vergangenheit gekommen waren. Wie allein mußte er gewesen sein! Nach all diesen Jahren hatte er niemanden, der ihm nahestand. Ich konnte das Päckchen nicht ansehen.

Bei meinem nächsten Flug nahm ich es mit und warf es aus dem Cockpit in die See, nahe Sombraro Lighthouse bei den Florida Keys. Ich denke, Bill wäre damit einverstanden gewesen.

· · · · · ·

Das wundervollste Lächeln

Mit klopfendem Herzen stoppte ich meinen Ford an der Kaimauer von Pan Americans Dinner Key Marine Terminal in Coconut Grove, Florida. Vor mir sah ich einen ansehnlichen Prahm, der durch eine schmale Gangway mit der Kaimauer verbunden war. In einer Art Höhle im Deckshaus fand ich einen Klotz von Mann mit einem Gesicht wie aus Granit gehauen. Er saß an einem kleinen Tisch und unterhielt sich, eine Zigarre zwischen die Zähne geklemmt, mit einem Kerl im weißen Overall; zwischendurch sprach er in ein Telefon und kritzelte Notizen auf einen Schreibblock. Offenbar der Chef des Ganzen.

»Sir«, sagte ich, »mein Name ist Marius Lodeesen, und hier ist meine Order von Mr. Priester, mit der ich mich zum Dienstantritt als Pilotenanwärter melden soll.«

Der Mann legte den Hörer auf, spuckte durch die offene Tür und brummte in Richtung Overall: »Walt, noch so ein College-Punk. Wohin wird das noch führen?« Der andere zündete sich eine Zigarette an und grunzte: »Du sagst es, Pip. Es tut weh.« Der zigarrerauchende Gentleman wandte sich zu mir und sagte: »Yep, ich habe Sie erwartet. Ich erhielt die gute Nachricht aus New York.« Er wies mit einem Arm durch die Tür, durch die ich ein an seinen Leinen zerrendes Flugboot erblickte. »Morris«, fuhr er fort, »sehen Sie das Boot da draußen? Bevor Sie Ihren Hintern in ein Cockpit zwängen, werden Sie jede einzelne Niete an dem Rumpf da polieren und die Bilge schrubben!« Dann lachte er so laut, daß ihm die Zigarre aus dem Mund fiel.

Ich zuckte zusammen. »Mein Name ist Marius«, sagte ich, »aber das ist egal. Lodi genügt.«

»Okay, Morris«, sagte er grinsend, »es sollte keine Beleidigung sein. Ich sehe, Sie kommen aus der Alten Welt. Priester ist auch ein Holländer und ebenso Schildhauer, unser Betriebsleiter. Die Firma ist voll von Querköpfen.«

Ich war über seine Feindseligkeit bestürzt, die, wie ich später herausfand, nichts weiter war als ein Schutzpanzer, um seinen guten Kern zu verbergen. Zu dieser Zeit waren Pan Americans Flugbootkapitäne frühere Officer der Marine, Wanderschauspieler oder Alkoholschmuggler, Männer mit wenig Bildung, aber großer Erfahrung. Ich gehörte zu einer Gruppe von zwölf Hochschulabsolventen mit Armee- oder Marineausbildung, die eingestellt worden waren, um für die Langstreckenflugboote der Zukunft trainiert zu werden. Daß wir mit Zurückhaltung betrachtet wurden, war zu erwarten.

»So, Sie sind einer der Neuen, die sich am Steuerhorn festhalten wollen«, schnarrte Vormann Richardson am nächsten Tag. Er musterte mich durch seine dicken Brillengläser von oben bis unten, einen bösen Blick in den Augen. »Kommen Sie mit«, sagte er. Mich hinter und unter Tragflächen und Rümpfen herum- und hindurchwindend, folgte ich dem Vormann zu einem zweimotorigen Flugboot, das auf einem Schlitten saß. Wir kletterten an Bord. Aus der Luke drang mir ein Gestank aus Terpentin, Spiritus und anderen giftigen Dämpfen in die Nase. Der Boden war ausgebaut. In der schmutzigen Bilge kroch eine Gestalt in verdrecktem Overall umher, den Kopf mit einem Handtuch umhüllt.

»Hallo, George«, rief Richardson, »ich bringe Ihnen einen Helfer. Wenn ihr Burschen gute Arbeit leistet, werde ich euch in der nächsten Woche zum Auskratzen der Bilge einer S-40 befördern.« Damit verließ er uns ohne weiteren Kommentar.

Die Gestalt in der Bilge krabbelte hervor, legte eine Drahtbürste auf einen eisernen Winkel, klemmte einen Eimer mit Terpentin zwischen zwei Träger und sagte: »Gott, was bin ich froh, einen Freund im Elend zu haben. Laß uns nach oben gehen und eine Zigarette rauchen. Ich bin völlig bedröhnt.«

So traf ich George King, einen Bachelor of Arts der Universität Princeton und Lieutenant der Naval Aviation Reserve.

Während wir oben standen und rauchten, fragte George mich, ob ich bei ihm einziehen wolle.

»Wie willst du wissen, ob wir miteinander auskommen?« fragte ich mit meiner üblichen Vorsicht.

George ließ ein Lächeln aufblitzen, auf das Maurice Chevalier neidisch geworden wäre. »Wenn nicht, schmeiße ich dich wieder 'raus.« So bewohnten wir zusammen ein Landhaus im Leafy Way, Coconut Grove, einem Ort, der so charmant war, wie der Name versprach.

Wir wurden Freunde. Es war eine dieser Freundschaften der Jugend, wo ohne die Sonne der Mond nicht scheinen kann. Was unsere Freundschaft für George bedeutete, vermag ich nicht zu sagen. Er »trug« seine Freunde wie eine Lady ihre Juwelen, bewunderte sie, zeigte sie herum und tat sie beiseite, wenn sie sich abgenutzt hatten. Georges Freundschaft schwebte auf Schmetterlingsflügeln dahin.

· · · · · ·

Vielleicht irre ich mich auch. Er lebte nicht lange genug, um zu einem wirklichen Urteil zu gelangen.

George war von Natur aus ein Gentleman. Seine fein gemeißelten Züge zeigten üblicherweise ein leicht sardonisches, stets gelassenes Lächeln. Seine kultivierte Stimme verriet Lebensart, seine Garderobe guten Geschmack. Ob er mit einem Buch in der Ecke saß oder sich mit Kameraden im Bereitschaftsraum aufhielt, gleichgültig, mit wem er wo war, George war stets das Symbol eines Grandseigneurs.

Ich bin sicher, daß George, wenn er überlebt hätte, im Management gelandet wäre. Er besaß alle Eigenschaften dafür. Fliegen war für ihn nicht das, was es für mich war. Seine Ausbildung war literarisch geprägt, und er war in die Fliegerei hineingeraten, als es schien, es wäre das rechte Ding zur rechten Zeit. Nicht, daß George nicht fliegen konnte. Er flog mit einer königlichen Der-Teufel-mag-sich-vorsehen-Attitüde, um die ich ihn beneidete. Ich beneidete George um viele Dinge. Ich las seine Bücher, trug seine Sachen und trennte die abgelegten von den neuen schönen Mädchen.

Wenn sich abends in unserem Landhaus die Stille im Garten ausbreitete und Glühwürmchen zwischen den Poinsettia-Büschen aufglimmten, redeten wir über unsere Jobs und über das Fliegen, über die Zukunft und über die Frauen, wie junge Leute es tun, bevor die Reife die Kanten abstumpft.

Eines Abends sprachen wir über den Tod. Ich weiß nicht, wie wir darauf kamen. George machte eine ausladende Bewegung mit den Armen. »Zur Hölle mit dem Sensenmann. Er geht mich nichts an.« Er stand auf, nahm seinen Tabak von einem Regal und begann, seine Lieblingspfeife mit gebogenem Rohr zu stopfen. Er zündete sie an, ein Bild der Selbstsicherheit, der jugendlichen Kraft, der Lebensfreude und der Arroganz der Jugend. »Ich wette«, sagte er, »daß ich morgen am Leben bin, und im nächsten Jahr und in dreißig Jahren.« Und ich glaubte es auch.

George heiratete auf dieselbe Art, wie er alles tat – schnell, sicher. Eines schönen Tages spazierte er in unser Landhaus mit einem Mädchen am Arm, einem charmanten Geschöpf, schlank, mit einem bildschönen Gesicht, umrahmt von aschblondem Haar und mit den fröhlichsten Augen, die ich jemals sah.

»Lodi«, sagte George, »das ist Helen. Ich werde morgen heiraten.« Das Mädchen schaute auf: »Du meinst *wir*, nicht wahr?«

»Ja, ja, sicher. Lodi, wir hätten dich gern als unseren Trauzeugen. Wir ziehen unsere weißen Marineuniformen an. Nur eine einfache Zeremonie. Keine gottverdammte Kirchengeschichte.«

»Phantastisch«, stammelte ich. Das Mädchen sah sehr jung aus. »Kennt ihr euch schon lange?«

»Wie meinst du das? Ich kenne Helen seit ihrer Kindheit. Jeder wußte, daß ich sie eines Tages heiraten würde. Nicht wahr, Helen? Lodi, du arrangierst die Party für morgen nacht. Hier sind zehn Dollar. Ich möchte jeden dabeihaben.«

Ich blickte zweifelnd auf den Geldschein. »Jeden?«

»Aber sicher. Es kostet nicht mehr, um es erstklassig hinzukriegen.«

Ich streckte den Gin auf zwölf Liter und machte ihn durch das Hinzufügen von Grenadine trinkbar. So blieb noch Geld für Mausefallen-Käse und einige Brotlaibe übrig.

Es wurde erstklassig. Drei von den Gästen mußten ins

Hospital gefahren werden, um sich den Magen auspumpen zu lassen.

Während dieser Zeit befanden George und ich uns in einem freundschaftlichen Wettbewerb. Wer würde als erster Captain werden? Ich hatte einen Vorteil durch meine Ingenieursausbildung. Der Erwerb der Mechaniker-Lizenzen für Flugzeug und Motor war nicht schwer. Ich war der Welt größter Experte im Sammeln von Diplomen auf Gebieten, von denen ich nicht viel verstand. In meinem Fall hatten Theorie und Praxis keinerlei Verbindung. Meine Werkzeugkiste ließ mich etliche Male im Stich.

In Cienfuegos, Kuba, sprang der linke Motor unseres Commodore-Flugbootes nicht an. Er war abgesoffen. Meiner Ansicht nach war jedoch die Kraftstoffpumpe defekt. Mir gelang es nicht, die zerlegte Pumpe wieder zusammenzubauen. Von Miami aus wurde deshalb ein Flugzeug mit einem Monteur an Bord losgesandt, der die Commodore wieder flugtüchtig machte.

Ich zeichnete mich ein weiteres Mal aus, als uns ein Motor nahe der Insel Cozumel ausfiel. Der Skipper machte eine Notlandung in der Lagune. Ein kleines Boot mit zwei Männern und einigen Enten in der Bilge kam längsseits. »Quanto for the quack-quacks in the bottom of the barco?« begrüßte sie der Captain in Lingua franca. Einer der Eingeborenen antwortete in Spanisch. »Was sagt er?« fragte der Skipper. »Er will sie nicht verkaufen.« antwortete ich.

»Das ist schlecht. Wie ich dich kenne, würde ich sagen, daß wir uns alle für ein paar Tage auf schwarze Bohnen mit Schildkröteneiern einrichten sollten.« Der Skipper setzte sich in seinem Sitz zurecht: »Du bist ein graduierter Ingenieur und ein lizensierter Mechaniker. Es ist dein Baby.«

• • • • • •

Alles, was ich mit dem Baby tun konnte, war, sein Babysitter zu sein.

Über mein Talent zur Funk-Kommunikation möchte ich den Mantel des Schweigens breiten. Wenn ich im Kopfhörer eine CTI (außerdienstliche Meldung) hörte, setzte eine zerebrale Blockade ein. George hingegen hängte einfach den Hörer auf den Haken, nachdem er die Positionsangaben oder ein OTL (out to lunch) durchgegeben hatte.

Um es klar zu sagen: George wurde keiner von diesen Zauberern, die mit einem Kasten voller Schraubenschlüssel und einer Rolle Bindedraht einen Motor einbauen konnten, der an einem Baum über einem alligatorverseuchten Fluß hing. Aber George konnte seine Captains mit Charme beeinflussen wie ein indischer Flötenspieler seine Kobras. Mit Unverschämtheit, Galanterie und Verbindlichkeit verhexte er die Hohen und die Mächtigen. Dazu fällt mir ein Vorfall ein.

Als unsere Gruppe von Bilgekratzern zu Gehilfen der exaltierten Skipper avancierte, wurde eine Party anberaumt, um den Terpentindunst aus Haar und Seele zu waschen. George meldete sich freiwillig, um die Erfrischungen zu besorgen.

Für diese Aufgabe beschafften wir uns eine Curtiss Fledgling von der Naval Aviation Base in Opa Locka, nördlich von Miami. Deren Notausrüstung bestand lediglich aus einer Milchflasche, seit einer ihrer Piloten bei einer außerplanmäßigen Landung auf dem Flugplatz Homestead einen geplatzten Reifen hatte und eine Weile dort festsaß.

Ich startete nach Key West für die Aktion »Zechgelage«. George saß im hinteren Sitz. Beim Rückflug würden wir die Plätze tauschen. In Key West liehen wir uns das Auto des Flugplatzleiters, besorgten unseren Stoff und verstauten ihn im Flugzeug. Es war viel zu früh für den Rückflug, der, wie jedem einleuchten wird, in der Dämmerung stattzufinden hatte. Während wir ziellos am Hafen umherbummelten und die Flotte der Fischerboote bewunderten, sagte George zu mir: »Laß uns gehen und Hemingway besuchen. Ich wollte ihn schon immer einmal kennenlernen.«

»Warum nicht, George. Wer ist das eigentlich?«

»Lodi! Du trägst deine Unwissenheit wie ein Abzeichen auf der Brust. Er ist so ziemlich der größte lebende Schriftsteller. Komm, ich habe seine Adresse.«

»Aber George! Glaubst du wirklich, daß er für uns Zeit hat?«

»Überlaß das ruhig mir. Wenn du Angst hast, kannst du ja hierbleiben.«

Wir kamen zu Hemingways Haus. Ein farbiges Dienstmädchen öffnete die Tür. »Kommen Sie nur herein«, sagte sie mit einem Aufblitzen ihrer weißen Zähne, »Mr. Hemingway erwartet Sie.«

George schmunzelte. »Was habe ich dir gesagt?« flüsterte er mir zu, »wir werden erwartet.« Ich konnte über seine Unverfrorenheit nur staunen und hoffte, daß sie eines Tages auf mich abfärben würde.

Im Wohnzimmer erhob sich ein großer Mann aus einem Ledersessel. Ich konnte keine Einzelheiten des Zimmers erkennen, aber der Raum vermittelte den Eindruck von gediegener Behaglichkeit.

»Hallo, Jungs«, sagte Hemingway (von dem ich jedenfalls annahm, daß er es war), »ich hörte, ihr hattet Schwierigkeiten mit dem Motor.«

»Nein, Sir«, erwiderte George, kühl bis ans Herz, »der Motor läuft einwandfrei.«

»Gut zu hören«, sagte Hemingway, »dann können wir

morgen früh um fünf Uhr starten.« Er nahm eine unbeschriftete Flasche von einer Anrichte, goß drei Gläser voll, drückte ein paar Tropfen Zitrone in jedes Glas und gab jedem eines.

»Cheerio«, sagte George und nahm einen ordentlichen Schluck. »Aber wir wollen in einer Stunde starten.«

»Ihr seid verrückt!« Hemingway sah uns durchdringend an. »Was zum Teufel haben diese komischen Schwingen auf euren Hemden zu bedeuten?«

George lächelte. »Unsere Marine-Schwingen. Ich bin Lieutenant King, und das ist Ensign Lodeesen. Wir sind von Miami hierhergeflogen, um Ihnen unsere Aufwartung zu machen.«

»Marine-Schwingen?« Hemingways Lachen dröhnte durch den Raum. »Ich dachte, ihr wärt Dave Galloway und sein Steuermann. Ihr tragt dasselbe Khakizeug wie die Skipper der Fischerboote.« Er schüttelte George und mir die Hand. »Zur Hölle, erzählt mir bloß nicht, daß ihr von Miami hergeflogen seid, nur um mich zu sehen.«

Mit einem Lächeln bewaffnet antwortete George: »Um die Wahrheit zu sagen, nein. Wir flogen her, um ein paar Flaschen für unsere Samstagabendparty zu besorgen.«

»Wahoo! Hier ist der beste Platz dafür. Wer ist euer Alkoholschmuggler? Doch nicht etwa dieser Hurensohn Black Caesar, oder etwa doch?«

»Ich fürchte, er ist es«, sagte George.

»Er übervorteilt euch. Aber zur Hölle – noch einen Drink?«

Ich war beeindruckt. Ich hatte mir berühmte Schriftsteller als würdevolle Persönlichkeiten mit Schillerkragen vorgestellt, die mit gebieterischen, klangvollen Stimmen sprachen. Mit diesem aber war alles völlig ungezwungen, besonders nach einem oder zwei Drinks. Aus einer Stunde wurden zwei, die wie zwei Minuten vorüberflogen. Als wir aufbrachen, stand die Sonne alarmierend tief.

George startete, und wir flogen den großen Overseas Highway entlang, während uns unten die Autos überholten. Unser Flugzeug war nicht mit Landescheinwerfern ausgerüstet; ebensowenig gab es eine Landebahnbefeuerung auf der Opa Locka Air Base. Der einzige andere Flugplatz in der Nähe war der Miami Municipal Airport, ein Grasplatz an der 36. Straße, der mehr oder weniger aufgegeben worden war, seit PanAm von Landflugzeugen auf Flugboote umgestiegen war.

Zu unserer Linken versank die Sonne in der Lagune. Zu diesem Zeitpunkt näherten wir uns der Südspitze Floridas, den unbewohnten Everglades, einem riesigen Sumpfgebiet voller Alligatoren und Wasserschlangen. Am Horizont war der Lichterschein von Miami zu sehen.

Ich überlegte lange und intensiv. Deutlich sah ich die Schlagzeile im »Miami Herald« vor mir: »Pan-Am-Piloten stürzen bei Alkoholschmuggelflug ab.« Und so warf ich die zwölf Flaschen feinsten Bacardi-Rums eine nach der anderen aus dem Flugzeug.

Man erwartete uns bereits. Zwei Autos, deren Scheinwerfer in die Landerichtung leuchteten, parkten am Rand des Platzes. George drosselte den Motor, und wir gingen sachte tiefer, fast lautlos. Ich roch den nicht unangenehmen Duft eines Grasfeuers in den Everglades ein paar Meilen landeinwärts. Wir kamen in einem langen Endanflug herein, hüpften über die Autodächer, und dann setzte George die Fledgling so sanft hin, daß ich nur am Rumpeln der Räder im Gras spürte, daß wir unten waren.

»Whew!« sagte George, als wir standen. »Ich hoffe nur,

daß der Skipper nicht auf dem Platz ist, um uns zu begrüßen.«

»Meistens ist er da«, sagte ich zur Rückseite von Georges behelmtem Kopf, »aber sei unbesorgt, unsere Party ist aus; jedoch würde ich mich nicht wundern, wenn die Krokodile in den Glades einen Rausch bekommen würden.«

»Du Hurensohn!« sagte George.

Wie gern ich ihm dieses Lächeln aus dem Gesicht gewischt hätte, gerade jetzt!

Ich stand an der Pier, als George an Bord seines für Rio de Janeiro bestimmten S-43-Baby-Clippers ging. Ein Abzeichen mit einem Schwingenpaar und zwei Sternen leuchtete an seiner Brust. Als die Maschine am Horizont verschwand, zündete ich meine Pfeife an und warf das Streichholz ins Wasser. Ich hatte unser Rennen verloren. George war das bessere Pferd. Was dann geschah, war ein entsetzlicher Unfall, verursacht durch das Zusammentreffen mehrerer Faktoren, von denen jeder für sich genommen harmlos war. Es war, als wenn die drei Walzen eines Glücksspielautomaten dasselbe Bild zeigten, mit dem Tod als Jackpot.

Als die Sonne hinter Gavea unterging und das sinkende Licht über die Villen auf den Hängen von Copacabana flutete, durchflog der Baby Clipper die Einfahrt zur Guanabara Bay, fünf Tage von Miami und fünf Minuten von der Ewigkeit entfernt.

Es war spät. Bald würde es dunkel sein. George mußte sich beeilen, um noch bei Tageslicht zu landen, oder er würde den Gleitpfad abwarten müssen, der bei Dunkelheit in der Bucht aufflammte.

Die erste Walze des Spielautomaten läutete beim Stopp.

• • • • • •

Der Wind blies aus Südost. In einem solchen Fall taten die Piloten üblicherweise das, was George jetzt auch tat, um einen langen Taxiweg zur Rampe zu vermeiden. George flog die Küstenlinie des Festlandes entlang in einen Tunnel hinein, der aus der Küste und einer Insel gebildet wurde, die mit der Stadt durch eine Brücke verbunden war. Die Brücke mußte niedrig passiert und das Flugboot danach steil hinabgedrückt werden, denn der Gleitpfad führte auf Land zu.

Die zweite Walze des Spielautomaten läutete beim Halt.

Da begann – während sich das Boot, mit nur wenigen Knoten über der Aufsetzgeschwindigkeit sinkend, der Brücke näherte – der linke Motor wegen Treibstoffmangels leerzulaufen. Und genau an der Stelle, wo sich der Anflug weder strecken noch durch eine Umkehrkurve offenes Wasser in dem engen Tunnel erreichen ließ, spuckte der Automat nach dem Halt der dritten Walze den Jackpot aus. Der Clipper krachte gegen einen Hafenkran und stürzte verbogen und aufgerissen ins Wasser.

Sie brachten ihn heim in einem schönen Hartholzsarg. In einer Curtiss Helldiver der Marine flog ich zur Beisetzung nach Jacksonville. Während der Trauerfeier in der Kapelle eines Bestattungsunternehmens blieb der Sargdeckel geschlossen. Es war nicht genug übrig von ihm, um den Angehörigen einen letzten Blick ermöglichen zu können. Dann fuhren wir zum Friedhof.

Es ist Sitte, daß ein Verwandter oder guter Freund ein paar Worte am Grabe spricht. Ich hatte mich darauf vorbereitet. Der Pfarrer sprach in Allgemeinplätzen. George war nie zur Kirche gegangen; er hatte sogar eine kirchliche Trauung abgelehnt. Ich wollte den Leuten nicht erzählen, was für ein Mensch er war, sondern was er anderen bedeutet hatte, ganz besonders sein entwaffnendes, leises, weltkluges Lächeln. Vielleicht war es gut, daß ich nicht aufgefordert wurde zu sprechen, denn die wirkliche Bedeutung dieses Lächelns enthüllte sich mir erst viel später.

Ich wollte mich dort nicht von ihm verabschieden. So fuhr ich im Taxi unter riesigen Eichen, die in Decken aus Spanischem Moos gehüllt waren, als trügen sie Trauer, zum Friedhof hinaus. Meine Helldiver stand auf dem heißen Beton vor dem Hangar. Zwei Mechaniker arbeiteten am Motor eines kleinen Flugzeuges. Ich bat sie, die Bremsklötze von meinen Rädern wegzuziehen, rollte davon und startete.

Ich stieg hoch, so hoch, daß die Erde ganz leblos erschien. Dann blickte ich zurück in den leeren hinteren Sitz, und da wußte ich, daß George tot war und ich ihn niemals wiedersehen würde; und daß wir trauern, wenn uns nahestehende Leute sterben – nicht um sie, sondern um die Leere, die sie in unserem Leben hinterlassen.

Die, die die Bühne des Lebens verlassen haben, sind vergessen; sie haben ihre Zeit gehabt, und das Leben muß weitergehen. Wann immer mein Weg mich nach New York führte, besuchte ich Helen in ihrem Apartment in Greenwich Village an der 10. Straße. Wir tranken Gin Tonics und redeten über Bücher und alles mögliche, aber nicht über George. Aber er war da, nicht nur in uns. Die Aquarelle, die er in Key West gekauft hatte, hingen an der Wand. In einer Ecke stand ein riesiger, monströser Schrank, den George in Rio hatte bauen lassen. In ihm waren seine Funkanlage und der Plattenspieler untergebracht, und Helen nannte ihn King's Folly.

Helen wurde Lektorin bei William Morrow and Company. Es war ihr Stolz und ihre Freude, daß sie Erle Stanley

Gardner entdeckte. Ich erinnere mich gern an diese Abende voll anregender Gespräche mit Autoren und Redakteuren wie Bob MacMillan, Modeautor beim »New Yorker«, und Jack Eames, der so viel Ärger mit seinem 14. Buch hatte, daß es den Bann seines 13. nicht zu brechen vermochte. Später aßen wir bei Peter's Backyard um die Ecke, einem von diesen Bistros, wie man sie nur in Greenwich Village findet.

Als die Jahre vorüberzogen, machte King's Folly Platz für eine antike Truhe, und die Aquarelle wurden gegen Ölbilder von Künstlern ausgetauscht, die ich nicht kannte.

Das beste in der großen Symphonie des Lebens stammt von unseren verblichenen Freunden. Wir hören ihre Stimmen, wir fühlen den Druck ihres Händeschüttelns. Sie sind mit uns. Sie trinken aus unseren Gläsern, sie gehen durch unsere Räume. Freunde sterben niemals.

Für mich ist George nie gestorben. Nicht wegen gemeinsamer Erlebnisse oder freundlicher Erinnerungen. George gab mir unwissentlich ein kostbares Geschenk.

Ja, George, bei dir lernte ich das wundervollste Lächeln kennen.

ERINNERUNG AN LÄNGST VERGANGENES

Vor langer Zeit, als eine Tasse Kaffee einen Nickel kostete und eine Zehn-Cent-Zigarre Eleganz ausstrahlte, konnten Sie, wenn Sie mit einer Portion Abenteuerlust ausgestattet waren, in sieben Tagen und sieben Nächten von Miami nach Rio de Janeiro fliegen, zwischen Regenböen hindurch, die wie Säulen in der Karibischen See standen. Wenn beim Tankstopp der Kiel durchs Wasser glitt, wurde aus dem Flugzeug ein Schiff und aus dem Piloten ein Seemann, der auf Gezeiten und Strömungen, Wassertiefen und Anker zu achten hatte. Steif kletterten Sie an Deck, um die kühle Abendluft einzuatmen, die nach exotischen Blüten und verrottendem Fisch roch. Sie schauten den palmenbestandenen Uferstreifen entlang, und Ihre Hand suchte in der Tasche nach der lang entbehrten Zigarette.

Sie flogen von Sonnenauf- bis Sonnenuntergang, und Sie schliefen von Sonnenunter- bis Sonnenaufgang unter einem Moskitonetz, mit dem Geschmack von Knoblauch im Mund. Sie speisten jeden Abend am Tisch des Kapitäns und tranken vor Sonnenaufgang eine Tasse schwarzen Kaffee. Wenn es Wind, Wetter und Verdauung zuließen, erreichten Sie Ihren Bestimmungsort, verschwitzt und unordentlich, fühlten sich glücklich oder waren restlos bedient, je nach persönlicher Verfassung. Aber Sie hatten den Leuten zu Hause einiges zu erzählen.

Sie konnten von Haitis Bergen erzählen, die sich schemenhaft gegen den bleichen Abendhimmel abhoben, von vieräugigen Fischen im Fluß von Paramaribo und von der gewaltigen Mündung des Amazonas. Wenn man Sie nicht durch ermüdende Details über die abenteuerliche Odyssee Onkel Ephraims unterbrach, der mit seinem Cleveland-Six-Phaeton von Scranton nach Los Angeles gefahren war, konnten Sie die Herren beiseite nehmen und ihnen etwas über das Leben und Treiben in Madame ZeZes Etablissement in Belem und über die Verführungskünste der Señoritas von Bahia zuflüstern, oder was Sie zum Captain sagten, und was der Captain Ihnen erzählte.

Flugboot-Kapitäne waren Individualisten. Vom Start bis zur Landung nur auf sich allein gestellt, ohne Funkhilfe oder Bodenkontrolle, flogen sie ihre Boote, wie es ihnen beliebte. Stolz auf ihre Fähigkeiten und voller Selbstvertrauen gegenüber der Obrigkeit, flogen sie nach Intuition und mit Gott. Sie brachten ihre Boote sicher in den Hafen, und niemand stellte Fragen.

Für die Eroberung des Luftraumes ideal ausgestattet, würden diese Boote auch noch ein weiteres Jahrzehnt geflogen sein, wenn der Krieg nicht zwei Gründe ausgeräumt hätte, die für das Flugboot gesprochen hatten: konstruktive Nachteile bei Landflugzeugen und ein Mangel an Flugplätzen. Mit der Einführung des einziehbaren Fahrwerks und dem Bau von Flugplätzen rund um die Welt verschwand das kommerzielle Flugboot.

In der schläfrigen halben Stunde vor Sonnenuntergang setzte dann Ihr Flugboot auf, wie die Taube in ihren Schlag zurückkehrend, und machte am Versorgungsprahm fest. Während der Stationsleiter mit einer Gruppe von Einheimischen das Boot versorgte, gingen die Luftreisenden an

Land. Am Abend wurden die Ereignisse des Tages kommentiert und Eindrücke ausgetauscht, und dann zogen sich alle frühzeitig zurück, denn der Weckruf kam lange vor Sonnenaufgang. Beim ersten Anzeichen der Morgenröte stolperten Passagiere und Besatzung in das Fährboot, welches sie zurück zu ihrem Flugzeug brachte. Barfüßige Monteure, die geräuschlos über den glitzernden Rumpf liefen, begannen, den Handanlasser zu drehen. Motoren erwachten zum Leben, und die Leinen wurden gelöst. Ein Winken zum Prahm, und los ging's, über schaumgekrönte Wellen hinweg, die Windschutzscheibe mit Gischt besprüht.

Das war in jenen Tagen, als Sie mit 160 Kilometern pro Stunde flogen und ein Lunchpaket auf dem Schoß balancierten, das Ihnen von einem Mann ausgehändigt wurde, der eine Kombination aus Copilot, Flugingenieur, Funker, Steward sowie Kammerdiener und Handlanger des Kapitäns war. Motorenprobleme an einer entlegenen Tankstelle am Rande des Dschungels gaben Ihnen die Chance, an einer Safari teilzunehmen, Eingeborenenstämme zu besuchen und Gazellen, wilde Schweine und Jaguare zu schießen. Oder Sie konnten mit einem einheimischen Fischerboot hinausfahren und abends mit der Flut wieder heimwärts, die Lateinersegel mittels hölzerner Schöpfgefäße begießend, um sie möglichst steif am Wind halten zu können.

Dutch Schultz, ein früherer Marineinfanterist, ließ seinen Copiloten eine Zeitung zerreißen und die Papierschnipsel außenbords werfen; auf diesem »Papierpfad« wurde dann aufgesetzt. Dieses Verfahren funktionierte aber nur am Tage und bei glatter Wasseroberfläche. Manche Skipper kurbelten ein Stück der Schleppantenne heraus, an deren Ende sich ein kugelförmiges Gewicht befand. Der Copilot, die Hand am Draht, konnte die Wasserberührung fühlen. »Kontakt!« – und der Captain fing das Flugboot ab. Manchmal halfen uns aus dem Wasser springende Schwärme kleiner Fische im Licht der Landescheinwerfer, die Wasseroberfläche zu erkennen. Oftmals wußte man gar nicht, daß man schon auf dem Wasser war. Ich dachte so manches Mal, ich würde noch fliegen, als ein Blick auf den Fahrtmesser mir sagte, daß wir bereits durch das Wasser glitten.

Was Findigkeit, gekoppelt mit einer Riesenportion Glück, anbetrifft, hier eine Begebenheit, die mir einst der Flugmaschinist eines Lufthansa-Flugbootes erzählte. Die Lufthansa beflog damals während einer Reihe von Probeflügen den Nordatlantik zwischen Horta auf den Azoren und Pt. Washington, dem Wasserflughafen von New York. Die Dornier-Flugboote waren mit zwei wassergekühlten Jumo-Dieselmotoren in Tandemanordnung ausgerüstet, von denen der eine einen Druck- und der andere einen Zugpropeller antrieb. Die Boote wurden von Schiffen aus in die Luft geschossen, weil sie mit der für die lange Flugstrecke nötigen Treibstoffmenge zu schwer waren, um selbst zu starten.

Auf halbem Wege nach New York wurde ein Leck in einem der unter den Tragflächen hängenden Zusatzkühler entdeckt. Alle verfügbaren Flüssigkeiten wie Reservekühlwasser, Kaffee, Mineralwasser, Trinkwasser sowie eine Flasche Champagner, die eigentlich nach der glücklichen Ankunft in New York getrunken werden sollte, wurden zum Nachfüllen benutzt, schoben aber lediglich den Zeitpunkt hinaus, wo das Boot hinunter in den Nordatlantik mußte. Zuletzt schüttete der Flugmaschinist noch eine Flasche Kakao und zwei Dosen Stachelbeerkompott in das Kühlwassersystem. Diese eigenwillige Mischung stoppte den Wasserverlust, indem sich der Bodensatz des Kakaos mit den kleinen Kernen der ausgedrückten Stachelbeeren innig verband und das winzige Loch im Kühler zustopfte.

Viele der frühen Flugboote stammten von Igor Sikorsky, einem Russen, der verschiedene Flugzeuge in Rußland konstruiert und gebaut hatte, bevor er 1918 nach Amerika emigrierte. Eines dieser Flugzeuge, »Der Große« genannt, war ein Koloß mit vier Motoren und einem Balkon, von dem aus Zar Nikolaus II. seine Muschiks beobachten konnte, wie sie sich über die Steppe verteilten. Das Flugzeug, so glaubte Sikorsky, konnte nicht vor dem 20. Jahrhundert erfunden werden, weil sowohl die wissenschaftlichen Erkenntnisse als auch die Fertigungsmaterialien nicht verfügbar gewesen waren. Aber zwei Arten von Luftfahrzeugen hätten seit Tausenden von Jahren gebaut und geflogen werden können. Das waren der Gleiter und der Heißluftballon. Es wäre durchaus möglich, so dachte Sikorsky, einen Gleiter aus Materialien zu fertigen, die es schon in der Antike gegeben hatte. Otto Lilienthal und die Wrights bauten ihre Gleiter unter Bedingungen, wie sie bereits im alten Griechenland existiert hatten. Warum war es von Männern wie Archimedes und Leonardo da Vinci nicht schon getan worden?

Ich nehme an, daß jede Erfindung ein Produkt ihrer Zeit ist. So wurde der Gleiter, Vorläufer des angetriebenen Flugzeugs, erst im 20. Jahrhundert erfunden, weil er ein Ausdruck unseres gegenwärtigen Zivilisationsgedankens ist.

Es entsteht die Frage: warum Flugboote und keine Landflugzeuge? Pan American wollte Südamerika erobern, das nur wenige Flugplätze besaß. Alles, was ein Flugboot benötigte, war ein geschützter Hafen, ein Anlegeprahm, Benzinfässer, Ersatzteile und seemännische Ausrüstung. Dann konnte überall und jederzeit der Betrieb aufgenommen werden.

Sikorsky konstruierte weniger nach bestehenden Regeln als intuitiv. Intuition scheint eine Fähigkeit zu sein, die es einem Erfinder gestattet, auf unerklärliche Weise aus noch unbekannten Fakten und Gesetzen einen Mechanismus zu kreieren, der sich mit den Naturgesetzen in Einklang bringen läßt. Zum Beispiel baute Sikorsky seine ersten Flugzeuge mit großer Flügelstreckung (lange und schmale Tragflächen). Zu dieser Zeit war er nicht vertraut mit der Theorie des induzierten Widerstandes (Widerstand, der durch den Druckausgleich zwischen Flügelunter- und -oberkante entsteht).

Sikorskys erstes erfolgreiches in Amerika gebautes Flugzeug war die S-38. Dieses kleine Ding knackte den Jackpot. Es war ein häßliches Entlein, das sich in einen Schwan verwandelte (eine Kollektion von Einzelteilen fliegt in Formation). Es watschelte die Rampe hinunter und sofort in das Herz jedes Piloten, der es flog. Das Flugboot wurde das Rückgrat von Pan Americans früher Flotte. Dieses bescheidene Gerät flog 160 Kilometer pro Stunde und beförderte zehn Passagiere in Korbsitzen in einer winzigen Kabine. Es wurden hundert Exemplare dieses Typs gebaut. Es ist belegt, daß diese Maschinen insgesamt über 40 Millionen Kilometer oder 1000mal rund um den Erdball geflogen sind. Die S-38 war das Ford-T-Modell in der internationalen Luftfahrt der späten zwanziger und frühen dreißiger Jahre.

Wenn man in der kleinen S-38 die Rampe hintergerollt war, hatte man zuerst die Räder hochzudrehen – vierzig leichte Umdrehungen, weil die Schwimmfähigkeit der untergetauchten Pneus dabei mithalf. Das Herausdrehen der Räder hingegen erforderte 41 Umdrehungen, und alle gingen schwer. Man mußte seine ganze Kraft aufwenden und dabei das Steuerhorn an den Bauch gezogen halten. Dann sah man Kaskaden von Wasser über die Frontscheiben fluten. Wenn das Boot hochkam, kehrte die Sicht nach vorn zurück, und es erhob sich so anmutig in die Lüfte wie ein Tauchvogel, der einen drei Pfund schweren Barsch verschlungen hat. Im Gegensatz zu anderen Flugbooten hatte die S-38 nur ein einziges Steuerrad, das auf einem mittig angebrachten Ständer befestigt war und zu jedem der beiden Piloten hinübergeschwenkt werden konnte. Besatzung und Passagiere konnten sich durch Gesten verständigen, weil das Cockpit von der Kabine nur durch ein Schott getrennt war, in dem sich hinter jedem Piloten große Öffnungen befanden. Es herrschte striktes Rauchverbot. Ganz hinten befand sich die Toilette, die üblicherweise mit Postsäcken vollgestopft war. Ich höre heute noch das beruhigende Dröhnen der Motoren, den Klang der unsynchronisierten Propeller und das Rattern der losen Nieten in den Schotten. Noch heute fühle ich deutlich das schlüpfrige Steuerrad in meinen Händen, und ich höre das Dit-dit-dit-dah einer Bodenstation mit einer CTI-Meldung in meinen Kopfhörern knistern. Ich rieche das schwache Odeur der Bitumen-Siegelmasse, das aus der Bilge aufstieg, und den Duft geteerten Tauwerks aus einem Schapp. Ich schmecke die labberigen Sandwiches aus Kingston, Jamaika, und die übersüßen Kuchen aus Belize, Honduras. Ich höre das Ratatat der Wellen am Rumpf, wenn das Flugboot in die Luft zu kommen suchte.

Die S-40, eine von Igor Sikorsky gebaute viermotorige Schönheit, schob ihre stumpfe Nase um 1931 in die Luftfahrtszene. Sie war wie ein Wunder. Das Interieur war wirklich sexy; die mit gebeiztem Eichenpaneel ausgekleidete Lounge hatte einen Hauch spätviktorianischer Eleganz. Das

Boot hatte derart viele Streben und Spanndrähte, daß eine Seemöwe, die sich darin verirrte, große Mühe hätte, wieder herauszufinden.

»Meine Damen und Herren!« rief Paul Singer, unser Führer durch den Dinner Key Airport, dessen rundliche Gestalt Pracht und Herrlichkeit ausstrahlte. »Hier ist der ›American Clipper‹, das größte kommerzielle Flugboot der Welt. Vierzig Fluggäste finden in der Kabine Platz, die über einen halben Meter breiter ist als der normale Pullman-Eisenbahnwagen. Das Boot wird angetrieben durch …«

»Mein Gott«, konnte man eine ältere Dame flüstern hören, »es ist in der Tat ein Monster. Kann es wirklich fliegen?«

Jawohl, Lady, es konnte, wenn auch nicht so gut, wie die Werbeleute einen glauben machen wollten. Aber, wie die Hummel, deren Flügel ihr Gewicht, wissenschaftlich betrachtet, gar nicht tragen können dürften: der Clipper flog. Er stieg in den Himmel mit der Schwerfälligkeit jener Matrone, die sich in Marcel Prousts »Auf der Suche nach der verlorenen Zeit« auf der Teegesellschaft der Duchesse de Guermantes vom Sofa erhebt.

Planung und Bau der S-40, speziell von Pan American in Auftrag gegeben, bereiteten etliche neue und schwierige Probleme, die Sikorskys Intuition stark forderten. Die S-40 war eigentlich ein Schwesterboot der S-38, nur größer. Um ein 17 Tonnen schweres Fluggerät auf nur zwei Laufrädern bruchfrei aufsetzen zu können, wurden Dämpfungsfedern von Eisenbahnwaggons benötigt. Die Positionierung des Cockpits machte ebenfalls Schwierigkeiten: in der Mitte, im Zentrum des oberen Flügels oder im Rumpfbug? Auf Empfehlung von Lindbergh wurde der Führerraum im Bug installiert; eine glückliche Entscheidung, weil die Piloten sonst die Welt durch ein vergittertes Fenster hätten betrachten müssen.

Am 12. Oktober 1931 flog die S-40 nach Washington, wo Mrs. Herbert Hoover, die Gattin des Präsidenten, eine Flasche mit Seewasser über den Bug goß und das Boot auf den Namen »American Clipper« taufte. Drei S-40 wurden gebaut, die alle an Pan American gingen.

Das Flugzeug erwies sich als zu schwer für ein Amphibium. Daraufhin wurde das Fahrgestell ausgebaut, und die Maschine flog nur noch als reines Flugboot. Mit ihren zwei großen Auslegern lag sie gut auf dem Wasser und zeigte keinerlei Neigung auszubrechen. Nicht ein Pilot ist jemals mit der S-40 in Schwierigkeiten geraten. Sie flog wie ein Truck, gleichbleibend wie ein Fels. Ihre Achillesferse war die geringe Reichweite. Wir verwendeten das Boot nur in der Karibik, meist auf Flügen nach Barranquilla, Kolumbien. Die Strecke von Kingston, Jamaika, nach Barranquilla betrug 800 Kilometer, und das war alles, was sie leisten konnte. In Barranquilla landeten wir auf dem Rio Magdalena, ein Fluß voller Wasserpflanzen und treibender Baumstämme. Barranquilla war eine unbedeutende Stadt, deren Einwohner als Hauptbeschäftigung Siesta hielten. Die Startzeit für den Rückflug lag so früh, daß wir das Frühstück im Speisesaal des Hotels einnahmen, wenn noch Gäste vom Nachtmahl übrig waaren. Später wurde die S-40 nur noch auf der Havanna-Route mit Tagestouristen eingesetzt.

Das ist alles über die S-40. Gesegnet sei ihre Seele.

Nun zur S-42.

Ein Gefühl, das alle Piloten gemein haben, läßt uns glauben, daß jedes neue Flugzeug auch das bestmögliche sei. Danach wären nur noch Detailverbesserungen nötig. Pan

American Airways hatte viel ehrgeizigere Pläne, als die Karibik zwischen Jamaika und Kolumbien zu durchqueren.

Nach drei Jahren stetiger Expansion hatte Pan American seine Hauptrouten auf dem südamerikanischen Kontinent. Aber Trippe, Pan Americans dynamischer Präsident, sah weiter. Er hatte Visionen von Verkehrsflugzeugflotten, die nach regulären Flugplänen zwischen fünf Kontinenten verkehrten. Am Ende des Sommers 1934 kündigte Juan Trippe auf einer Direktionssitzung plötzlich an: »Wir sind nun soweit, um den Atlantik zu befliegen.« Bevor die hohen Herren sich von diesem Schock erholt hatten, schockte er sie wenige Monate später erneut: »Wir fliegen nun über den Pazifik und nicht über den Atlantik.« Der Pazifik war zweimal so breit, und die Route, die Trippe vorschlug, führte von San Francisco nach Honolulu und Manila (13 100 km). Das bedeutete eine notwendige Reichweite von 3850 Kilometern. Da mußte etwas besseres her als die S-40.

Die Eröffnung des Atlantikflugbetriebes wurde um fünf Jahre, bis Mai 1939 verschoben. Dieses frühe Ringen beleuchtet die Probleme eines Weltluftverkehrs vor dem Zweiten Weltkrieg, Probleme, die uns heute noch beschäftigen.

Igor Sikorsky war der erste Konstrukteur, der versuchte, Pan Americans Anforderungen an ein Flugzeug zu erfüllen, das genug Kraftstoff für einen 4000 Kilometer-Nonstopflug bei einem Gegenwind von 30 Knoten mitführen können sollte. Das Resultat war die S-42. Die Maschine erfüllte die Auflagen jedoch nicht ganz. Sie wurde zwar für die Erprobungsflüge über den Pazifik eingesetzt, dies war aber nur durch den Einbau von Kabinentanks möglich. Die S-42 verrichtete einen guten Dienst auf den Strecken entlang der südamerikanischen Küsten und später zwischen New York und den Bermudas.

Flugboote und moderne Flugzeuge lassen sich alle nahezu gleich fliegen. Einige dieser Boote waren so instabil wie ein betrunkener Seemann, andere reagierten auf Ruderausschläge wie ein gemietetes Arbeitspferd. Das überrascht nicht bei einem Flugboot, das, wie der Name schon sagt, nicht nur eine Flugmaschine, sondern auch ein Boot mit Flügeln ist.

Ein Flugboot war eigentlich eine Maschine mit drei verschiedenen Eigenschaften. Treibend oder mit einer Geschwindigkeit unter 25 Knoten glich es einem Schiff und hatte einige der Anforderungen an einen kleinen Dampfer – sowohl bei ruhiger als auch bei rauher See – zu erfüllen. Bei höherer Geschwindigkeit, so zwischen 40 und 60 Knoten, wurde das Flugboot zu einem völlig anderen Fahrzeug. Es hatte nicht mehr durch die Wasserverdrängung Auftrieb, sondern wurde durch den Widerstand des Wassers nach oben gedrückt. Wenn das Boot noch mehr beschleunigte, trugen die Flügel allmählich das Gewicht. War die Abhebegeschwindigkeit erreicht, übernahmen die Tragflächen die gesamte Last, und das Flugboot konnte in sein eigentliches Element aufsteigen. Um die Oberflächenspannung und den Sog des Wassers zu überwinden, war der Kiel des Bootsrumpfes ein- oder zweistufig ausgebildet.

Scharfe Kanten und ein tiefer Kiel, in Verbindung mit Stützschwimmern an den Flächenspitzen, verhalfen einigen Booten zu den unangenehmen Eigenschaften des »porpoising« oder »waterlooping«. Die S-42 und ihr kleineres Schwesterboot, die zweimotorige S-43, waren nicht frei von dieser Krankheit. Porpoising meint eine Serie von Sprüngen – wie ein Delphin – auf der Wasseroberfläche, die sich meistens während des Startvorganges ereigneten. Das einzige Mittel dagegen bestand darin, die Motorenleistung zurückzunehmen, sich festzuhalten und zu beten. Gasgeben verschlimmerte den Zustand nur noch, und nach einem letzten, gewaltigen Satz würde die Strömung an den Flächen abreißen, und das Flugboot unkontrolliert ins Wasser stürzen.

Gleichermaßen unangenehm war der Waterloop, der häufig während des Auslaufs nach der Landung passierte. Wurde das Boot zu flach auf das Wasser gesetzt, kam der Schwerpunkt vor den Druckpunkt des Wassers zu liegen, und es entstand ein instabiles Moment. Die leichteste Abweichung vom Geradeauslauf konnte dann das Flugboot umwerfen. Wenn man Glück hatte, ging nur ein Stützschwimmer verloren. Wenn nicht, wurde möglicherweise das Boot zerstört. Von den zehn S-42, die an Pan American ausgeliefert worden waren, gingen sechs durch Unfall verloren, und die meisten davon durch einen Waterloop.

Ich hatte Glück mit meiner »Feuertaufe«. Ich landete in Guantanamo Bay an der Südküste Kubas. Das Wetter war gut; eine leichte Brise kräuselte das Wasser – also ideale Bedingungen. Nachdem ich hart aufgesetzt hatte, nämlich zu flach, drehte sich die S-42 herum wie ein Kreisel, so daß ich nach Ende des Auslaufs in die Richtung blickte, aus der ich gekommen war. Glücklicherweise blieb das Boot dabei waagerecht, und es entstanden keine Schäden.

Die frühen Flugboote verhielten sich in der Luft wie kleine Schlepper in kurzer, schwerer See. Jets durchqueren Turbulenzen so schnell, daß man meinen könnte, es ginge im Auto über eine Straße mit rauhem Belag: eine Serie von schnellen Stößen. Befährt man die Straße jedoch langsam, spürt man jede Unebenheit und jedes Schlagloch.

Flugboote waren entsetzlich laut, da der unisolierte Bootsrumpf wie ein Resonanzkörper wirkte. Die Ruderkräfte, die benötigt wurden, waren beträchtlich, und die

Ruder wirkten, zum Beispiel bei der S-40, sehr träge. Bei Jets werden die Ruder durch Motoren betätigt, so daß sich ein Jumbo ebenso leicht steuern läßt wie ein Jagdflugzeug. Das Erlebnis der Geschwindigkeit ist jedoch bei armseligen 180 Stundenkilometer in einem Flugboot ein paar Meter über dem Wasser viel eindrucksvoller als in einem Jet in elf Kilometer Höhe und nahe an der Schallmauer.

Das Manövrieren auf dem Wasser sagt über das Geschick eines Flugboot-Kapitäns so viel aus wie eine Kadenz über die Fertigkeit eines Musikers. Erwischte einen eine Flutwelle, mußte man die Eigengeschwindigkeit durch meisterhaftes Spiel mit den Motoren auf ein Minimum reduzieren. Dazu wurden die Hauptmagneten kurz aus- und wieder eingeschaltet, damit die Propeller sich gerade noch drehten. Manche Kapitäne steuerten die Festmacheboje mit Rückenwind an. Querab von der Boje drehte dann der Gasstoß eines Außenmotors das Boot herum und nahm die Geschwindigkeit heraus. Ohne perfektes Timing drehte das Boot weiter, und die Zuschauer hatten Anlaß zu Heiterkeit und Spott.

Fiel ein Motor aus, war das Glück nicht mehr auf deiner Seite. In diesem Fall sollte man die Reste seines Lunchpakets aufgehoben haben. Benzinmangel war hingegen fast nie ein Problem. Jeder Flugboot-Skipper, der sein Geld wert war, tat immer etwas mehr Sprit in die Tanks – »für schlechte Zeiten«.

Die Männer, die Flugboote über die Seen, Urwälder und Ozeane steuerten, waren eine zähe Truppe. Vom Start bis zur Landung auf sich allein gestellt, mußten sie sich auf ihr Geschick und ihre Sinne verlassen, um das Boot sicher heimzubringen. Obwohl alle die gleiche Uniform trugen, war jeder eine Primadonna. Keiner glich dem anderen.

Shorty Clark, ein winziger Bursche, manövrierte die S-40 wie ein Rennboot mit Außenborder. Dutch Schultz beherrschte das Boot durch schiere Motorenkraft. Basil Rowe steckte Stöpsel in seine Ohren, und Cap Swinson hatte stets eine kalte Zigarre im Mund.

Slim Eckstrom stotterte. Da ich als Kind selbst gestottert hatte, fühlte ich mich ihm verwandt. Sein Sprachfehler schien ihn aber nicht zu stören, denn er liebte es, schwedische Geschichten zu erzählen. In einem Jet würde Slim sicherlich der Treibstoff ausgegangen sein, während er um die Landefreigabe bat. Damals lag der Sprechfunkverkehr noch weit in der Zukunft. Ich fungierte zu dieser Zeit als eine Kombination aus Flugmaschinist, Funker und Steward und saß zwischendurch am Steuer, um unter Slims Geschichten zu leiden.

Eines Tages flog ich mit ihm in Baumwipfelhöhe über Kubas Zuckerrohrfelder hinweg. Wir befanden uns in einer dieser heftigen Böenzonen, die ganz plötzlich da sind und ebenso plötzlich wieder verschwinden. Ich fühlte, wie Slim mich an der Schulter packte: »Wiwiwir ... sind ... gerararade ...« »Was ist los, Skipper?« rief ich, während meine Hände und Füße am Rad und in den Pedalen versuchten, die alte Commodore am Zermahlen des Zuckerrohrs zu Sirup zu hindern. Slim sank in seinem Sitz zurück: »Egagagal ... wir ... sind ... sososoeben ... an ... einem ... Kikikirchturm ... vorbeigeffflogen!«

Der umgängliche Johnny Rogerson sprach über Golf, Bob Fatt sprach über alles und jeden, und Cubby Culbertson schwieg wie ein Grab. Ralph Dahlstrom krempelte seine Hosenbeine hoch, um die Bügelfalten zu schonen, und ein Bursche, dessen Namen ich nicht nenne, legte seine Füße an die Frontscheibe und schlief.

· · · · · ·

Dann war da Red Williamson, einer der größten. Red war nie ohne seine Zigarette zu sehen, die aus einem Mundwinkel baumelte, während das linke Auge zur Rauchspirale emporschielte. Das ruinierte am Ende seine Sehkraft, und Red berichtete, daß das größte »E« auf der Karte in der Praxis des Fliegerarztes rundherum Barthaare gehabt hätte.

Red wußte auf alles eine Antwort. Er war derjenige, der die übriggebliebenen Hühnerknochen und Orangenschalen unter seinem Sitz verstaute, anstatt sie über Bord zu werfen. Sie sollten für jene Zeit sein, »wo dieser Abfall besser schmeckt als das Selbstgekochte von Muttern.« Aus ihm sprach die Stimme der Erfahrung.

Red flog mit einer Bravour, die an Tollkühnheit grenzte, aber er geriet nie in Schwierigkeiten. In einem Jet würde er nicht gut ausgesehen haben, aber viele Jet-Jockeys würden auch keine Flugboote fliegen können und trotzdem trockene Füße behalten.

Wir, die Bilgeratten oder Steuerradhalter, waren eine Kreuzung zwischen den Kapitänen und dem Bodenpersonal. Niemals zuvor gab es eine Fliegergruppe wie uns, und niemals wird es eine solche wieder geben. Wir waren alle graduierte Hochschulabsolventen mit Pilotenausbildung bei Heer oder Marine. Pan American verfolgte die revolutionäre Idee, daß die zukünftigen Kapitäne der ozeanüberquerenden Flugboote in der Lage sein sollten, die Aufgaben eines jeden Besatzungsmitgliedes zu übernehmen. Wir begannen mit den staatlichen Lizenzen für Flugzeug- und Motorenmechaniker, die uns erlaubten, sämtliche Reparaturen durchzuführen und nach Beendigung abzuzeichnen. Des weiteren erwarben wir die staatliche Funkerlizenz 2. Klasse, mit der wir eine Telegrafenstation in der Luft oder am Boden betreiben durften. Zusätzlich kämpften wir uns durch Kurse über internationale Regeln und Signale, Luftfahrtcodes, Standortberechnungen nach der Marc-St.-Hilaire-Methode, Luftfahrtnavigation, Astronavigation, Ozeanmeteorologie und das Flaggenwinken. Noch irgend etwas? Ja, wie man ein halbes Dutzend Seemannsknoten beherrscht.

Das also waren die frühen Flugboot-Skipper, die ihre Uniformen aus blauem Serge bei »Bill the Tailor« in der South Miami Avenue von der Stange für 25 Dollar kauften. In nur vier Jahrzehnten entwickelte sich das Flugzeug vom papierbespannten Gleitapparat zu einer Maschine, die mit der Schnelligkeit einer Pistolenkugel durch die Troposphäre jagt. Das Fliegen wurde zum Beruf. Daß wir bei diesem Prozeß etwas verloren, war wohl unvermeidlich: das Wunder und die Freude daran.

Jeder Mann ist ein Produkt seiner Zeit. Als der Ruf kam, waren die Boot-Skipper zur Stelle. Im übertragenen Sinne waren sie jene Maurer, die das Fundament des Pan-Am-Gebäudes legten, welches rittlings über der Grand Central Station in Manhattan thront. Es ist nicht gerade die Kathedrale von Reims, aber vielleicht sollte ich mit einem Seufzer hinzufügen: Wer benötigt heutzutage noch Kathedralen?

In primitiven Flugbooten dröhnten sie über träge Ströme und dampfende Dschungel hinweg, wo von kleinen Lichtungen aus nackte Wilde mit Pfeilen auf den Donnervogel schossen.

Sie landeten auf in Schilf erstickten Flüssen, oder der Ozean wiegte ihr Boot, und der Staub der Erde lag auf den Streben ihrer Maschinen.

Sie durchmaßen die schwarzsamtene Nacht und begrüßten die Sonne.

Sie flogen ihre Maschinen mit ihren Händen und ihren

Füßen, mit ihren Augen und Gehirnen, mit ihren Herzen und ihrem Mut.

Sie hörten das Toben des Hurrikans, der ihre Boote umherwarf wie Treibholz, das durch die Brandung an den Strand geschleudert wird. Sie spürten den Teufel an ihrer Schulter, und sie lauschten dem Wind in den Zypressen.

Horch! Der Wind …

Vergangen ist ihre Ära, vergangen mit dem Wind, vergangen sind auch die Flugboote und die Männer, die sie flogen. Laßt uns dankbar sein, daß sie mit uns waren und wir mit ihnen.

· · · · · ·

Südwärts nach Rio

Die Strömung drückt das zweimotorige Flugboot vom Festmacheprahm achteraus in den Fluß von Cayenne, der französischen Strafkolonie an der nordöstlichen Ecke des südamerikanischen Kontinents. Unser Ziel ist Belem, Brasilien; fünf Flugstunden über Sümpfe, Urwälder und das gewaltige Amazonas-Delta.

Ich wünschte, ich könnte etwas Angenehmes über Cayenne und die angrenzende Teufelsinsel sagen, aber das ist nicht so leicht. Die Kolonie erlangte durch die infame Dreyfus-Affäre von 1894 weltweit Bedeutung. Aber der Leser wird sich eher an das Buch »Papillon« erinnern, geschrieben von einem früheren Sträfling der Teufelsinsel, ein Buch, das mehr auf Phantasie als auf Tatsachen zu beruhen scheint. Kein schöner Ort, dieses Cayenne. Laßt uns schnell hier abhauen.

Dutch Schultz sitzt im Cockpit; seine Augen sind auf Gus Waller gerichtet, den »Flughafenleiter«, der auf dem Deckshaus des Prahms steht und das Ablegemanöver überwacht.

»Alles klar zum Ablegen, Skipper?«

Schultz' Gesicht drückt gründliches Nachdenken über diese Frage aus. Es ist immer ein Erlebnis, Dutch, ein Mann von kraftvollem Körperbau und mit einem Bulldoggengesicht, beim Fliegen eines Flugzeuges zuzusehen. Er bewegt eine kalte Zigarre vom einen in den anderen Mundwinkel. »Zur Hölle, warum nicht, mein Sohn? Mir reicht es jetzt schon, wenn ich an die nächsten Stunden in diesem Brutofen denke!« Sowohl sein volles Gesicht als auch sein massiger Körper schütteln sich in lautlosem Gelächter, ehrerbietig von mir, seinem Copiloten, begleitet.

Ich mache die Festmacheleine los. Dutch gibt dem Backbordmotor etwas Gas, um vom Prahm freizukommen, und ich klettere durch die Bugluke hindurch in meinen Sitz.

Der Strom fließt träge seewärts. Eingeborenenboote mit schlaff herabhängenden Segeln treiben flußabwärts, gesteuert von Leuten mit riesigen Rudern. Dutch gibt Vollgas, und die beiden Pratt&Whitney-Motoren heben das Boot an. Mächtig zieht er das Rad zu sich heran, löst das Flugboot vom Wasser und fliegt eine weite Schleife über die Blechdächer der Stadt, während die Motoren mit Vollast laufen.

Dann tut er etwas Typisches, eine von diesen Gesten, für die ihn die Leute von der Bodencrew lieben. Er dreht und macht einen tiefen Überflug in Mastspitzenhöhe über den Prahm und winkt hinunter zu den vier Männern an der Tonnenlinie. Michel ist ein Dieb, Jerome ein Betrüger, Sebastian hat eine Bank ausgeraubt, und Francois Palantin ist ein Mörder, ein schändlich aussehender Typ, der seine Freundin Petit Pou in einem leidenschaftlichen Drama erstochen hat. Diese Häftlinge haben ihre Strafe auf der Teufelsinsel verbüßt und müssen nun nach dem unmenschlichen Doublage-System ihr Strafmaß in Cayenne wiederholen. Sie dürfen sich frei in der Stadt bewegen und müssen, so gut sie eben können, selbst für sich sorgen. Viele dieser Elenden stellen Tabletts mit unterlegten Schmetterlingen her, schnitzen Schmuck aus Knochen und Holz und sterben an

Ruhr oder Mangelernährung. Unsere vier machen sich gut. Sie winken zurück, als Dutch steil auf unseren Abflugkurs einschwenkt, die Gashebel etwas zurücknimmt und das Gemisch verarmt. Wir sind unterwegs.

Whew! Es ist heiß. Mit einer Hand lockere ich meine Krawatte. In kleinen Bächen rinnt mir unter dem Hemd der Schweiß herab. Ich kurbele den Antennendraht heraus, suche die entsprechende Frequenz und beginne, die Funkstation von Cayenne zu rufen. Außer Copilot bin ich auch noch Funkoffizier, Flugmaschinist und Steward; letztere Position besteht aus dem Hindurchreichen des Lunchpakets durch ein Loch im Schott, welches den Führerraum von der kleinen Kabine trennt.

Dröhnend fliegen wir ein-, zweihundert Meter über dem Dschungel dahin, überfliegen einen riesigen grünen Teppich. Wir überqueren schlangengleich gewundene Flüsse, die halb verborgen unter dem Laub liegen. In der Sonne dösende Alligatoren verschwinden schnell im schlammigen Wasser, wenn der Schatten des Flugzeuges über sie hinwegstreicht. Dann verlassen wir die Küste und drehen hinaus auf die See. Das Flugboot schwingt hin und her wie eine Hängematte, und die Motoren sorgen für ein beruhigendes Geräusch.

Während ich meinen Abschnitt fliege, räkelt sich Dutch in seinem Sitz, liest in einer Ausgabe des Magazins »Liberty« und schlägt sich bei einer schlüpfrigen Geschichte auf die Schenkel. Ich bin nicht sein Favorit als Copilot, aber wir kommen miteinander aus. Ich lerne eine Menge von Dutch. Er könnte auch einiges von mir lernen, aber er ist nicht interessiert.

Durch die Öffnung im Schott hinter Dutch erscheint ein Kopf mit schwarzem Bart. »He, Sascha! Wieder dabei, um Katzen zu schießen?« bellt Dutch.

• • • • • •

»Ja. Ich hatte eine Jagdgesellschaft für das Mato Grosso.« Er lächelt mir zu. »Lodi, gib mir mein Essen, bitte. Ich habe Hunger. Keine Zeit für's Frühstück gehabt.«

Ich kenne Sascha Siemel von früheren Flügen her. Der gebürtige Lette lebt davon, Jäger in das Mato-Grosso-Gebiet zu führen, wo sie Jaguare schießen. Sascha selbst lehnt das Schießen auf Raubtiere ab. Er bevorzugt das Töten der Bestien mit einem zwei Meter langen Speer, wie es die Indios tun. Hat er einen im Busch verborgenen Jaguar aufgespürt, provoziert Sascha das Tier zum Angriff. Hinter seinem fest in den Boden gestemmten Speer erwartet er das Raubtier und tötet es durch einen Stoß ins Herz.

»Wenn du ihn in die Brust triffst, kannst du ihn erledigen; aber du mußt dich von seinen Hinterläufen fernhalten«, erklärte mir Sascha seinerzeit.

»Was passiert, wenn du ihn nicht richtig erwischst?«

»Dann steht es sehr schlecht«, antwortete der Jäger.

Ich beobachte die weißen Schaumkronen, die unter dem Flugzeug dahingleiten, blicke in Abständen auf den Kompaß und betätige leicht die Ruderpedale, um auf Kurs zu bleiben. Fliegen wird zur automatischen Handlung. Meine Gedanken schweifen ab. Zuhause ist vergessen. Mit 600 Pferdestärken in meinen Fingerspitzen fühle ich mich allmächtig. Die Sonne kommt hervor, und ich setze meine Sonnenbrille auf.

»Hey! Was ist das?« Ich fühle ein leichtes Vibrieren im Steuerrad. Da! Ich fühle es wieder.

Peng! Eine Fehlzündung. »Dreh' sie zur Küste!« brüllt Dutch. Der Motor knallt wieder und wieder; jede Explosion erschüttert das Flugzeug. Dutch nimmt den Gashebel des defekten Motors zurück und schiebt den anderen ganz nach vorn. Die Geschwindigkeit geht zurück. »Gib sie mir!« ruft Dutch, und ich schwenke das Steuerhorn zu ihm hinüber. »Dieser Eimer fliegt verdammt nochmal nicht richtig mit einem Motor«, knurrt er. »Aber zur Hölle. Dafür bezahlen sie mich schließlich. Und davon wird nichts abgezogen, solange ich noch was tun kann.«

Wir haben unsere Höhe verloren und fliegen nun dicht über den Wellen. Wir nutzen das Luftkissen zwischen unserem Flugboot und der Wasseroberfläche, das uns einen zusätzlichen Auftrieb gibt.

»Hilf mir beim Steuern, Lodi. Ich breche mir beinahe das Bein!« Ich trete das linke Pedal fast bis zum Anschlag durch. »Mehr!« befiehlt Dutch. Ich trete es ganz durch. »So ist es besser. Halte sie so!«

Während ich mit aller Kraft im Ruder stehe und das Gefühl habe, die Maschine bis nach China zu treiben, versuche ich, mit Belem in Funkkontakt zu treten. Da fällt mir ein, daß ich vergessen habe, die Schleppantenne einzudrehen. Die Bleikugel ist abgerissen, und ohne Antenne haben unsere Funksignale keine Reichweite. Verdammte Antenne! Es ist nicht das erste Mal, daß ich das Hochkurbeln vergessen habe. Ein oder zwei verlorene Antennen hingen in den Takelagen der Schiffe im Hafen von Havanna.

»Ist egal«, sagt Dutch. »Jetzt nur kräftig treten.« Er lacht laut auf und beginnt zu singen: »I am pushing on the railroad, all the live-long day!« Ich schaue ihn erstaunt an. »Wie gefällt dir diese Fliegerei, Junge? Ich wette, sowas haben sie euch im College nicht beigebracht!«

Ich staune, daß wir in der Luft bleiben. Die Maschine schiebt seitwärts. Die Minuten schleppen sich wie Stunden dahin. Die ferne Küste weigert sich, näherzukommen. Ich fühle mich hilflos und nutzlos. Mein Traum davon, das Schiff nach Hause zu bringen, verdunstet in der feuchten Cockpit-Luft.

Endlich, nach einer Ewigkeit wird die Küstenlinie größer. Dutch dreht nach Süden, fliegt parallel zur Brandung.

»Kennst du diese Gegend, Sascha?« ruft Schultz.

»Nein. Nie hier gewesen. Mein Revier ist weiter südlich. Meinst du, daß wir bald landen sollten?«

Dutch lacht. »Bald? Ich sollte sofort landen. Ich hasse es, auf offener See runterzugehen. Jemals seekrank gewesen?«

Eine schmale Flußmündung taucht auf. Braunes, schlammiges Wasser verfärbt die See auf etliche Meilen. Es gibt keine Aussage darüber, wie tief oder flach das Wasser hier sein mag. Aber am Haken ist jeder Fisch gut. Dutch läßt das Flugzeug ein paar Meter steigen, schrammt dicht über einige Kokospalmen hinweg, und wir setzen auf dem Wasser auf. Ich klettere durch die Bugluke und werfe den Anker über Bord.

»Okay, Lindbergh«, näselt Schultz, »jetzt ist sie dein Baby. Du bist graduierter Luftfahrtingenieur. Ich denke, es ist ein Magnetschaden. Aber wenn du den Motor lieber auseinandernehmen willst, von mir aus.«

Ich ziehe meinen Werkzeugkasten unter meinem Sitz hervor und beginne, die Verkleidung des defekten Motors zu entfernen. »Kann ich etwas tun, Lodi?« fragt Siemel, dem Dutchs letzte Bemerkung nicht entgangen ist.

»Danke. Das kannst du, Sascha. Nimm diese Schnur und binde damit den Schraubenschlüssel an meinem Arm fest. Wenn er ins Wasser fällt, könntest du gezwungen sein, für uns auf die Jagd zu gehen.«

Die Magneten sehen gut aus, und mein Mut sinkt. Wenn ich den Schaden nicht finde, werden wir eine lange Zeit hier festsitzen. Obwohl ich eine staatliche Flugzeug- und Motorenmechaniker-Lizenz habe, bedeutet das gar nichts. Ich bin mit einem Schraubenschlüssel genauso ungeschickt wie Dutch mit einem Geigenbogen. Ich werfe einen verzweifelten Blick auf das Kraftstoffsieb. Es ist voll Wasser. Gut – vielleicht bin ich zum Schluß doch noch der Held. Ich entleere das Sieb und befestige es wieder. Alle außer Dutch schauen mir gebannt zu.

Endlich wendet er sich um: »Was hast du gefunden?«

»Ich denke, wir haben in Cayenne zusammen mit dem Benzin eine ganze Menge Wasser getankt.«

»Diese verdammten Schurken. Wenn es nur das ist, haben wir Glück gehabt.«

Ich stimme ihm aus ganzem Herzen zu. Nachdem die Motorabdeckung wieder an ihrem Platz ist, werfe ich meine Schraubenschlüssel in den Werkzeugkasten. »Alles klar, Skipper. Wir können ihn anlassen.« Ich stecke die Kurbel hinein und beginne zu drehen, wobei mir Sascha hilft. Um ganz sicher zu gehen, gebe ich noch ein paar Extraumdrehungen hinzu. Das Wimmern des Starters wird höher und höher. Ich nehme die Kurbel ab und ziehe an dem Draht, der den Starter mit der Kurbelwelle verbindet. »Chuck!« sagt der Motor und stößt eine Wolke blauen Qualms aus. Dann läuft er, und ich bin unendlich erleichtert.

Wir sind wieder in der Luft, und ich drehe schnell die mit einem neuen Ballgewicht versehene Schleppantenne heraus. Belems Funker antwortet sogleich, was sehr ungewöhnlich ist für einen Funker, der sich normalerweise erst eine Tasse Kaffee einschenkt, wenn er meine zerhackten Morsebuchstaben hört. Ich teile ihm unsere Verzögerung mit und füge hinzu: »Melde mich später wieder. Out to lunch.«

Aber er funkt weiter: »Dit-dit-dit-dah-dit-dit-dit-dah-CTI-80«. CTI bedeutet eine außerdienstliche Meldung, und 80 bedeutet 80 Wörter.

Also quäle ich mich weiter, während mir der Schweiß von der Stirn läuft, auf das Papier tropft und die Wörter verschmiert. Eine halbe Stunde später habe ich etwas ähnliches wie eine Reisebeschreibung zusammen, die für Siemel bestimmt ist. Aber es sind nur 67 Wörter. Ich muß unterwegs 13 verloren haben. Aber es wird auch so gehen. Ich schreibe eine saubere Kopie und gebe sie Sascha. »Danke, Lodi«, sagt er, »aber das habe ich bereits in Georgetown erhalten.«

Ich jage die nächsten beiden Positionsmeldungen hinaus und schließe mit: »Out to dinner.« In meinem Lunchpaket finde ich ein in Wachspapier eingewickeltes Hühnerbein, zwei pappige Schinken-Sandwiches und ein Stück Schokoladenkuchen. Aber mir ist der Appetit vergangen.

Doch das ist sowieso egal, denn Dutch befiehlt mir, Belem erneut zu rufen. »Belem soll den Leuchtpfad ausbringen. Wir werden nach Sonnenuntergang ankommen.«

Der Amazonas ist ein schwieriger Platz für eine Nachtlandung. Der Fluß vor Belem ist voll mit kleinen Booten, und brasilianische Fischer führen keine Lichter.

Schultz schielt nach der Sonne, die eine Handbreit über dem Horizont steht, als wir die Insel Macapu an der Nordküste des Amazonas-Deltas überfliegen. Der Fluß ist an dieser Stelle mehr als 160 Kilometer breit.

Nachtlandungen sind keine Standardverfahren, sondern meistens Notfälle. Ein Wasserflugzeug nachts hereinzubringen ist eine kitzlige Angelegenheit. Mit einer Reihe von blinkenden Leuchtbojen als Referenz tastet sich der Flugboot-Kapitän seinen Weg hinunter. Er muß sich ganz auf seine Sinne verlassen, um die Maschine nicht in ein Unterseeboot zu verwandeln.

Nachdem das assistierende Motorboot das Landegebiet

kontrolliert hat, setzt es ein halbes Dutzend Blinkbojen in Windrichtung aus und bezieht auf einer Seite Position. Der Pilot fliegt eine Strecke entgegen der Landerichtung mit dem Wind, parallel zum Blinkpfad. Nach einer Umkehrkurve beginnt sein Abstieg. Schließlich bekommt das Flugboot Kontakt mit der Wasseroberfläche. Der Blinkpfad, der die Landerichtung vorgibt, ist bei der Höhenorientierung wenig hilfreich. Die Wellen kann man normalerweise im Schein der Landelichter sehen. Aber bei spiegelglattem Wasser und ohne genaueste Beachtung von Sinkrate, Geschwindigkeit und Höhe springt die Maschine zurück in die Luft.

Die Sonne, einem Feuerball gleich, geht am Horizont unter. Wir fliegen in die hereinbrechende Dämmerung, und als es ganz dunkel ist, beginnen die Lichter von Belem am Horizont zu funkeln. Als wir über der Stadt sind, empfange ich meine letzte Meldung – Gott sei Dank! »Aerea patrolled – wind zero – sea smooth.« Wir sehen die Stecknadelköpfe des Blinkpfades im schwarzen Nichts und das Licht des Motorbootes daneben.

Das Abschätzen der Höhe über glattem Wasser bei Nacht ist praktisch unmöglich. Unsere Landescheinwerfer helfen dabei auch nicht weiter – im Gegenteil. Selbst bei Tageslicht habe ich so manchen Flugboot-Kapitän gesehen, der sich mit seiner Höhe verschätzt hat.

Schultz fliegt etwa drei Kilometer mit dem Wind in 150 Meter Höhe. Nach der 180-Grad-Kurve trimmt er die Maschine so, daß sie in Landekonfiguration stabil in der Luft liegt, und beginnt den Abstieg. »Nimm deine Lampe«, befiehlt er, »und steck deinen Kopf aus dem Fenster. Wenn wir runterkommen, versuche, das Wasser auszumachen.«

Bei 60 Meter dreht Dutch das Trimmrad eine Umdrehung zurück, um unsere Sinkrate zu vermindern. Ich leuchte mit meiner Lampe nach unten und versuche, den Kopf dicht an der Fensterkante, die Wasseroberfläche zu erkennen. Nichts. Der Lichtstrahl durchdringt die gläserne Oberfläche und gibt mir keinen Hinweis darauf, wo sie sein könnte. Die erste Blinkboje huscht vorbei, dann die zweite, dann die dritte.

Wie ein Schlag auf den Magen prallt der Rumpf auf das Wasser. Die Lampe fällt mir aus der Hand, und die letzte Blinkboje verschwindet wie eine ausgeblasene Kerze. Der Aufprall wirft das Flugzeug in die Luft, und Dutch schlägt die Gashebel voll nach vorn, so daß wir zurück in die Dunkelheit aufsteigen.

»Zur Hölle«, flucht Dutch, »ich habe, verdammt nochmal, nichts gesehen. Ich dachte, wir wären noch 15 Meter hoch. Aber auch ein Affe kann einmal vom Baum fallen.«

Dutch fliegt eine große Schleife über der Stadt. Ich sehe die geometrischen Muster der Tische unter den gebogenen Lampenmasten auf der Terrasse des Grand Hotels. Es kommt mir vor, als könne ich die Steaks riechen, die auf einem Holzkohlengrill in einer Ecke der Terrasse rösten.

Dutch zeigt auf das Motorboot, das am Blinkpfad entlangfährt. »Sie machen Wellen für uns. Die müssen denken, ich bin bescheuert.« Ich verkneife mir jeden Kommentar.

Während bei dem erneuten Abstieg das Flugzeug buchstäblich an den Propellern hängt, sehe ich zu meinem Entsetzen, daß die Fahrt auf 75 Stundenkilometer gefallen ist. »Hey, Dutch! Sieh hier!« rufe ich und bin der Meinung, daß wir noch in der Luft sind. »Aber natürlich; wir sind unten!« Er zieht die Gashebel zurück. Mit einem Gurgeln der Bugwelle sinkt das Boot sachte ins Wasser.

Wir stehen an der Pier; Schultz' Zigarre ist ein heller

• • • • • •

Punkt in der Dunkelheit. Sascha tritt zu uns. »Das war ein ereignisreicher Trip, Dutch – viel aufregender als das Erlegen von Jaguaren. Was war denn mit der ersten Landung los? War ein unbeleuchtetes Fischerboot im Weg?«

Was immer gegen Dutch gesagt werden kann, er ist ein Mann. »Zur Hölle nein, Sascha«, antwortet er, »kein Boot. Der Fehler lag bei mir.«

Am nächsten Tag fliegen wir weiter, südwärts nach Rio, und landen an kleinen Niederlassungen zum Zwischentanken, wo in den Bodegas Männer sitzen, schwarzen Kaffee trinken und von Gold und fabelhaften Diamantenfunden erzählen. Und die Frauen hocken plaudernd vor den Häusern oder blicken von den Balkonen in die gewundenen Straßen hinab, wo unbeschlagene Maultiere leise über das Kopfsteinpflaster klappern.

Wir fliegen über den ausgedehnten, wilden Dschungel und das verwinkelte Labyrinth der Urwaldflüsse, Heimat eingeborener Stämme, die kaum jemals Kontakt mit Weißen hatten. Entlang der Ufer blicken wir auf Jangadas hinunter, einfache, aus Balsaholz gefertigte Fischerflöße.

»Halleluja!« schreit Dutch. »Wir haben es geschafft. Verdammt schöner Anblick.« Er zeigt nach vorn auf dünne, zerbrechlich wirkende Spitzen am Horizont: die Delos de Deos, die Finger Gottes, welche die Bucht von Rio bewachen. Als die Sonne hinter Gavea und dem Christus von Corcovado verschwindet, dreht Dutch nach rechts und steuert das Boot durch die Hafeneinfahrt, die vom Zuckerhut und dem kleinen Städtchen Nichteroi flankiert wird. Sieben Tage von Miami entfernt setzt Dutch das Flugboot vor der Santos Dumont Seaplane Base ins Wasser.

Ein Taxi fährt uns mit atemberaubender Geschwindigkeit durch Rios spätnachmittägliche Karnevalsmenge. Rio ist schön und fröhlich und sorglos und altmodisch wie das Boudoir einer eleganten Kurtisane, voller Tand und betäubendem Duft. Radios schmettern, Hörner tuten, Bremsen kreischen und die Körper wogen durch die Straßen, während die Schaffner der Straßenbahnen versuchen, das Fahrgeld von der auf die Trittbretter drängende Menge einzusammeln.

Aranha, unser Chauffeur, hat das Monopol für das Befördern von Pan-American-Besatzungen erhalten, weil er ein wenig Englisch spricht. Er stößt in eine Gruppe von Automobilen hinein wie ein Stier in die Arena de Toros in Madrid. Wir fahren um einen blutenden Körper, der mitten auf der Straße liegt, herum. Aranha weist auf den Körper: »Er tot. Wenn Fahrer, der ihn überfahren, sich 24 Stunden versteckt, ihm nichts passiert!« Dann zwängt sich Aranha zwischen zwei Autos hindurch, und fort sind wir.

Rio de Janeiro! Wie stellvertretend steht diese fabelhafte Stadt mit ihrer unvergleichlichen Schönheit und ihrem offensichtlichen Elend für all das, was gut und all jenes, was tückisch ist in Brasilien. Brasilien, das Eldorado, bleibt auch nach 450 Jahren nur ein Versprechen. Es ist das Land der Zukunft, so der Slogan, in Wirklichkeit aber das Land des Elends, der Krankheit und der Unordnung. Brasiliens Oberklasse besteht aus Intellektuellen und Aristokraten, die stolz sind auf ihre europäische Abstammung. Die Mittelklasse und die Unterschicht hingegen sind ein Gemisch aus vielen Rassen, aus Indios, Schwarzen, aus Spaniern, Portugiesen, mit einem Schuß deutschen und französischen Blutes.

Ein typischer Brasilianer ist Basiliano, ein kleiner Bursche, der von Dutch gedrängt wurde, uns zu zeigen, wo etwas los ist. Basiliano ist ein Depechado, jemand, der Ausländern bei ihrem Weg durch die brasilianische Bürokratie hilft. Für ein paar Dollar steht er in der Schlange, wartet in Büros und besorgt sämtliche Dokumente, die es einem ermöglichen, in Brasilien zu leben und zu arbeiten, ein Auto zu fahren, ein Haus zu mieten, ein Dienstmädchen einzustellen und das Land zu betreten oder zu verlassen. Basiliano ist »muito simpatico«, verbeugt sich vor dir, lädt dich zu einer Tasse schwarzen Kaffees ein und, da bin ich sicher, lacht hinter deinem Rücken über dich. Er führt uns zu einem Bürogebäude an der Avenida Rio Branco, wo er ein Fenster gemietet hat, von dem man einen herrlichen Blick über die Karnevalsparade hat.

Die Stadt ist verrückt geworden, die Leute sind verrückt, und wir werden es, denn es ist ansteckend. Das Fieber, die Ausgelassenheit, die Tonnen von Konfetti, die Papierschlangen, die seltsamen Kostüme und die Musik. Das ist der Karneval von Rio. Es gibt den Karneval in Rom, in New Orleans, in Venedig, in Nizza, in Mainz. Aber der Carioca-Karneval hat alles, was die anderen haben, und mehr. Die Samba gibt ihm das Feuer. Die Cariocas tanzen und drehen sich in den Straßen im Fieber des Rausches, der Farben, des Schweißes und der Rhythmen.

Männer in weißen Smokings und Frauen in phantastischen Kostümen mit glitzernden Frisuren – Gruppen von Männern und Frauen repräsentieren alles, von Adam und Eva bis zur Du-kannst-es-nicht-erraten-Darstellung. Kreisende Tanzbewegungen und Pirouetten nach den Rhythmen von Bands, die jedes erdenkliche Instrument spielen – Blecheimer, Trommeln, Tam-Tams und gelegentlich eine Trompete oder Gitarre für die Melodie. Wagen ziehen vorbei mit Mädchen in riesigen Booten oder auf Elefanten, ein kleopatraähnlicher Aufbau, umgeben von herrlichen Frauen hoch über dem Meer von Köpfen. Ein gigantischer Esel, über und über mit Münzen geschmückt, rollt seine untertassengroßen Augen. Ein riesiges Buch treibt vorbei. Jedermann ist in einem Zustand wilder Hysterie, einem überdimensionalen Gefühl von Raserei und Jubel.

Auf meinem Weg zurück ins Hotel verlor ich die anderen und wurde mit einer lauten Truppe von Floßfischern weggeschwemmt. Ich sollte an diesem Abend eigentlich bei einer Champagnerparty im Copacabana-Hotel sein. Statt dessen verbrachte ich die Nacht in einer kleinen, dumpf riechenden Bar und trank Bier und Cashasha, einen beißend scharfen, starken Likör.

30 Jahre später landete ich mit einer Boeing 707 auf dem Santos-Dumont-Flughafen, neuneinhalb Flugstunden von Miami entfernt. Meine Passagiere aßen keine schwarzen Bohnen am Kapitänstisch. Ich sah sie gar nicht, und sie sahen mich nicht. Alles, was sie wahrnahmen, war das Innere der Kabine. Für mich war es ein Routineflug von einem Funkfeuer zum nächsten. Für meine Fluggäste bedeutete er einige Drinks, eine Mahlzeit und einen Film.

Cayenne und die Teufelsinsel sind keine Strafkolonien mehr. Sebastian und Francois Palantin sind schon vor langer Zeit nach Frankreich zurückgekehrt. Das Amazonas-Delta ist ein kleiner See, wenn man es aus elf Kilometer Höhe betrachtet. Ich vermute, daß der Karneval von Rio noch immer derselbe ist. Aber man muß ihn mit jungen Augen sehen.

Dutch ist nicht mehr unter uns. Er starb bei einem Flugzeugabsturz in Asien während des Krieges. Ich wüßte zu gern, was er über seine Nachfolger gedacht haben würde, die rund um den Globus jeten.

Als wär's ein Stück von mir

»Das vollkommenste Werk Gottes ist das reinrassige Vollblutpferd, und das vollkommenste Werk des Menschen ist das voll getakelte Segelschiff«, pflegten die Kapitäne des vergangenen Jahrhunderts zu sagen. »Flying Cloud«, »Sovereign of the Seas«, »Southern Star«, »Northern Light« – stolze und herzerwärmende Namen. Der »China Clipper« wurde nach diesen Vorbildern von Amerikas Marine so genannt.

Nicht als Historiker, sondern lieber als Kenner und Beteiligter möchte ich Ihnen über dieses bemerkenswerte Flugzeug berichten. Sicherlich auch ein wenig sentimental, denn ich liebte es.

In seiner Anfangszeit erlangte der »China Clipper« weltweiten Ruhm als das erste kommerzielle Flugzeug, das den Pazifischen Ozean überquerte. Ein Film wurde über ihn gedreht, »China Clipper«, mit Humphrey Bogart und Pat O'Brien in den Hauptrollen. Und bevor ihn sein Schicksal ereilte, holte der »China Clipper« aus dem Herzen Afrikas das Uranerz für jene Atombombe, die Hiroshima vernichten sollte. Er sollte seinen Platz neben der »Spirit of St. Louis« im Smithsonian Institute in Washington haben. Jedoch – seine Rumpfbeplankung rostet auf dem Grund der Bucht von Port of Spain, Trinidad.

Als ich den »China Clipper« das erste Mal zu Gesicht bekam, stand er auf einer Wiege vor dem Hangar des Alameda Airports, auf der anderen Seite der Bucht von San Francisco. Er hatte ein nüchternes Äußeres wie ein Mädchen, das an der Copacabana nicht richtig zur Geltung kommen würde, aber einem das Gefühl gibt, daß einem nie ein Knopf am Hemd fehlen würde.

Der »China Clipper« (M-130) wurde 1933 oder 1934 in den Werkhallen der Glenn L. Martin Company in Baltimore, Maryland, geboren. Ein genaues Datum kann man nicht nennen – Flugzeuge kommen nicht auf diese Weise zur Welt. Sein Todestag war der 8. Januar 1945. Er verschwand nicht auf mysteriöse Weise wie sein Schwesterboot, der »Hawaii Clipper«, in den Weiten des Pazifischen Ozeans. Er krachte auch nicht in einen Berg wie der »Philippine Clipper«, der in der tödlichen Umarmung eines alles erstickenden Nebels verloreging. Er ging nicht in einem letzten Ausbruch ungezügelter Leidenschaften oder in einer wilden Nacht mit Sturm und hohen Wellen dahin. Nein – den »China« traf sein Schicksal in einer sternenklaren Nacht auf dem Leuchtpfad einer spiegelglatten Wasseroberfläche.

Dieses Kapitel der Luftfahrt ist eingehend beschrieben worden, und es ist nicht meine Absicht, die Details jener großen Pan-American-Aktivitäten im Pazifik noch einmal aufzugreifen, welche als Monumente der Geschichte längst ihren Platz haben. Ich möchte davon berichten, daß unter all den Zauberern, die dieses Traumboot konstruiert und gebaut haben, auch ein Zauberlehrling gewesen sein muß.

Wenn ich vor einer der Toiletten eines Jumbo-Jets in der Warteschlange stehe, wo die metabolischen Rückstände von Hunderten von Passagieren durch ein geniales Verfahren sterilisiert werden, muß ich stets an den »China Clipper« denken. Sein Örtchen war von derselben Einfachheit, wie man es in jedem normalen Eisenbahnwagen finden konnte – zumindest in jenen Tagen –, mit einem Hinweisschild an der Wand der kleinen Zelle: »Bitte nicht benutzen, wenn der Zug steht«.

Eine Öffnung über der Wasserlinie im hinteren Rumpfbereich, mit einer Art trichterförmigen Schüssel darüber, diente als Flugboot-Toilette. Obwohl das Boot intensiven Tests unterworfen worden war, hatte offenbar niemand diese nicht unwichtige Einrichtung geprüft. Als die Maschine zu uns kam, fanden wir heraus, daß unter bestimmten Flugbedingungen der Luftstrom durch die Toilettenöffnung nach innen geleitet wurde. Man stelle sich unsere Verblüffung vor, als der Funker tropfnaß ins Cockpit gelaufen kam.

Was war zu tun? Während der Übernachtungsstopps auf den Pazifikinseln konnte keine Pause für Reparaturen eingelegt werden. So wurde die Toilette mit einem Stapel alter Zeitungen und einem Bündel dünner Holzstäbe ausgestattet. Vor dem Hinsetzen verstopfte man das Loch mit einem Pfropfen aus Papier. Hinterher drückte man den Inhalt mit einem Holz hinunter – nicht immer mit dem erhofften Erfolg. Später wurde dann ein Schild an der Tür befestigt: »Bitte nicht benutzen, wenn das Flugzeug in Bewegung ist«.

Dieser unangenehme Umstand hatte einmal aber sogar einen Vorteil. Navigator Fred Noonan, besorgt, den Punkt Pinnacle Rock auf halbem Wege zwischen Hawaii und Midway Island zu verfehlen, kam ins Cockpit. Die Sicht betrug nur ein paar Kilometer. Fünf Minuten nach der von Fred geschätzten Ankunftszeit über dem Felsen ging er nach hinten. Wir dachten, wir hätten den Punkt verpaßt. Während Fred in der kleinen Zelle stand, um das Loch mit

Papier zuzustopfen, glitt sein Blick nach unten. Und was sah er? Pinnacle Rock, eingerahmt wie in einem Medaillon.

Der »China« war nie in Eile. Auf Langstreckenflügen begannen wir mit einer Geschwindigkeit von 175 Stundenkilometern und endeten mit 220, weil das Boot durch den Treibstoffverbrauch leichter geworden war. Die Kommunikation zwischen Pilot und Ingenieur erfolgte über einen Maschinentelegrafen wie auf einem Schiff: Die Piloten konnten »Full Power«, »Rated Power« und »Cruise Power« übermitteln. Alle anderen Informationen wurden auf einen Zettel gekritzelt und mit einer Wäscheklammer an einer Schnur befestigt, die über zwei Umlenkrollen lief; damit wurde die Mitteilung über 4,5 Meter Distanz zum Flugingenieur nach hinten befördert. Der Schaltkasten des Autopiloten war am Armaturenbrett zu niedrig angebracht worden. Das erforderte den zusätzlichen Einbau einer spinnenbeinartigen Betätigungsvorrichtung mit langen Stangen und Scharniergelenken, mit deren Hilfe die Flugzeugführer den Autopiloten auf eine Art einstellen konnten, die an ein Geschicklichkeitsspiel auf der Kirmes erinnerte, bei dem man mit einem außerhalb eines Glasbehälters zu bedienenden kleinen Kran nach Süßigkeiten angelt.

Es wurde an nichts gespart, um aus dem »China« ein Traumschiff zu machen. Chintzvorhänge vermittelten Komfort, und Teppiche von Wand zu Wand verliehen der Lounge ein Country-Club-Ambiente. Das Tafelsilber hätte auch dem Tour d'Argent in Paris nicht zur Schande gereicht. Die Weine waren französisch, das Roastbeef britisch, und das Geschirr wurde in unverfälschtem Salzwasser abgewaschen, wenn wir eine außerplanmäßige Landung einlegen mußten.

Aber wer kümmerte sich um solche Nebensächlichkeiten, wenn das Boot unterwegs war und die Motoren ihre sonore Melodie summten? Der »China« rüstete sich zur Eroberung des Pazifik.

Der Pazifik ist der größte aller Ozeane. Seine Wellen spülen an die Küsten beider Amerikas, Chinas, Indonesiens und Australiens, rollen über endlose Meilen der Einsamkeit. »Der Pazifik«, schrieb Hendrik van Loon in seiner »Story of the Pacific«, »ist das Gebiet, wo Schiffe verschwinden; eine Wüste voller Geister. Es ist eine Einsamkeit um diesen Ozean, die auf der Welt nicht ihresgleichen hat. Du mußt dich wundern, wie jemand den Mut aufbringt, Segel zu setzen und sich kühn in diese Wasserwüste zu wagen, diese große, stille Leere.«

22. November 1935. Unter den Rufen Tausender und dem Spiel der Militärkapellen hob der »China« aus der Bucht von San Francisco ab und strebte in Richtung der teilweise fertiggestellten Brücke San Francisco–Oakland. Das Gesicht des Skippers wurde hart; die Knöchel seiner Hände, die das Steuer umklammerten, traten weiß hervor. Das Boot stieg zu langsam – unmöglich, die Brücke zu überfliegen. Musick nahm den Bug herunter und zog unwillkürlich den Kopf ein, als die Drähte der Hängebrücke über ihn hinweghuschten. Dicht über der Wasseroberfläche flog der Clipper an den Faralones vorbei und hinaus in den purpurnen Dunst.

Unter von goldenem Licht umsäumten, bleifarbenen Wolken eilte der »China« mit halsbrecherischer Geschwindigkeit Asien entgegen.

Stunden konzentrierten Fliegens. Längengrade von Sonne und Polaris. Oktanten – Schüsse auf Antares, Beteigeuze, Dhube, Sirius, Wega. Funknavigation so unzuverlässig wie die Wettervorhersagen. Aber Jupiter Rex, Herr über

Sonne, Planeten und Sterne, Herrscher über Wind und Wetter, höchster Machthaber aller Dinge über der Erde, lächelte über den Clipper in wohlwollender Stimmung.

Logbucheintragungen: »S. S. Lurline 5 miles to port, CW contact, JT« - - - »Point of no return, plus 10 min, FN« - - - »Sighted French Frigate Shoals, 2347 GMT, sea rough, wind 108/25, course 283, psc, FN« - - - »Auto pilot erratic, EM.« Nüchterne Notizen, knapp, alltäglich, bedeutsam, oft rätselhaft. Das Logbuch ist ein offizielles Dokument; nachträgliche Änderungen sind ungesetzlich, und alle Eintragungen sind mit den betreffenden Initialen versehen (JT = Jack Tilton; FN = Fred Noonan; EM = Edwin Musick). Eine Chronik von aufeinanderfolgenden Starts, Nächten, Landungen auf gläsernen, sanften Lagunen, entlang hintereinander aufgereihter Bojen am Gleitpfad; Aufsetzen in windgepeitschten Landezonen, die von den umspülten Spitzen der Korallenriffe umgeben sind.

Eine Sache, die Noonan aufzuschreiben vergaß, war das Signal »Welcome Clipper«, welches auf das Dach des Personalgebäudes gemalt worden war. Auch berichtete das Logbuch nichts über Rod Sullivans »Sternenschuß« zur Positionsbestimmung, dessen Ergebnis den Clipper schlagartig über die Pyramiden von Gizeh versetzte. Des weiteren war Vic Wright nicht bereit zu erwähnen, daß der helle Stern, den er identifiziert haben wollte, das Hecklicht des Clippers war. Das sind Fakten, die ich hiermit für die Nachwelt aufzeichne.

Freitag, 29. November 1935. Fest an der Boje. Der »China« dümpelte an seinen Leinen in Manila, sechs Tage, 60 Flugstunden und viermal siebeneinhalb Millionen Propellerumdrehungen von San Francisco entfernt. Mit diesem Flug richtete der »China Clipper« die Aufmerksamkeit der

Weltöffentlichkeit vom Meer auf jenen Ozean, der jedes Land berührt: den Ozean der Lüfte.

Hollywood witterte eine Goldgrube und setzte sich in Bewegung, um an der Angelegenheit teilzuhaben. Je weniger man über diesen Film spricht, desto besser. Bogart (Der Malteser Falke, African Queen, Casablanca) meinte, es wäre ein Flop. »Aber wenigstens mußte ich nicht mitfliegen«, sagte er. »Ihr Burschen habt das für mich erledigt.« Ich wechselte mich mit Scotty Lewis als technischer Berater ab. Mein Hauptbeitrag kam in jener Szene, als Captain Bogart und sein 1. Offizier in der Nachbildung des Cockpits saßen, von dem eine Seite abgeschnitten worden war. Von einem Raucherzeuger wurde Qualm durch die Bauten geblasen, der die Illusion von Wolken erzeugte. Als das Drehbuch das Einschalten des Autopiloten verlangte, machte Bogart eine Bewegung, als wenn er einen Schalter betätigt. Da schrie »Brick« Enright, der Regisseur: »Schnitt! Wie zur Hölle kann man wissen, daß das Flugzeug jetzt automatisch fliegt?« Wir hielten eine Konferenz ab. Bei der nächsten Klappe kreuzten, nachdem Bogart den Autopiloten aktiviert hatte, beide Piloten die Arme über der Brust und demonstrierten damit ohne den Schatten eines Zweifels: Schau, Mama – ganz ohne Hände!

Als wir dieses Zauberland wieder verließen, präsentierte uns Warner Brothers einen vierstelligen Scheck. Wir fühlten, daß wir ihn nicht annehmen konnten – es würde unseren Kollegen gegenüber nicht fair gewesen sein. Als die anderen Piloten davon Wind bekamen, war die allgemeine Meinung: »Ihr hättet den Zaster ruhig nehmen und dann mit uns teilen sollen.«

Die Männer des »China Clipper« – gewöhnliche Männer taten einen ungewöhnlichen Job – Ed Musick, Rod Sullivan, Jack Tilton, Mike LaPorte; die Ingenieure Chan und Vic Wright; die Funkzauberer Jarboe und Poindexter; Fred Noonan, der den Kurs des Clippers mit einem sechsten Sinn verfolgte; John Leslie und Dutch Schildhauer komplettierten die Truppe. Dazu die Bilgeratten, Schmieraffen, Rigger und Hafenmeister bis hinunter zu dem Jungen im Büro, der die Briefmarken für die Erstflugbriefe anleckte – alle flogen mit uns gen Asien. Der Teamgeist war phänomenal. Alle identifizierten sich mit dieser Mission. Es wird niemals wieder eine solche Zeit für die Luftfahrt und für uns geben. Die Einführung des Jets war ein technisches Ereignis, die Eroberung des Pazifiks ein menschliches.

Wir alle liebten den »China« wie der Reiter sein Pferd oder der Seemann sein Schiff. Ed Musick, ein nüchterner und unsentimentaler Mann, wurde einst gefragt, welches Flugzeug denn sein Favorit gewesen sei. »Keine Ahnung«, antwortete Musick, »ich weiß es wirklich nicht. Ich denke, ein Pilot fühlt stets etwas Spezielles für jedes Flugzeug, das er fliegt.«

Wenn sich im isolierten Cockpit eines Jumbo-Jets das Heulen der Turbinen in ein Flüstern verwandelt hat und man durch das Drücken von Knöpfen von Tokio nach San Francisco gelangt, dann sollte man einmal an jene fliegenden Seeleute denken, die den Weg über den Pazifik erkämpften. Heute bezwingen wir den Pazifik nicht, sondern wir ignorieren ihn einfach.

Der Pazifik ist ein machtvoller Ozean, ein Ozean von unglaublicher Gewalt, ein an- und abschwellendes, verwirrendes Meer; eine Umgebung, die sich von einer übernatürlichen Ruhe zur ehrfurchtgebietenden Gewalt verwandeln kann. Der Taifun, der beinahe den Clipper bezwang, war der grausamste und brutalste Sturm, den ich jemals erlebt habe. Ich weiß nicht, wie ich seine Heftigkeit beschreiben soll, außer im Aneinanderreihen von Adjektiven, was recht ermüdend wäre.

Hier ist es also. Vergiß die Adjektive.

Von unserem Hochsitz im Cockpit sehen wir am Horizont große Mengen brodelnder, sich bewegender Wolkenmassen; das Leuchten von Blitzen erhellt das Innere der gigantischen Wolkentürme und läßt das bedrohliche Wogen schemenhaft gegen einen bleichen Nachmittagshimmel stehen. Unterhalb dieses pyrotechnischen Schauspiels hängt ein häßlicher, schwarzer Regenvorhang vor einem schwefelfarbenen Horizont.

Ed Musick, der Skipper, kneift die Augen zusammen. »Sieht zu groß aus, um drumrum zu fliegen«, murrt er und zieht seinen Sitzgurt fester an. Dann schaltet er den Autopiloten aus und beginnt, von Hand zu fliegen. »Wir gehen tiefer, Rod. Halte dich bereit, mir beim Steuern zu helfen, wenn es dicke kommt. Lodi – gib acht auf meinen Kurs. Aber zuvor sichere alles, was du kannst. Ich versuche, weiter südlich einen hellen Fleck zu finden.«

Der Clipper sinkt, und Ed stabilisiert ihn ein-, zweihundert Meter über der See. Dort kann er sich durch Beobachten des Meeres orientieren. Der Ozean hebt sich in einer langen, öligen Dünung. Ein gigantischer Amboß beginnt den Himmel zu überziehen. Die Dunkelheit kommt auf den Samtpfoten einer Katze herbei. Der Regenvorhang reicht von Horizont zu Horizont. Helle Flecken sind nirgends zu erkennen.

»Ich denke, es ist nur eine Böenwalze«, sagt Rod Sullivan, der 1. Offizier. Rod ist selbst Captain, und ein sehr erfahrener dazu. »Wenn wir sie im rechten Winkel durchqueren«, meint er, »dauert es nicht so lange. Ich bin in der

Karibik zigmal durch solches Zeug hindurchgeflogen.« Musick starrt auf das furchtbare Stürmen, auf den riesigen, bedrohlichen Vorhang aus Dunkelheit, der die Meeresoberfläche zu verschlingen scheint. Dieser Vorhang gleicht einem Bühnenhintergrund mit schwerem Faltenwurf. Musick dreht den Kopf und blickt zu mir. Ich spüre, daß er das unheimliche Geschehen nicht für eine Böenwalze hält. Er geht wieder auf Kurs, und wir fliegen in den Vorhang hinein.

Ein leichtes Zittern. Windzerrissene Wolken huschen am Cockpit vorbei. Plötzlich ein Schlag. Das Flugzeug bockt, erzittert, wird in den Sturm hineingesogen. Tonnen von Wasser werden gegen Rumpf und Frontscheiben geschleudert. Die Sicht ist gleich null. Ed reißt sein Seitenfenster auf. Ich sehe das Meer! Weiß und mit Schaum bedeckt. Ein siedendes, brodelndes Tuch aus peitschender Gischt.

Wir fliegen ein paar Meter über dem Bach. Unsere Drift ist so groß, daß es scheint, als bewegten wir uns seitwärts. Ein widerwärtiges Gefühl. Wenn wir mit einer Flügelspitze eintauchten ... Musick dreht nach Süden ab und in den Wind. Ich kann die See durch den Regen kaum noch sehen.

Dann passiert es. Wir haben den Sichtkontakt zum Meer und damit zu Mutter Erde verloren. Wir erkennen nichts mehr. Wir fliegen durch solides Wasser. Das Boot bewegt sich vor und zurück. Der Höhenmesser steht bei 600 Metern. Auf-und-ab-Bewegungen stauchen uns erst, dann heben sie uns hoch. Mein Kopf knallt gegen das Dach. Ich beginne damit, unsere Kompaßkurse auf einem Schreibblock festzuhalten.

Wieder eine Serie von entsetzlichen Schlägen. Aus der Pantry kommt eine Kiste angeflogen. Der Deckel springt auf, und Orangen, Äpfel und diverse andere Lebensmittel ergießen sich ins Cockpit. »Weg mit dem Zeug!« schreit Musick. Leichter gesagt als getan. Ich kann mir das Lachen nicht verkneifen, als ich ein gebratenes Hähnchen von Rods Schoß angele. Das Lachen bleibt mir jedoch im Halse stecken, als wir im nächsten Moment emporschießen: 300 Meter – 600 Meter – 900 Meter. Es geht wie im Expreßaufzug nach oben; der Höhenmesser dreht sich wie eine Windmühle. Die Nadel des Fahrtmessers vibriert, schlägt an den oberen Anschlag und fällt wieder hinunter auf Null. Das bedeutet Wasser in den Pitotrohren! Wenn wir Geschwindigkeit verlieren, sind wir erledigt. Seitenruder, Höhenruder und Querruder reagieren nicht mehr.

»Geh in die Ruder, Rod!«

»Ich hab sie!«

Beide Piloten kämpfen mit der Steuerung. Regen prallt wie aus Geschossen gegen Frontscheibe und Rumpf. Der Krach ist ohrenbetäubend. Explosionen hüllen uns ein. Der Notizblock ist unter meinem festen Griff zerrissen. Hände drücken und ziehen die Steuersäulen. Laßt sie laufen. Zum Teufel mit Fahrt, Höhe, Kurs. Bewahrt sie nur davor, sich selbst in Fetzen zu reißen.

Peng! Ein Blitz blendet meine Augen und der Donner betäubt die Ohren. Elektrische Entladung. Peng, und noch einer. Rods Füße bearbeiten die Ruderpedale. Der Skipper klammert sich an das Rad und dreht es nach jeder Seite bis zum Anschlag. Ich rieche Ozon. Mein Gott! Ich hoffe, die Tragflächen halten das aus. Eine Riesenhand rüttelt am Flugzeug, so wie der Herbststurm an einem Blatt reißt, das immer noch am Zweig hängt.

Fliegen wir noch waagerecht oder schon mit dem Kopf nach unten? Ich habe ein Gefühl der Schwerelosigkeit, das mit dem Empfinden abwechselt, ich würde eine Tonne wiegen. Ich hänge an der Lehne von Musicks Sitz und versuche, mit den Beinen die Sitzbefestigung zu umklammern. Mein Gott, unsere Flügel. Das können sie unmöglich aushalten. Zur Hölle – wir werden umkommen. Ich gebe verdammt nichts mehr auf uns. Ich gebe auf.

Es wird behauptet, daß im Angesicht des Todes dein früheres Leben in einem Augenblick vorüberzieht. Entweder sterbe ich noch nicht, oder diese Behauptung ist ein Mythos, denn mein früheres Leben erscheint nicht. Aber diese verdammten Orangen und Äpfel erscheinen. Immer wieder trifft mich eine davon. Ich hänge fest, das Gesicht dicht an Musicks Hals. Der Schweiß läuft ihm in den Kragen.

Peng! Eine weitere Entladung. Alle Lichter gehen aus. Totale Finsternis. »Das war's dann – nun ist es aus!« Das Licht kommt wieder.

Wie lange haben wir in dem Sturm zugebracht? Ein paar Minuten? Ein paar Stunden? Ich werfe einen Blick auf die Uhr. Das Instrumentenbrett vibriert. Die Anzeigen sind nicht abzulesen. Nach und nach geht das Schütteln zurück. Der Gyrokompaß taumelt, der Magnetkompaß spinnt, der Höhenmesser rotiert, und die Nadel des Fahrtmessers gebärdet sich wie ein Verrückter. Die Motoren dröhnen.

Ich bin jetzt an dem Punkt angelangt, wo es fast eine Erleichterung wäre, wenn die Tragflächen zerbrechen würden. Die Piloten sind noch am besten dran – so beschäftigt, daß es sie ganz fordert. Ich spüre, wie mich eine tranceähnliche Ruhe überkommt.

Eine Spalte in den Wolken. Ein Stern oder zwei. »Wir brechen durch, Skipper!«

Musick knallt die Gashebel ganz nach vorn. Wir fliegen in 3600 Metern Höhe. Wie sind wir dort hinaufgekommen? Mit einem Stern ist es für Musick nun leichter, sich im Raum zu orientieren. Ein letzter harter Schlag, und der Clipper wird aus dem Sturm geworfen wie ein Stück Treibholz. So ruhig, wie ein Schiff über eine Untiefe läuft, um den sicheren Ankerplatz zu erreichen, gleitet der »China« durch die Luft, treibt über Wolkenfetzen in einem geisterhaften Licht dahin, das vom grauweißen Wolkengrund reflektierter Sternenschein ist.

Der »China« hatte den Killer-Taifun überwunden. Weder vorher noch später kam ich jemals wieder in einen derart fürchterlichen Sturm. Aber auch in keinen derart freundlichen. Indem der Taifun den Clipper dorthin zurückspie, wo er hergekommen war, wollte er wohl sagen: »Kleines Flugboot, hast du nichts Besseres zu tun, als mit mir zu spielen?«

Und hier ist meine letzte Begegnung mit dem »China«, ein Ereignis, auf das ich nicht stolz bin und mit Trauer zurückblicke.

1945 wurden drei Flugbootkapitäne von New York nach Miami entsandt, um den »China Clipper« in die Latin American Division einzugliedern. Der »China«, das einzig übriggebliebene Exemplar der drei Martin-M-130-Boote – die beiden anderen waren durch Unfälle verlorengegangen, bei denen es keine Überlebenden gab –, war zu dieser Zeit etwa zehn Jahre bei Pan American im Dienst und mittlerweile ein Anachronismus in der aus mächtigen Boeing-Clippern bestehenden Pazifikflotte.

Cubby Culbertson wurde als erster ausgecheckt, wie es seinem Rang entsprach. Er war einer der Oldtimer und bereits Senior Captain, als Max Weber und ich noch die Bilgen auskratzten. Max war der zweite und ich der letzte. Max war im Dienstalter eine Woche über mir.

Bei Cubbys Nachtflug saß ich in der Kabine; das Cockpit

war gedrängt voll mit neugierigem Nachwuchs. Ich hörte die Motoren starten und fühlte, wie sich der Clipper bewegte. Die Bugleine war nicht losgemacht worden, und der »China« ruckte an der Trosse wie ein Muli mit einer Wespe unter dem Schwanz. Der Bugmann, mit der Notausrüstung offensichtlich nicht vertraut, konnte die Leine nicht freibekommen. Ich stürzte in den Bugraum, riß die Machete von ihrem ungewöhnlichen Platz in einem Kasten und hieb die Trosse mit einem Schlag durch. Das war alles, was ich während dieses Fluges tat oder sah.

Als einige Tage danach ich an der Reihe war, richtete ich mich im linken Sitz ein, und Ken, der Checkpilot, nahm den Copilotensitz.

»Das wird nicht lange dauern, Lodi«, sagte Ken, »du hast den Clipper ja bereits im Pazifik geflogen. Du hast tatsächlich viel mehr Flugzeit auf ihm als ich. Ich habe mich lediglich selbst in ihm ausgecheckt.«

»Das ist gut, Ken. Ich flog zwar zwei Jahre auf dem »China«, aber nicht als Skipper, und das ist gut acht Jahre her. Allzeit bereit für ein paar Tips.«

»Dann laß uns loslegen.«

Als wir vom Dock ablegten, bemerkte ich, daß der nach Süßigkeiten angelnde kleine Kran entfernt worden war. Ebenfalls fehlte die Wäscheleine hinüber zum Platz des Ingenieurs. Ich konnte mich nun mit ihm über Intercom, eine interne Sprechverbindung, verständigen. Ansonsten aber war es dasselbe alte Mädchen.

»Ich hoffe, Ken, daß du die Toilette nicht benutzen mußt«, sagte ich.

»Was meinst du damit?«

»Ach, nichts.« Offenbar war Ken noch nicht dabei gewesen, als der Clipper neu war.

Nach einiger Arbeit in der Luft kam ich zur Landung herein.

»Zu langsam, Lodi. Du brauchst 155 Kilometer pro Stunde im Anflug.«

»Ken! Das ist zu schnell. Bei maximaler Reichweite fliegt er ja nur 185 Stundenkilometer.«

»Nein – 155 Stundenkilometer schreibt das Betriebshandbuch vor.«

»Das kann nicht stimmen. Ich habe das Handbuch studiert wie ein Diakon die Bibel.«

»Wir haben ein neues Manual erstellt. Das alte, das sich an Bord befand, war unvollständig.«

»Das mag ja sein, aber wir flogen immer mit 135 Stundenkilometer an, nachts sogar noch etwas langsamer. Er hat keine Landeklappen. Wenn du zu schnell hereinkommst, liegt der Bug zu tief, und es kann zum Waterloop kommen.«

»Ich habe nie gehört, daß dieses Flugzeug einen Waterloop gehabt hätte«, sagte Ken. »Du etwa?«

»Nein, ich auch nicht, aber du kannst mit dem Bug aufsetzen. Auf jeden Fall hat man kein gutes Gefühl dabei. Es kommt mir vor, als wolle ich ins Wasser tauchen.«

»Wir sollten sachlich bleiben«, entschied der Checkpilot. »Mit 135 Stundenkilometer bist du nur ein bißchen über der Abreißgeschwindigkeit. Es ist besser, du machst es auf unsere Art und verunsicherst nicht die Piloten, mit denen du fliegst.«

Das stoppte mich. Ich sagte: »Ken, es geht nicht um mich. Warum diskutieren wir das nicht mit Horace? Das Boot mit dieser Falle auf die Piloten loszulassen, ist nicht fair. Laß mich einmal zeigen, wie prima er sich mit 135 im Anflug landen läßt.«

Ken sagte nichts mehr, und ich tat es für den Rest des Fluges auch nicht.

Warum gab ich nach? Ich hätte auf meiner Überzeugung beharren sollen. Aber ich tat es nicht, und ich wußte, daß Ken diesen Punkt nicht vor den Chefpiloten bringen würde. Alles, was ich in diesem Moment denken konnte, war: »Okay, du Neunmalkluger, zerschmettere dir doch den Hintern auf deine Weise.«

Und genauso kam es, aber es war der Hintern eines anderen.

Ich wurde in das Büro des Chefpiloten gerufen. Horace Brock teilte mir mit, daß ich mit dem »China« zu einem streng geheimen Flug nach Léopoldville, Belgisch-Kongo, heute Kinshasa, Zaire, aufbrechen sollte. »Warum ich, Horace?« fragte ich. »Weil du der einzige bist, der schon einmal dort war«, antwortete Horace. »Auf dem Rückflug lande nur zum Auftanken. Keine Übernachtungen. Ich gebe dir eine doppelte Besatzung und Captain George Duff als Co-Captain mit. Vizepräsident Howard Dean wird dein einziger Passagier sein. Keine Fragen, keine Antworten. Dean weiß, was zu tun ist.«

Drei Jahrzehnte später erfuhr ich, daß die unbeschrifteten Kisten, welche in den Clipper geladen worden waren, das Uranerz für jene erste Atombombe enthalten hatten, die Hiroshima zerstören sollte. Besser so. Das frische Wasser vom Brunnen des Wissens ist klar und kalt wie die Wahrheit, aber sein Geschmack ist salzig wie der von Tränen.

Ähnlich einem abgewirtschafteten ehemaligen Gewinner des Kentucky-Derbys, der mit Touristen durch den Central Park zottelt, wurde der »China« nach diesem Flug auf einem Nebenschauplatz des Weltluftverkehrs, der Karibik, eingesetzt. Während seines Niederganges in der Verbannung ins tägliche, langweilige Einerlei wurde er für jene Reise auserwählt, von der es keine Wiederkehr gab.

Das Telefon schrillte. Ich tastete nach dem Hörer und knipste die Nachttischlampe an.

»Captain Lodi?« Es war die unverkennbare Stimme von Slim, unserem Dinner Key Airport Manager.

»Slim! Du rufst mich doch nicht etwa wegen eines Fluges an, oder doch?«

Stille. »Bist du noch da, Slim?«

»Ja, Lodi … Es hat einen Absturz gegeben. Der »China« ist in Port of Spain verunglückt.«

»Oh Gott!«

»Lodi – ich möchte dich bitten, zu der Frau von John, dem 2. Offizier, zu gehen und ihr die Nachricht zu überbringen, bevor die gottverdammten Nachbarn es im Radio hören und sie anrufen.«

»Gott, ausgerechnet ich muß das machen! Was ist passiert?«

»Nachts auf dem Blinkpfad. Ich kann es mir nicht erklären. Gutes Wetter. Das Boot zerbrach in zwei Teile. Die meisten der Passagiere und Besatzungsmitglieder sind ums Leben gekommen.«

»Ist der Captain auch tot?«

»Das weiß ich noch nicht. Sie sind nach wie vor mit den Booten draußen. Aber John wurde getötet. Ihn haben sie gefunden. Man sollte alles an den Nagel hängen, aber es muß ja weitergehen.«

Ich legte den Hörer auf. Meine Hand zitterte. Eine normale Landung auf dem Blinkpfad bei gutem Wetter. Er muß zu flach aufgekommen sein; der Bug hat unterschnitten, und der Clipper überschlug sich. Und nun hatte ich der

Ehefrau mitzuteilen, daß ihr Mann tot war. Ruby, Johns Frau, hatte zwei kleine Kinder.

Ich schlüpfte in meine Sachen und fuhr los. Ich fuhr schnell und bremste erst ab, als ich in die Poinciana Avenue einbog. Das Dach meines Chrysler Roadsters war offen. Die Wedel der Kokospalmen rauschten über meinem Kopf, und die Luft war feucht und kühl – mir war kalt in meiner leichten Jacke. Ich trat auf die Bremse, hielt an und schaltete das Licht aus.

Das Haus war dunkel, was auch sonst. Es war immerhin zwei Uhr morgens. Ich brauchte einige Minuten, um mich zu sammeln. Was sollte ich sagen? Ich mußte an Slim denken, der angeblich die Frau eines unserer Kapitäne, der tödlich abgestürzt war, angerufen und mit den Worten informiert hatte: »Bist du das, Mary? Du bist jetzt Witwe.«

Zur Hölle damit. Ich stieg aus meinem Wagen, ging zur Tür und läutete zwei-, dreimal. »Hoffentlich ist niemand zu Hause«, dachte ich töricht. Endlich warf ein Licht aus einem der oberen Fenster einen schwachen Schein auf einen Banyanbaum im Vorgarten. Im Flur ging eine Lampe an.

»Wer ist da?« rief eine weibliche Stimme.

»Ich bin's, Captain Lodi. Darf ich hereinkommen?«

Eine schlanke Gestalt mit zerzaustem Haar stand in einem Morgenmantel in der Diele. »Hey, Lodi, was um alles in der Welt ist denn los?«

»Die Kinder? Hoffentlich habe ich sie nicht aufgeweckt.«

»Nein, nein, sie schlafen oben.«

Im Wohnzimmer setzte ich mich auf das Sofa. Sie sah mich mit dunklen, fragenden Augen an und strich sich das Haar aus dem Gesicht. Ich erzählte ihr, daß ihr Mann vermißt sei, und benutzte damit den alten Trick, um den Schlag abzumildern. Ich hätte es nicht tun sollen. Aber ich versuchte es. Sie saß ganz still, das Gesicht wachsbleich. Sie starrte mich an. Sie begriff nicht, was ich meinte.

»Ruby, ich werde dir einen Kaffee machen.« Ich setzte den Kessel auf den elektrischen Ofen. Bloß fort von diesen Augen. Sie war mir gefolgt, ging wie im Schlaf. Ich stellte die Tasse auf das Tablett. Der Kaffee schwappte auf die Untertasse. Mechanisch begann sie zu trinken.

Plötzlich sprach sie. Es war mehr ein Schrei. »Aber es gab Überlebende. Du kennst das Gebiet. Könnte er nicht an Land geschwommen sein, und sie haben ihn noch nicht gefunden?« Sie beugte sich über den Tisch und ergriff meinen Arm. »Er kann an Land geschwommen sein. Du sagst, er ist vermißt!«

Bitter bereute ich meine Unwahrheit. Was sollte ich sagen? Sie hörte nicht zu. Mich fröstelte. Im Zimmer schien es kalt zu sein. Sie konnte in diesem Augenblick die Tatsache von Johns Tod nicht akzeptieren. Es kam zu plötzlich. Es konnte einfach nicht sein. Für Ruby würde der Tod morgen beginnen, vielleicht noch später. Auf keinen Fall jetzt, mit einer leeren Tasse, einer über den Sessel gelegten Hose und einem unvollendeten Brief auf dem Tisch.

Im Schlafzimmer fand ich ein paar Hausschuhe. Ich zog sie ihr über. Ihre Füße waren eiskalt. Sie hatte einen Schock. Die Füße mit den Schuhen schauten rührend unter den Falten ihres Morgenmantels hervor. Die Minuten schleppten sich dahin.

Da läutete die Haustürglocke. Ich eilte zur Eingangstür. »Komm herein, Margaret. Gott sei Dank bist du hier.« Der gute alte Slim war letztlich doch noch auf den richtigen Einfall gekommen.

»Lodi! Ist das nicht furchtbar? Wie nimmt sie es auf?«
»Ich glaube, sie hat einen Schock.«

. . . . . .

»Hat sie geweint?«
»Nein, ich glaube nicht.«
»Das ist schlecht.«

Ich ließ Margaret zur Betreuung zurück. Ich brauchte einen Drink. Außerhalb von Coconut Grove gab es eine Bar, die die ganze Nacht geöffnet hatte. Drinnen war es dunkel; das einzige Licht kam von einer Reihe Glühlampen zwischen den Flaschen und dem Spiegel. Mein Mund war ausgetrocknet, und der Whisky brannte in der Kehle. Auf dem Hocker neben mir saß ein Mann mit ins Gesicht gezogenem Hut. Ein Stoß Quittungen und etwas Wechselgeld lagen auf dem Tresen neben seinem Glas. Bei ihm saß eine Frau, stark geschminkt, nicht schlecht aussehend in dem Halbdunkel. Sie hatte ein grünliches Getränk vor sich stehen.

Was taten diese Leute hier mitten in der Nacht? Leben oder vergessen? Sie waren aus dem gleichen Grund hier wie ich. Dies war im Moment der einzig richtige Ort.

Die Frau stand auf, ging zu dem Musikautomaten in der Ecke und warf eine Münze ein. »Komm her, Scratchie«, sagte sie mit rauchiger Stimme, »oder hast du keine Lust?« Scratchie ließ Drink und Wechselgeld zurück, und das Paar begann zu tanzen, ungeschickt und abstoßend. Dann spielte die Jukebox eine andere Melodie. Nach den ersten Klängen überkam mich ein Gefühl der Trauer. Es ging um einen Zirkuscowboy, der seine letzte Runde in der Manege reitet. Es war eine zufällige, sentimentale Verbindung. Während ich dem oft gespielten Stück lauschte, vernahm ich den pulsierenden, beruhigenden Klang der Motoren des »China Clippers« und das Rasseln der Nieten an den Schotten. Ich roch die Mischung aus feuchtem Leder, Benzin, Öl und Schweiß im Cockpit. Ich sah seinen stumpfen Bug, seine klaren Linien und den großen dicken Tragflügel, weitgespannt wie die Flügel einer dahingleitenden Möwe. In meinen Ohren tönte das Heulen des Taifuns, der den Clipper fast vernichtet hätte. Ich sah ihn sachte in den Pazifiklagunen auf und nieder dümpeln, unberührt von den ziehenden Winden, – und ich sah ihn im tropischen Monsun an den Trossen rucken.

Ich schüttelte den Kopf, stellte mein leeres Glas zurück, bezahlte und ging durch die Tür hinaus, so wie der alte Cowboy seine letzte Runde drehte. Spatzen tschilpten auf dem Dach, ein Hund bellte in der Ferne, und die Palmen schienen wie eingeätzt in den fahlen Morgenhimmel. Auf der anderen Straßenseite hielt ein Lieferwagen. Der Milchmann ging mit einem Drahtkorb voll rasselnder Flaschen zu den einzelnen Häusern. Ich nahm auf dem taufeuchten Sitz meines Roadsters Platz und fuhr langsam nach Hause.

So starb der »China Clipper«. Ich erinnere mich stets an ihn, als wär's ein Stück von mir.

Fliegen ist das Leben wert

Nichts als mein Herz

Ich erinnere mich an Rod mit seinem vollen Gesicht, seiner Stupsnase und seinen blitzenden Augen wie an ein Abbild eines fröhlichen Iren. In all seiner Rauhheit war er wie ein Diamant – aber einer mit einem Fehler. Rod konnte mit einem Flugboot Dinge machen, die niemand sonst fertigbrachte oder sich auch nur traute. Am Ende war gerade dies sein Untergang.

Als ich Rod das erste Mal ein Flugboot starten sah, hatte ich grad meinen Flugdienst aufgenommen. Ich stand mit Mr. Critchley, unserem Flugbetriebsleiter, auf dem Prahm, der uns als Air Terminal in Coconut Grove diente. Normalerweise liefen Flugboote durch eine markierte Fahrrinne in die Biscayne Bay hinaus. Rod hingegen hatte kaum vom Prahm abgelegt, als er volle Leistung auf die vier Motoren des S-40-Flugbootes gab, das Boot hochjagte und aus einem Flachwasserbereich abhob.

»Tun Sie niemals etwas wie das da«, sagte Critchley stirnrunzelnd. Dann lächelte er gequält: »Überlassen Sie derartige Taktiken lieber Rod.«

»Warum, Mr. Critchley?«

»Weil es eben Rod ist«, sagte mein Boß und blickte unglücklich drein.

Obwohl Rod ein fideler Geselle war, flogen manche Besatzungen ungern mit ihm. Er hatte eine schikanöse Art, seine Copiloten zur Verzweiflung zu treiben. Dazu bediente er sich dreier Tricks.

Nummer eins: Ein Boxhieb auf den Oberarm, der dich fast aus dem Sitz warf. Nummer zwei: Das Halten seines Zeigefingers unter deine Nase, und wenn du runterschautest, folgte ein kräftiger Nasenstüber nach oben. Nummer drei: Ein Griff um deinen Oberschenkel gerade über dem Knie mit kraftvollem Druck.

Nach einigen dieser Knie-Kneif-Episoden besorgte ich mir ein breites Kunststoffband und präparierte es mit einem Dutzend Teppichnägeln. Als Rod das Cockpit für einige Minuten verließ, wickelte ich das Band um mein linkes Bein, gerade oberhalb des Knies, und drapierte den Hosenstoff lose darüber. Rod kehrte zurück.

»Hey, du gottverdammter Holländer!« Ich spürte einen Griff wie von einem Schraubstock um mein Bein. Dann war das Cockpit erfüllt von den ausgesuchtesten Kraftausdrücken, die ich jemals die Ehre hatte zu hören. Rod steckte seine Finger in den Mund, seine Augen begannen zu funkeln, und sein Lachen dröhnte so laut, daß sogar der Steward nach vorn kam, um zu sehen, was los war.

Auf jeden Fall brachte mir Rod eine Menge bei. Eines Morgens verließen wir Port-au-Prince, Haiti, mit dem Bestimmungsort San Juan, Puerto Rico. Rod wickelte sein Lunchpaket aus und begann seine Mahlzeit. Danach packte er die Reste in eine Papiertüte und schob sie unter seinen Sitz. Ich dagegen warf den Abfall meines Mittagsmahls aus dem Cockpitfenster.

Als wir die westliche Spitze Puerto Ricos erreicht hatten, gab der Steuerbordmotor seinen Geist auf. Unser zweimotoriges Commodore-Flugboot bewegte sich mit nur einem Motor wie ein Scheunentor durch die Luft, und Rod setzte es in der erstbesten Bucht aufs Wasser. Ich kletterte hinaus und warf den Anker außenbords.

»Wenn du denkst, die kommen hier mit Donuts und Kaffee heraus«, brummte Rod, »dann habe ich Neuigkeiten für dich.« Danach angelte er seine fettige Papiertüte unter dem Sitz hervor und begann, während er mir eine Handvoll Orangenschalen überreichte, an einem Hühnerknochen zu nagen.

Rod war ein Spieler. Glücksritter und Hasardeure vertrauen nur auf ihr Glück – Spieler hingegen spielen auf Chance und Quote. Rod flog seine Maschine so wie Minneapolis-Fatts Poolbillard spielte, jeden Stoß abwägend, aber unbesorgt über das, was später unter »Kalkuliertem Risiko« bekannt werden sollte. Aber warum mußte Rod sich derart produzieren? Er hatte es doch gar nicht nötig. Warum trat er auf, als existierten keine Regeln für ihn? Lag möglicherweise eine Spur Unsicherheit in seiner aufgesetzten Fröhlichkeit? Rod hielt die Chefpiloten in steter Unruhe. Keiner von ihnen wußte, ihn zu nehmen. Trotzdem war Rod ein überaus liebenswerter Bursche.

Eines Tages bestand er darauf, mir vorzuführen, wie man eine S-42, ein viermotoriges Flugboot, ohne Motorenleistung landet. Eine derartige Landung stand nicht gerade ganz oben auf der Liste der Möglichkeiten dieses Flugzeuges. Normalerweise wurde ein Flugboot aus einem flachen Gleitflug heraus gelandet, wobei die Motoren deutlich oberhalb der Leerlaufdrehzahl liefen, die Nase hochgehalten wurde und die Fahrt 20 bis 30 Stundenkilometer über der Aufsetzgeschwindigkeit lag. Kurz vor der Wasseroberfläche wurde das Boot dann abgefangen, die Leistung reduziert und aufgesetzt. Die S-42 ließ sich so träge wie ein Bär landen. Wurde das Gas zu früh weggenommen, fiel sie herab wie ein Ziegelstein. Überdies war sie empfindlich um die

Längsachse und benötigte eine Menge Trimmarbeit während der Landephase. Der zwischen den Pilotensitzen stehende Flugingenieur drehte das Trimmrad langsam zurück, während die Flugzeugführer sich auf das Aufsetzen konzentrierten. Einige Ingenieure wurden darin so geschickt, daß sie für eine weiche Landung einen Obulus erhielten.

Rod stoppte die Motoren in 300 Meter Höhe, stieß den Bug steil nach unten und zog in dem Augenblick, als ich glaubte, wir würden in die See eintauchen, das Steuerrad zurück. Das Boot richtete sich auf und berührte unmittelbar darauf das Wasser. Ein Sekundenbruchteil früher oder später und einen halben Meter höher oder tiefer, und wir wären alle als Totalverlust abgeschrieben worden. Es war eine meisterliche Darstellung von Fliegerei und Unsinn gleichermaßen und absolut unpassend für eine Landung mit Passagieren.

Ich erinnere mich an Rod und viele schöne Flüge mit ihm in der S-40, dem ersten viermotorigen Flugboot auf den Karibikstrecken.

Um neun Uhr früh, wenn das Sonnenlicht auf dem Wasser der Biscayne Bay glitzerte und die warme Brise in den Kokospalmen, die den Deich säumten, rauschte, bestiegen 40 Fluggäste die S-40, und wir liefen hinaus in die Bucht. Wir starteten mit einer Geschwindigkeit von 150 Stundenkilometer, bummelten über die Florida Keys hinweg und hockten uns in den Hafen von Havanna hinein, ohne daß sich die Nadel des Fahrtmessers auch nur um eine Zeigerbreite bewegt hätte.

Die beiden Stewards bezogen Position an der hinteren Luke, wo sie den Passagieren mit der einen Hand an Land halfen und mit der anderen die gefalteten Geldscheine entgegennahmen. »Ich vermute«, meinte Rod, »die machen mehr Geld als ich.«

· · · · · ·

Rod und ich schlenderten in die Stadt, genossen ein gemütliches Mittagessen und kehrten zum Hafen zurück für eine Siesta. Um drei Uhr gingen wir wieder an Bord des Clippers für den Eineinhalb-Stunden-Flug zurück nach Miami. Rod machte es sich in seinem Sitz bequem, beehrte mich mit einem zufriedenen Lächeln und vermeldete süffisant: »Die Fliegerei ist ein Spiel für Gentlemen.«

Dann wurde ich Rods Navigator in der Pacific Division, wo wir »Martin Clipper« nach Fernost flogen. Wir arbeiteten gut zusammen. Er vertraute mir, und ich vertraute ihm. Als die Pazifikdienste etabliert waren, wurde Rod nach New York versetzt, um Boeing 314-Clipper nach Europa zu fliegen.

1940 trafen wir uns wieder. Zu der Zeit war ich Captain im gleichen Rang, aber nicht mit gleicher Erfahrung. Beide beflogen wir den Atlantik.

Während des Krieges kommandierte Rod einen Flug nach Lissabon; an Bord waren professionelle Sänger und Tänzer für die Truppenbetreuung in Europa. Als er am 22. Februar 1943 bei Sonnenuntergang mit dem »Yankee Clipper« hereinkam, berührte die linke Tragfläche während einer Kurve über dem Tejo das Wasser. Das Flugboot krachte in den Fluß, zerbrach in mehrere Teile und sank innerhalb von zehn Minuten.

Unter den Toten waren einige Besatzungsmitglieder und etliche Passagiere. Ertrunken waren Tamara Drasin, eine Sängerin und Broadway-Schauspielerin, die Songs aus Jerome Kerns »Roberta« erstmalig vorgetragen hatte, und Ben Robertson jr., Auslandskorrespondent der »New York Times Tribune«. Jane Froman überlebte, von der Taille abwärts gelähmt. Jahre später hatte sie ein Comeback und sang vom Rollstuhl aus. Sie heiratete den 1. Offizier, der ihr das Leben gerettet hatte.

Es war die 241. Atlantiküberquerung des »Yankee Clipper« gewesen. Sein Logbuch wies 1,6 Millionen Flugkilometer aus.

Rods Verachtung für Regeln und Vorschriften sowie seine unberechenbaren Flugtaktiken waren zu gut bekannt, um ihm viel Sympathie entgegenzubringen. Aber seine Reputation war hoch und sein fliegerischer Lebenslauf makellos. Wo war die Grenze? Wo würde sie überschritten werden?

Rod überschritt sie selbst. Die Untersuchung des Unfalls verlief nicht gut für ihn. Am Ende tat Rod etwas, was er nicht hätte tun dürfen. Er widersprach dem Ergebnis der Untersuchungskommission und verlangte eine Vertrauensabstimmung seiner Kollegen. Die Piloten der Atlantic Division wurden zu einer Anhörung gebeten.

Ein offizieller Vertreter der Fluggesellschaft überprüfte die Untersuchungskommission und deren Entscheidung. Es stellte sich heraus, daß beide, sowohl Pan American als auch die Beamten der Behörde, Rod trotz fehlenden Beweismaterials verurteilt hatten. Rod hatte geltend gemacht, daß während der Kurve über dem Fluß die Ruder blockiert hätten und er deshalb nicht in der Lage gewesen sei, den Absturz zu verhindern. Nach der Untersuchung des gehobenen Wracks stellte sich jedoch heraus, daß die Steuerung funktionstüchtig war. Es wurde angenommen, daß Rod, in der Dämmerung anfliegend, der Meinung war, er hätte noch genug Licht für eine normale Tageslandung. Er verschmähte deshalb den ausgelegten Blinkpfad, verschätzte sich im Halblicht bei seiner Kurve über dem Fluß in der Höhe und berührte das Wasser mit dem kurveninneren Flügel. Rod bestritt dies.

Dann wurde Rod in den Raum geleitet.

• • • • • •

Ich war bestürzt über seine Verwandlung. Die Wangen waren eingefallen, die Augen glanzlos. Er begann zu sprechen, aber ich vermochte nicht zu verstehen, was er sagte.

Rod, du bist nun erledigt, und du kannst dich nicht länger vor dir selbst rechtfertigen wie seinerzeit vor deinen Kollegen. Wer bin denn ich, den ersten Stein zu werfen? Auch ich habe Fehler begangen, für die ich hätte aufgehängt werden können. Ich landete einmal in London, als ich nicht die Hand vor Augen sah, als für drei Tage niemand sonst den Platz anflog und als das gesamte Flughafenpersonal inklusive Zoll nach Hern Field, dem Ausweichplatz von Southampton, umgezogen war. Dafür hätte ich erschossen werden müssen. Einmal fiel mir ein Motor während eines Nachtstarts in Lissabon aus, und ich setzte trotz stürmischen Wetters den Flug nach Paris fort. Ein zweiter Motorausfall, und man hätte uns mit der Müllschaufel zusammenkehren können. Ein anderes Mal überquerte ich den Atlantik mit einem stehenden und drei derart defekten Motoren, daß jeder von ihnen jederzeit den Geist hätte aufgeben können. Ich hatte Glück, und du leider Pech. Dank für die Gnade ...

Ja, Rod, ich gab meine Stimme für dich, wohl wissend, daß es nichts nützen würde. Der Schuldspruch stand. Du hattest keine Chance. Ich habe keine Ahnung, was du während dieses Fluges tatest. Ich weiß aber, daß du dein Bestes gabst, so wie du es immer getan hast.

Die Piloten kamen heraus. Keiner sagte ein Wort. Ich blickte zurück zu der geschlossenen Tür und fühlte mit meinem Freund in dem Raum dahinter.

Ich sah ihn nicht mehr wieder. Als mich Jahre später die Nachricht von seinem Tod erreichte, mußte ich an die Zeit kurz nach dem Unfall zurückdenken.

• • • • • •

»Wurdest du verletzt, Rod?« fragte ich.
»Nein, Lodi«, sagte er, »nur mein Herz.«

Ein Paar Handschuhe

Beim Durchblättern eines alten Fotoalbums stieß ich auf den Schnappschuß eines Freundes: ein junges Gesicht, glatt, lebenshungrig. Die Kamera hatte sein Äußeres so erwischt, wie Mel an jenem Tage ausgesehen hatte. Es war wie in der Geschichte, die ich einst über einen jungen Bergsteiger hörte, der in eine Gletscherspalte gestürzt war. Sein gefrorener Körper wurde viele Jahre später am Fuße des Gletschers gefunden. Man brachte ihn zu Tal, und weißhaarige Einwohner starrten in das Gesicht eines Jungen, mit dem sie ihre Jugend geteilt hatten.

Ich weiß nicht, ob du jemals Pensacola besucht hast, Mel, die exklusivste und härteste Flugschule von allen. Jedenfalls warst du über der Altersgrenze und schienst auch noch älter, als du tatsächlich warst. Mit deiner Himmelfahrtsnase und dem widerspenstigen Haar, das dir stets in die Stirn fiel, sahst du nach allem anderen aus als nach einem schneidigen Luftfahrer. Aber nichts konnte dich stoppen, wenn du etwas wirklich wolltest. Und mehr als alles andere wolltest du fliegen.

Wir hausten drei Zimmer voneinander entfernt auf dem zweiten Flur der Baracke für Reserveoffiziersanwärter, einem hölzernen Bauwerk ähnlich einem Eisenbahnschuppen, mit kahlen Gängen, Wegwerfbehältern für Granatenhülsen und Gemeinschaftstoilette. Ich war entsetzt, Mel hingegen nicht. Er sah den Lokus als einen öffentlichen Ort an, wo man Zeitung lesen sowie Klatsch und Tratsch austauschen konnte.

· · · · · ·

...eesen's Superior Orchestra, eine Unterhaltungskapelle während der ...on 1926 im »Inn Hotel« in Charlevoix, Michigan. Marius Lodeesen ... Schlagzeug, am Klavier sein Bruder Clifford.

...ius Lodeesen (vorn) in einer Curtiss F8C-4 Helldiver zur Zeit seiner ...ausbildung in Florida, 1931.

Frauen vom Volk der Seminolen besichtigen 1931 in Miami den »American Clipper« von PanAm, zu diesem Zeitpunkt größtes Flugzeug der Welt.

Im Rauchsalon des »American Clipper« reiste man in viktorianischer Eleganz durch die Lüfte.

erste Linienflug über den Pazifik von San Francisco nach Hongkong
ahre 1935. Der »China Clipper« überfliegt die noch im Bau befindliche
den Gate Bridge.

ius Lodeesen um 1935
Navigator auf den Pazifik-
cken von PanAm.

Hollywood verewigte den spektakulären ersten Linienflug über den Pazifik in dem Film »China Clipper« 1936 mit Humphrey Bogart (links) in der Hauptrolle.

Edwin C. Musick, Kapi
des »China Clipper«

Die Crew wird auf Hawaii begrüßt. Von links: Funker Jarboe, 2. Offizier Canaday, 1. Offizier Sullivan, Captain Musick, Navigator Noonan, Flugingenieur Wright.

Von links: Max Weber, Frederick J. Noonan, Edwin C. Musick

New York World-Telegram

7TH SPORTS

PACIFIC CLIPPER MISSING WITH 15

  The Evening Star

OIL PATCH FOUND ON COURSE OF CLIPPER

 THE SUN

SHIP FAILS TO FIND CLIPPER

 BALTIMORE NEWS-POST

14 NAVY VESSELS JOIN HUNT FOR MISSING HAWAII CLIPPER

Giant Clipper, 15 Aboard, Missing, Unreported Over Pacific Ocean

15 Aboard Plane Long Overdue At Manila Base; U.S. Transport At Scene

CAPT. LEO TERLETZKY

Gigantic Hunt Pressed As No Word Is Heard From Hawaiian Clipper

Army and Navy Seek Clipper Missing With 15 On Guam-Manila Flight

Der »Hawaii Clipper« ging am 28. Juli 1938 unter dem Kommando von Kapitän Leo Terletzky östlich von Manila über See verloren. Das Flugbo mit seinen fünfzehn Insassen wurde nie gefunden.

er »China Clipper« in seiner Kriegsbemalung. Mit diesem Flugboot wurde
s Uran für die Atombombe, die Hiroshima zerstörte, aus Afrika geholt.

er »Atlantic Clipper«, eine Boeing B-314

Das Ende einer Ära: Nach dem Zweiten Weltkrieg verdrängt das Landflugzeug die Flugboote über den Ozeanen.

Amelia Earhart überquerte 19., als erste Frau im Alleinflug den Atlantik.

...rius Lodeesen als Chefpilot
...Panair do Brasil in den Jahren
...46 bis 1952.

Lockheed Super Constellation (vorn) und ihre ältere kleine Schwester, Lockheed Constellation, im Hintergrund, die Marius Lodeesen für ...air do Brasil flog.

Die provisorische Abfertigungshalle des Flughafens Berlin-Tempelhof zu Beginn der fünfziger Jahre. Von 1953–57 flog Marius Lodeesen durch den Korridor nach Westdeutschland.

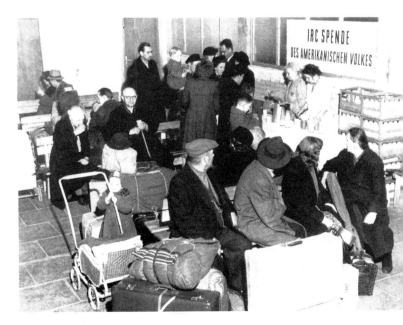

Flüchtlinge warten zwischen ihren wenigen Habseligkeiten auf dem Flughafen Berlin-Tempelhof auf einen Platz im Flugzeug, 1955.

rdon Wood (links) und Marius Lodeesen mit zwei Flugbegeisterten vor
er DC 4 auf dem Flughafen München-Riem.

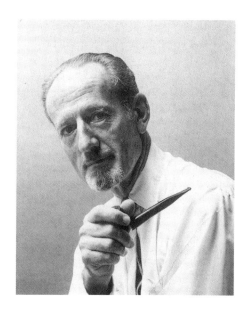

rius Lodeesen

Eine langsamere Art zu reisen. Marius Lodeesen (rechts) und sein Bruder Clifford Graves teilen sich ein Fahrrad.

Marius Lodeesen im Cockpit

Eine Boeing 707, der Beginn des Düsenflugzeitalters. Mit 56 Jahren wird Marius Lodeesen Jet-Pilot.

Marius Lodeesen mit drei Stewardessen zu Beginn der sechziger Jahre.

Der letzte Flug ist zu Ende. Marius Lodeesen (links) und
Kapitän Gordon Wood.

...apitän Lodeesen (rechts) nach seinem letzten Flug im April 1964.

...er Captain hängt seine
...ütze an den Nagel

Nach über dreißig Jahren als PanAm-Pilot fliegt Marius Lodeesen wieder e‍
Flugboot, die »Mother Goose«, schon ebenso lange in der Luft wie er selb‍

Bildnachweis:
Pan American Archives: S. 4 unten, 5 unten, 7 oben, 8, 13 unten. Hawaii Archives, Honolulu: S. 5 oben. Lockheed Aircraft Corp.: S. 9 unten. Berliner Flughafengesellschaft: S. 10

So häßlich, daß er fast schon wieder gut aussah, und peinlich scheu, hatte Mel eine enorme Freude am Leben und eine Menge guter Anlagen. »Aber«, wie ein Kamerad von uns einst sagte, »Mel verbirgt alles meisterhaft.«

Wir wurden schnell Freunde; jeder nahm den anderen als Maß für seine eigene Stärke. Das Durchlaufen der Marinefliegerschule ist wie das Liegen auf der Couch eines Psychiaters. Jemanden zu haben, der einem zur rechten Zeit die Hand hält oder einen Kinnhaken verpaßt, kann sehr hilfreich sein. Mel tat das für mich, und ich für ihn.

Mel bestand als erster aus unserer Gruppe im Schießen, während ich bei der Jagd vorn lag. Selbstverständlich schickte die Navy Mel in ihrer unendlichen Weisheit zu einer Versorgungseinheit, ein Mädchen-für-alles-Job für Primadonnen. Ich landete bei einem Patrouillengeschwader. Beide Einheiten lagen in Coronado, Kalifornien, und damit waren wir wieder beieinander. Es war ein eintöniger Job, Krankenschwestern zu den Jagdfliegern zu befördern, plumpe Patrouillenboote zu versorgen und Zieldarstellung für die schweren Kampfmaschinen zu fliegen. Eines Tages kam Mel in den Bereitschaftsraum meiner Einheit und verkündete: »Lodi, laß uns ein wenig in Schwung kommen und einen Antrag für einen Fallschirmabsprung einreichen.«

»Einen Fallschirmabsprung? Bist du verrückt, Mel?«

»Was haben wir zu verlieren?«

»Zu verlieren? Das Ersuchen wird niemals genehmigt werden. Kennst du denn die Navy nicht? Du meldest dich zu den Jägern und kommst zur Versorgung. Wenn wir um einen Sprung nachsuchen, fliegen wir aus dem Dienst wegen zeitweiligen Wahnsinns.«

Mel zuckte die Achseln. »Mach, wie du denkst. Ich jedenfalls tu's.«

Die Tinte unserer Unterschriften auf den Gesuchen war noch nicht trocken, als wir schon in das Büro des Skippers befohlen wurden.

»Welche Art Unsinn ist denn das?« Der Commander nahm die Anträge vom Tisch. »Wir haben einige Maschinen rauszufliegen und wollen alles am Samstagnachmittag erledigen, wenn die Station geschlossen ist.« Er runzelte die Stirn und trommelte mit den Fingern auf den Tisch. »Außerdem ist es riskant ...«

»Sie haben völlig recht, Sir«, sagte ich voller Hoffnung, »wir dachten bloß ...«

Mel unterbrach mich schnell. »Sie sind doch selbst einmal gesprungen, Sir«, sagte er.

Woher wußtest du das, Mel? Und wie konntest du ahnen, daß unter dem unnahbaren Äußeren des Skippers ein abenteuerlustiges und wagemutiges Herz schlug?

»Wo sind Sie stationiert?« fragte der Commander Mel.

»Versorgung zwei, Sir.«

Der Commander starrte aus dem Fenster auf eines der Patrouillenboote, welches friedlich an seiner Mooring ruckelte.

»In Ordnung. Ich gebe Ihre Anträge weiter, obgleich nur eine geringe Aussicht auf Genehmigung besteht.« Er lächelte und fuhr fort: »Aber wenn Sie nicht die Reißleine ziehen, werde ich dafür sorgen, daß Sie beide für einen Monat in den Bau wandern.«

»Das ist ein Angebot, Sir.«

»Nein, ein Befehl«, knurrte der Commander.

An dem Morgen, an dem wir zur Fallschirmbaracke gingen, war mir die Vorstellung eines Steaks mit Pommes frites absolut zuwider. Es war ein typisch südkalifornischer Tag. Helles Sonnenlicht flimmerte durch die kleinen Palmen, die die Straße säumten. Die Leute gingen ihren Geschäften nach, als wäre es irgendein beliebiger Tag.

»Zu schade, daß wir das alles hinter uns lassen müssen«, meinte Mel.

»Was willst du damit sagen?«

»Wir könnten im Aufenthaltsraum rumsitzen, Karten spielen und Kaffee trinken.« Mel fing an zu lachen. »Du müßtest dein Gesicht sehen, Lodi. Es ist komplett grün.«

»Sei still, du Mistkerl.«

Chief Vukovitch, ein lebhafter Mann mit dem Schnabel eines Kampfhahns, richtete unsere Fallschirme und scherzte, daß er, wenn unsere Schirme sich nicht öffnen sollten, uns anschließend bestimmt bessere geben würde. »Und haltet eure Reißleinen fest«, meinte er.

»Warum? Benötigen Sie sie denn?«

»Zum Teufel nein, aber sie machen sich gut als Souvenirs an der Wand im Aufenthaltsraum.« Und damit zog er meine Schenkelgurte so fest an, daß ich aufschrie.

»Schenkelgurte müssen fest sitzen«, sagte Vukovitch, »denn wenn sich der Schirm öffnet, würden sonst Ihre Eier hoch zu den Rachenmandeln fliegen.« Mein Hals fühlte sich an, als wäre dieser Zustand bereits eingetreten.

Zwei T4m standen für uns bereit. Diese Torpedobomber, große einmotorige Doppeldecker, waren derart langsam, daß eine Formation dieser Geräte für den Überflug des Platzes fast einen Tag benötigte. Im letzten Moment sprang der Motor des einen Flugzeuges nicht an. Nun blieb nur das andere übrig. Der Pilot kletterte in den vorderen Sitz, Vukovitch nahm den hinteren, und Mel sprang dazwischen in die Mitte. Ich war sehr erleichtert, hatte aber nicht mit Vukovitch gerechnet.

»Stellen Sie sich nur auf die untere Tragfläche, Sir«, sagte dieser unglaubliche Kerl, »und hängen Sie sich an die innere Verstrebung. Das ist überhaupt der beste Platz. Alles, was Sie dann noch zu tun haben, ist loszulassen und den Ring zu ziehen. Bleiben Sie also hängen, bis ich Ihnen das Zeichen gebe.« Ich versicherte ihm, es genau so zu tun.

Die innere Strebe saß dicht am Rumpf und wurde durch zwei schräge Streben mit diesem verbunden, von denen die eine zum oberen und die andere zum unteren Flügel führte. Ich schlang die Beine um die vertikale und die Arme um die schräg nach oben führende Strebe. Als der Pilot Vollgas gab, wurde mir klar, daß das nicht der günstigste Platz war, denn ich befand mich so nah am Rumpf, daß ich in den Propellerstrahl geriet. Es flog mir fast die Schutzbrille davon. Nur wenn der Kopf nach vorn gerichtet und leicht geneigt war, blieben die Gläser sitzen.

Vukovitch schien mein Problem nicht zu bemerken. Der Pilot, der etwas vor meiner Position saß, blickte nicht zurück, bis wir etwa 150 Meter erreicht hatten. Als er dann den Kopf umwandte, schob er seine Fliegerbrille hoch, und ich sah ihn die Stirn runzeln. Da ich ihm kein Zeichen geben konnte, klammerte ich mich weiter eisern fest und hoffte, er würde umkehren und landen. Er tat es nicht. In einer Rechtskurve gewann das Flugzeug weiter Höhe und beschrieb einen großen Bogen über der Coronado Bay. Als wir etwa 750 Meter erreicht hatten, spürte ich, wie der Pilot in den Horizontalflug überging und das Gas zurücknahm. Der furchtbare Propellerwind wurde etwas schwächer. Ich bemerkte, daß wir den Flugplatz von Norden aus anflogen. Der verdammte Motor ratterte weiter und versuchte mich abzuschütteln. Meine Arme wurden gefühllos. »Halt dich bloß fest, Junge!« Ich hatte jetzt nur den einen Wunsch – loszulassen, um aus diesem entsetzlichen Luftstrom herauszukommen.

• • • • • •

Wir erreichten den Flugplatz. Ich sah einen Schatten aus der Mitte des Cockpits heraushechten. Als ich den Kopf zur Seite wandte, flog meine Schutzbrille weg, und da sie mit zwei Lederriemen am Helm befestigt war, begann sie im Stakkato auf denselben zu trommeln. Ich vermochte nicht, die Augen offen zu halten. Meinen Kopf so weit wie möglich nach rechts drehend, sah ich Vukovitch stürmisch mit dem Arm winken, während gleichzeitig die Brille gegen mein rechtes Auge hämmerte. Da ließ ich los.

Hinab ging's in atemlosem, stillem Sturz. Ich sah nichts, und ich hörte nichts. Die Höchstgeschwindigkeit eines Mannes im freien Fall beträgt etwa 200 Stundenkilometer und ist durch den Luftwiderstand begrenzt. Später fand ich heraus, daß mich im Falle des Versagens meines Schirms ganze 20 Sekunden von der Ewigkeit getrennt hätten. 20 Sekunden mögen kurz erscheinen. An diesem Tag erlebte ich ein ganzes Leben in einer noch kürzeren Zeitspanne.

Nachdem ich losgelassen hatte, lag ich mit dem Rücken zur Erde und dem Gesicht nach oben in der Luft, und das Flugzeug verschwand aus meinem Blickfeld. Dann erlebte ich eine wundersame Sinneswahrnehmung. Es war kein Gefühl der Geschwindigkeit, sondern eines des Friedens, ein köstliches Bewußtsein von Hilflosigkeit. Mir war gesagt worden, ich solle vor dem Ziehen des Ringes bis zehn zählen, aber das hatte ich vergessen; so leicht und schwerelos fühlte ich mich. Da ich nicht dagegen ankam, schien ich auch unfähig, die Arme zu bewegen. Wie tief war ich schon gefallen? Plötzlich überkam mich große Angst. Würde ich die Reißleine finden?

Mit einer gewaltigen Anstrengung brachte ich die Hand zur Brust und suchte nach dem Ring. Ich fand ihn und zog. Ein kräftiger Ruck, und die weiße Kappe schwang wunderschön über meinem Kopf. Durch all die widersprüchlichen Eindrücke hindurch blieb einer haften: wie weise Vukes Hinweis auf die straff angezogenen Beingurte doch gewesen war. Ich blickte in die Runde. In einer Welt der Stille kam die Erde langsam zu mir herauf. Ich beugte die Knie für den Aufprall. Die Füße berührten den Boden sanfter als erwartet, aber den unmittelbar folgenden Aufschlag mit dem Hintern spürte ich bis in die Haarwurzeln hinauf. Verzweifelt kämpfte ich mit den Fangleinen. Der Schirm fiel zusammen. Ich schloß die Augen.

Als ich sie wieder öffnete, erblickte ich eine kleine Blume auf einem langen Stiel, an welchem ein kleiner schwarzer Käfer emporkletterte. Daneben sprang ein Grashüpfer davon. Der Käfer stoppte und rieb seine Fühler an dem Stengel. Dies war die Mutter Erde, und alles auf ihr bewegte sich. Es duftete schwach nach modriger Feuchtigkeit und verrottendem Gras.

Ich stand auf und öffnete Bein- und Brustgurte. Benommen blickte ich zum Ende des Flugplatzes. Mel war nicht zu sehen. Meine Augen wanderten durch die Gegend; alles wirkte verlassen. Vor den Hangars am Nordende standen Reihen von geparkten Flugzeugen. Ich sah niemanden ringsumher.

Ich hatte Mel das Flugzeug verlassen sehen. Da war ich ganz sicher. Jedoch sah ich seinen Schirm nicht in der Luft, obwohl ich ihn hätte sehen müssen. Oh Gott! War er mit einem ungeöffneten Schirm heruntergekommen? Ich mußte an jene makabre Geschichte denken, die uns einer der Schirmpacker erzählt hatte. Sie handelte von einem Springer, dessen Fallschirm sich nicht geöffnet hatte. »Als wir zu ihm kamen«, erzählte er, »war alles, was wir zu tun hatten, Erde in das Loch zu schaufeln!«

Hinter den Hangars raste ein Kleinlaster hervor und tobte über das Flugfeld. Er rutschte beim Bremsen, und seine blockierten Räder schleuderten eine Staubwolke empor. Mel sprang heraus, von einem Ohr zum anderen grinsend, und schwang den Griff seiner Reißleine. Das Haar klebte ihm am Kopf, und die beiden runden Abdrücke der Schutzbrille um die Augen verliehen ihm ein eulenähnliches Aussehen.

»Heilige Makrele«, schrie er, »was ist mit dir? Deine rechte Gesichtshälfte ist grün und blau. Bist du auf dem Rücken gelandet?«

»Aber nein, Mel«, antwortete ich lässig, »auf meinem Hintern.« Und damit kletterte ich in den Lastwagen – ohne Reißleinengriff.

An diesem Abend saßen wir in Mels Zimmer im Heim für ledige Offiziere und feierten. Der Raum machte einen ausgesprochen spartanischen Eindruck. Hätte nicht Mels Dekorationsschwert in einer Ecke gestanden, hätte es auch ein Hotelzimmer sein können. Es entsprach so ganz seinem Wesen – kein Sinn für Komfort und Eleganz.

Ich schenkte vier Fingerbreit geschmuggelten Schnapses in ein Zahnputzglas und hörte Mel zu, wie er sich über Leben und Tod ausließ, so wie es eben nur junge Leute können, für die das Leben noch unerforscht und ein Abenteuer ist. In Gedanken versunken schnappte ich hier und da ein Wort auf, während ich meine Pfeife genoß. Die Gedanken wanderten. Wie köstlich ist das Leben, wenn du in Gefahr warst, es zu verlieren, oder zumindest gedacht hattest, daß es so wäre. Wie unendlich süß und kostbar fand ich das Leben, als ich mich an diese Tragflächenstrebe geklammert hatte.

Während des Abends holte Mel ein Spiel Karten hervor und begann, es gekonnt zu mischen, indem er zwei Kartenstapel geschickt ineinandergleiten ließ.

• • • • • •

»Sie sind alle hier drin«, sagte er, »die guten, die schlechten und die mittelmäßigen. Die guten kennen wir nicht, bis sie uns zugeteilt worden sind.«

Ja, Mel, so ist es.

Das erste, was man beim Militär lernt, ist, sich niemals freiwillig zu melden. Wenn du unauffällig deinen Dienst durchläufst, ist alles in Ordnung. Aber wenn du dich für etwas außer der Reihe bewirbst, trägst du die Schuld daran allein. Mel war ein unverbesserlicher Freiwilliger. So überraschte es mich keineswegs, als er mir eines Nachmittags, als ich gerade die Offiziersmesse betreten hatte, erzählte, er hätte sich bei der 5. Jagdstaffel freiwillig für die Flugbereitschaft bei Nachtlandeübungen gemeldet.

»Warum kommst du nicht mit, Lodi?« schlug er vor. »Es ist eine gute Möglichkeit, um Flugstunden zu sammeln. Wenn die Jäger gesichert sind, könnten wir eine Weile dortbleiben. Wenn du nicht mitkommst, muß ich im hinteren Sitz Sandballast mitnehmen.«

»Eine Loening, Mel?«

»Ja, eine Loening«, antwortete er. Die Loening war das häßlichste Flugzeug, das ich jemals gesehen hatte, aber es ließ sich gut handhaben, sogar auf Flugzeugträgern. Das Hauptmanko dieses Amphibiums war der riesige Sternmotor, der es fast unmöglich machte, direkt nach vorn zu sehen.

»Ich würde ja gern, Mel, aber ich habe heute Wachdienst bei den Seeflugzeugen.«

»Ach was. Such dir jemanden, der dich für ein paar Stunden vertritt. Man schläft ja doch nur in der Dienstbaracke.«

Er hatte recht. Nachdem die Basis geschlossen war, hatte der diensthabende Offizier Zeit genug, die Station zu durchstreifen, wenn er jederzeit ans Telefon geholt werden konnte.

· · · · · ·

Ein Unteroffizier und ein Mann hielten das Büro besetzt, um hauptsächlich Meldungen von Flugzeugen auf Langstreckeneinsätzen zu bearbeiten.

Niemand beim Abendessen war interessiert. Ich fragte jeden, den ich kannte, und auch jeden, den ich nicht kante, aber es war hoffnungslos. Ich kehrte zum Tisch zurück. Die Messejungen räumten gerade Geschirr und Besteck ab. Ich traf Mel und eine Gruppe von Piloten, die beim Kaffee saßen. Zu viert begannen wir ein Würfelspiel namens »Pferde«. Mels Glück war phänomenal. Einmal hatte er fünf Sechsen. Wir spielten üblicherweise um Zigarren. Bald hatte Mel einen Haufen davon vor sich liegen. Er schob die Zigarren zu mir hinüber. Ich konnte sie gebrauchen, denn ich verlor.

Mel stand auf und legte seine Hand auf meine Schulter. »Finde jemanden, Lodi. Wir würden viel Spaß haben in dieser Nacht. Ich warte auf dich am Ufer, solange ich kann.« Er klopfte mir auf die Schulter und lächelte sein weites, breites Lächeln, bei dem seine Mundwinkel Verbindung zu den Ohren aufnahmen. Dann drehte er sich um und ging davon.

»Willst du wirklich so gern mit ihm fliegen?« fragte ein kleiner Fähnrich, den ich nur flüchtig kannte. Er war zu einer Torpedostaffel kommandiert und ein Neuling in der Station.

»Ja, das möchte ich.«

»Okay, ich übernehme es. Ich hatte einen schweren Abend letzte Nacht.« Er zog eine Grimasse und kniff ein Auge zu. »Ich könnte einen guten Nachtschlaf gebrauchen. Ich würde es jede Nacht übernehmen. Du mußt nur morgens kommen und mich wecken. Ich habe um neun Uhr Rapport.«

»Gott sei Dank, Vince, danke. Laß uns gehen. Du trägst dich ein und ich mich aus.«

· · · · · ·

Als ich ihn zum Büro gebracht hatte, eilte ich zum Strand. Unterwegs verspürte ich einen kühlen Lufthauch. Einen Fliegeranzug konnte ich am Strand bekommen, aber Handschuhe wurden zu oft verloren und waren deshalb rar. So machte ich kehrt und holte meine mit Lammwolle gefütterten Lederhandschuhe aus meinem Zimmer.

Außer Atem am Ufer angelangt, sah ich, daß Mels Maschine bereits abgelegt hatte. Der Flugzeugwart salutierte: »Fähnrich Delaney wünscht Ihnen mitzuteilen, Sir, daß er nicht länger warten konnte. Er hat sein Rendezvous mit den Jägern um 20:15 Uhr.«

Ich war enttäuscht. Aller Trubel für nichts. Ich hatte einen freien Abend, und was sollte ich mit ihm anfangen? Ich setzte mich auf eine Bank, zündete meine Pfeife an und beobachtete die Positionslichter von Mels Flugzeug, wie sie sich in die Bay hinausbewegten. Ich konnte die dunklen Schatten unserer Zerstörer ausmachen, die geschlossen vor der Küste standen. Dann hörte ich den Klang eines mit voller Kraft laufenden Motors.

Plötzlich war das Geräusch weg. Es klang nicht so, als wäre das Gas weggenommen worden. Es war vielmehr so wie in diesen Trickfilmen, wenn schlagartig die Aktion stoppt und die Figuren auf der Leinwand unbeweglich einfrieren. Eben war das Geräusch noch da – und im nächsten Moment Stille.

Sirenen begannen zu heulen. Das Rettungsboot lief mit voller Fahrt aus. Nach fünfzehn Minuten kamen sie mit Mels Körper zurück. Er war geradewegs in den Mast des führenden Zerstörers hineingeflogen. Der Rumpf der Loening war aufgespalten wie eine halbgeschälte Banane.

Ich preßte die Fäuste zusammen. Die Handschuhe fühlten sich kalt an in meinen Händen.

• • • • • •

Guter, alter Mike

Mike hätte sich gut als Skipper auf einem Segelschiff gemacht. Wenn er so dastand mit der Nase im Wind, ein Bein angewinkelt, das andere gestreckt, dann schien es, als stemmte er sich gegen die Neigung eines schrägliegenden Schiffsdecks. Ein wenig zu spät geboren, kam er statt dessen zur Fliegerei. Sie wurde zu seiner Heimat.

Mike war nicht begnadet, aber er hatte seine Momente. Er zeichnete sich auf den Martin-Flugbooten nach China im Jahre 1935 aus. Ich erinnere mich, wie Mike von seinem ersten Trip nach Macau zurückkam und die Maschine verließ, den Kopf schüttelte und zu den Umstehenden sagte: »Tut mir leid, Leute, aber so toll sind diese Chinesinnen nun auch wieder nicht!« Mike erzählte, wie er Sampan-Charlie, unserem Bootsmann in Macau, die Kopfhörer auf den rasierten Schädel geklemmt und am Stationswahlschalter gedreht hatte. Darauf hatte der Chinese gekräht: »Turny turny outside! Singsong inside!« Bei Mike war immer »Singsong inside«, aber leider wurde der Song am Ende zum Trauergesang.

Mike behielt seine Tricks nicht für sich wie andere Skipper, die auf ihren Seekisten hockten, als wären Juwelen anstelle der Schlechtwetterausrüstung darin. Eines Tages, als wir die Festmacheboje anliefen, sagte Mike zu mir: »Lodi, steuere das Flugboot immer direkt auf das Hindernis zu, denn wenn dir einer der Motoren verreckt, dreht es automatisch zur Seite ab.« Dann legte er sein scharfgeschnittenes Gesicht in viele Falten und fügte hinzu: »Als wenn ich dir das sagen müßte!«

Im Gegenteil. Dieser kleine Hinweis bewahrte mich irgendwann einmal davor, mit der Flächenspitze einen Deich zu rammen.

· · · · · ·

Erfahrung kann auf zweierlei Weise erworben werden: selbst, also auf die harte Tour, oder durch andere; aber das erscheint den meisten Menschen wohl als noch härter.

Eines Tages kamen wir von einem Probeflug zurück. Auf einem solchen Flug checkten wir die Instrumente, kompensierten die Kompasse, ermittelten die Kraftstoffverbräuche und lernten uns untereinander kennen. In jenen Tagen, als die Fliegerei noch nicht so standardisiert war wie heute, hing eine Menge von der reibungslosen Eingliederung der Besatzungsmitglieder ab. Diese Flüge, die normalerweise drei Stunden dauerten, waren wichtig, um einander einschätzen zu können.

Dieser Flug dauerte länger als erwartet, und die Dämmerung brach herein, bevor alle Checks abgeschlossen waren. Da forderte uns Alameda über Funk auf, so schnell wie möglich umzukehren, da für die Landebucht Bodennebel erwartet wurde. Wir rasten heim. Es war windstill. Die Wasseroberfläche war spiegelglatt.

Die Nacht war so dunkel wie das Innere eines Salzbergwerks. Wir sahen den Gleitpfad deutlich und überflogen ihn direkt, aber als wir im Endteil herunterkamen, verdeckte eine tiefliegende Nebelbank die Leuchtbojen, und wir bewegten uns durch totale Finsternis. Nervös schaltete ich die Landelichter ein, die unser Voraus in ein undurchdringliches Nichts verwandelten. »Ausschalten!« befahl Mike ruhig. Sekunden später knallten wir mit solcher Wucht auf das Wasser, daß wir in die Luft zurückgeschleudert wurden. Mike setzte sofort volle Leistung; wir taumelten empor und drehten schließlich in 150 Meter Höhe nach links. Während wir erneut bei klarer Sicht im Gegenanflug herabkamen, flogen wir direkt über die Stadt Alameda hinweg. Durch den leichten Dunst sah ich ein strahlend erleuchtetes

Festzelt auf dem Gelände des Alamedatheaters, an welchem für den Film »Public Enemy« mit James Cagney und Mae Clarke geworben wurde. Es handelte sich um eine B-Produktion, die durch eine Frühstücksszene zu trauriger Berühmtheit gelangt war, in der Cagney eine halbe Grapefruit in Miss Clarkes hübsches Gesicht warf. Obwohl ich diesen Film bereits gesehen hatte, wünschte ich mir von ganzem Herzen, gerade jetzt in diesem Kino zu sein. Ein ungutes Gefühl in der Magengrube prophezeite mir, daß uns etwas Arges bevorstand.

Bevor wir jedoch unsere Platzrunde für einen weiteren Anflug beenden konnten, teilte uns die Bereitschaftsbarkasse über Funk mit, daß die Bucht total dicht sei.

»Lodi«, sagte Mike in einem Ton, als säßen wir zu Hause bei einem kühlen Bier, »wir haben nur noch für zwei Stunden Sprit und keinen Ausweichplatz für eine umgehende Landung.«

»Ich bin nicht deiner Meinung, Mike. Was ist mit der North Bay? Von hier sieht es so aus, als wäre es dort noch klar.«

»Du hast recht, Lodi. Die North Bay ist es. Du weißt, was zu tun ist.«

Die North Bay zwischen Sausalito und Oakland war nach wie vor offen, obwohl die Nebelbänke von Süden her herantrieben. Es war keine Zeit zu verlieren. Ich verließ meinen Sitz, ging nach hinten und nahm sechs Karbid-Leuchtsignale aus einem Kasten, der unter dem Tisch des Navigators verstaut war. Dann kurbelte ich die hintere obere Luke auf, steckte den Kopf heraus und konnte das Vorderteil des Clippers schwach im Schein der Positionslichter erkennen. Als ich sah, daß Mike mit dem Arm aus dem Cockpitfenster winkte, riß ich die Schutzkappen von den Leuchtzeichen und warf letztere nacheinander in Drei-Sekunden-Abständen über Bord. Zurückschauend erblickte ich zu meiner Erleichterung den Leuchtpfad hinter uns.

Mike drehte um und kam nach dem Gegenanflug, an den Propellern hängend, zur Landung herein. Er setzte so sachte auf, daß ich nur am Rauschen der Bugwelle merkte, daß wir unten waren. Als wir ins Wasser sanken, hüllte uns der Nebel ein wie ein Leichentuch. Wir hievten den Anker über Bord und richteten uns für die Nacht ein.

Das Tageslicht gab eine große Schiffstonne preis, keine hundert Meter entfernt und genau in unserer nächtlichen Landerichtung liegend. Mike spuckte über die Seite und meinte gedehnt: »Man muß nicht gut sein, sondern nur Glück haben.«

Mike machte einen von zwei Erstflügen im »China Clipper«. Bei der Atlantic Division flog er den Eröffnungstrip nach Marseille auf einem Boeing 314-Flugboot. Dann wurde er zum Flugbetriebsleiter der Atlantic Division ernannt; ein Fehler der Fluggesellschaft. Mike besaß nicht Musicks Weisheit, einen Verwaltungsposten abzulehnen. Er hätte im Cockpit sitzenbleiben sollen. Die Verantwortung am Managerschreibtisch richtete ihn schließlich zugrunde.

Guter Captain Mike – freundlicher, liebenswerter Mike, unbesungener Held, dessen Esprit verlosch wie die Flamme einer heruntergebrannten Kerze. Mike hatte in der Marine als Flieger-Unteroffizier gedient, sein Mangel an formaler Bildung wurde durch Klugheit und tiefe Menschlichkeit ausgeglichen. Ich verlor 1945 den Kontakt zu ihm, als ich nach Portugal ging. Jahre vergingen. Dann kehrte ich eines Tages mit einer Constellation der Panair do Brasil zurück, die einen kompletten Motorenwechsel benötigte. Während ich durch die Frachtabteilung des Pan American Terminals auf dem New Yorker Flughafen Idlewild, später Kennedy Airport, schritt, kam ich an einer offenen Tür vorüber. Dort saß Mike auf einem Küchenstuhl vor einer riesigen Kiste, die ihm als Schreibtisch diente.

»Mein Gott, Mike! Was tust du hier?«

Wir schüttelten uns die Hände. Seine schwarze Jacke schlotterte um den abgemagerten Körper, und sein verwüstetes, einst scharfgeschnittenes Gesicht verzerrte sich zu einer Grimasse.

»Die Fluggesellschaft«, erklärte Mike, »erhält viele Anfragen von Passagieren, die wissen wollen, über welchem Punkt der Erde sie ihre Mahlzeit eingenommen haben. Auf dieser Karte ermittle ich unter Hinzuziehung von Flugplänen und Menükarten ungefähr die Position, wo das Essen serviert wurde. Es handelt sich dabei vielfach um Längen- und Breitengrad-Koordinaten, seit die meisten unserer Flüge über Wasser führen.«

Ich beugte mich über die Karte. »Mich wundert nur«, sinnierte Mike, »warum die Gesellschaft mich nicht als 1. Offizier einsetzt, um hinter euch jungen Burschen herzuwischen ...«

Ich saß auf der Kiste und Mike auf seinem Küchenstuhl. Er braute uns eine Tasse Kaffee auf einer elektrischen Kaffeemaschine. Wir sahen einander an und lauschten den Stimmen der Vergangenheit.

Ansehen ist alles

Leo war ein Flieger von der Art, wie es sie heutzutage glücklicherweise nicht mehr gibt. Er litt so entsetzlich an Lampenfieber, daß er häufig seine Richtung verlor. Schließlich verpatzte er seine letzte Hauptrolle und riß die Besetzung mit sich.

Leo wirkte unter den Vögeln in Pan Americans früher Voliere wie ein Pfau zwischen gemeinem Federvieh auf einem Bauernhof. Als Weißrusse aristokratischer Herkunft war Leo aus dem Land geflohen, das Tolstoi und Lenin hervorgebracht hatte. Niemand versteht einen Russen außer einem Russen, aber das war nicht der Grund, warum Leo abseits von seinen Kollegen blieb. Der Grund war ein anderer. Unserer Gruppe jedenfalls, den Nachwuchspiloten, die auf die ozeanüberquerenden Flugboote gemäß der Vision unserer Fluggesellschaft hingetrimmt wurden, war er freundschaftlich zugetan.

Ich erinnere mich an einen glühendheißen Morgen im Bereitschaftsraum der Dinner Key Marine Base in Coconut Grove. Zwei Piloten kamen herein; der eine war Leo, der andere Dutch Schultz, mit geöffneter Krawatte und seiner Jacke über dem Arm.

»Unabhängig, wie du das siehst«, meinte Leo, offensichtlich in einer Argumentation fortfahrend, »aber du triffst auf dem Golfrasen interessantere Leute als am Rande eines Baseballspiels.«

Dutch ließ seinen massigen Körper in einen Korbsessel fallen, wischte sich den Schweiß vom Gesicht und antwortete gedehnt: »Ohne dir zu nahe treten zu wollen, Leo, aber eigentlich triffst du in Minsky's Burlesque interessantere Mädchen als auf einer Tagung des Frauenkorps der Heilsarmee.«

Dutch zwinkerte mir mit einem Grinsen auf seinem wettergegerbten Gesicht zu.

Unsere Meinung über Leo erfuhr einen Dämpfer, als wir mit ihm zu fliegen begannen. Kein Mann ist für seinen Kammerdiener ein Heiliger, und kein Flugboot-Skipper kann vor seiner Besatzung alles verbergen. Normalerweise war Leo im Cockpit durchaus angesehen, außer bei, recht häufigen, Temperamentsausbrüchen voller Grobheit. Manche Copiloten weigerten sich einfach, mit ihm zu fliegen. Wurden diese Männer diszipliniert oder gar gefeuert? Keineswegs – der Flugbetriebsleiter besetzte die Flüge einfach um. Beim Bodenpersonal war Leo allerdings durchaus beliebt; er brachte ihnen Zeitungen und kleine Geschenke mit und erkundigte sich nach den Kindern und sonstigen Familienangelegenheiten. Von seinen Kollegen wurde Leo lediglich toleriert. Es kursierte eine Geschichte, derzufolge Leo von Basil Rowe in einer S-38 ausgecheckt wurde. Rowe, unserem obersten Senior-Skipper, ein Zwerghahn am Boden, aber ein Albatros in der Luft, blieb in Ufernähe einer der beiden Motoren stehen. »Bring den Anker aus, schnell!« befahl Rowe. Leo kroch in den Bugraum und machte sich, halb aus der vorderen Luke hängend, mit dem Ankergeschirr zu schaffen. Rowe riß die obere Cockpitverglasung auf und schrie ungeduldig: »Gottverdammt nochmal! Laß den Anker fallen!« Leo zuckte mit den Schultern und warf den Anker über Bord. Er war nicht mit dem Ankertau verbunden.

Ich konnte Leo recht gut verstehen, soweit es einem jungen Mann möglich ist, einen erfahreneren, älteren Mann zu begreifen. Trotzdem war ich bestürzt über seine unbestimmte und verschleierte Prahlerei, seine verächtlichen Bemerkungen über die Kollegen und sein fast einschmeichelndes Bemühen, mir zu imponieren.

Nur durch das Zusammenfügen vieler Details ergibt sich ein Bild. Nach meiner Ansicht bestand Leo aus einem Konglomerat von Gegensätzen, die um gegenseitigen Ausgleich rangen. Später wurde mir klar, daß er wohl einfach nur Angst hatte. Ich habe ähnliche Piloten kennengelernt. Diese Unglücklichen waren im Cockpit niemals ungezwungen. Sie waren ständig besorgt und ihrer selbst unsicher. Das versuchten sie auszugleichen, indem sie am Boden eine möglichst positive Version von sich zu vermitteln suchten.

1935 begann der Pazifikdienst – das war ein wenig weiter als das Fliegen entlang der südamerikanischen Küsten. Wir wurden Hals über Kopf in einen Bereich unerprobter Technologie hineingestoßen. Man stelle sich unsere Überraschung vor, als Leo auf der Bildfläche erschien.

Die Gruppe der Flieger war bestürzt. Aber Leo hatte eine starke Stütze: Priester stand fest hinter ihm. Warum, vermag ich nicht einmal zu vermuten. Priester war kein Pilot. Mit beiden Beinen auf dem festen Boden konnte Leo mit seinem Charme Flugzeuge vom Himmel herabzaubern.

Auf seinem zweiten Checkflug mit Musick war ich der Navigator. Wir hatten gutes Wetter, und Leo handhabte den Martin Clipper einwandfrei. Auf einem solchen Routencheck wird nur die Leistung des Piloten bewertet. Ich weiß, wie Musick sich gefühlt haben mußte. Ich erinnere mich an unseren Zwischenstopp auf Wake Island während des Rückflugs, als Leo und ich an den Korallenriffen entlangwanderten und die Fregattvögel beobachteten, die Tölpel und Möwen in der Luft derart attackierten, daß diese ihnen ihre Beute überließen. Leo sprach von seinem Leben daheim, und wie zufrieden er mit diesem Flug war. Die Sonne schien auf meine Schultern, der Sand fühlte sich samtig und warm unter meinen nackten Sohlen an, die See umspülte unsere Füße, endlos wiederkehrend und unveränderlich wie die Welt selbst. Leo meinte, er würde mich gern als Navigator auf seinem ersten Flug als Captain haben. »Aber sicher, Leo, ich würde mich freuen«, sagte ich.

Das Fliegen in jenen Tagen erforderte mehr Intuition und Selbständigkeit als technische Sachkenntnis. Jede Unsicherheit des Skippers übertrug sich auf die Besatzung. Gutes Fliegen ist der Wille zu fliegen, und der Wille kommt vor der Tat – den richtigen Taten, wie es ein Philosoph ausdrückte. Leos Besatzungen agierten nicht als Team. Der Katalysatoreffekt versagte. Eines Tages gab Leo mir eine Landevorstellung mit dem »Philippine Clipper« bei perfektem Wetter in der Lagune von Midway. Das Martin-Flugboot ließ sich immer kinderleicht landen. Während des Anfluges sprach Leo unaufhörlich, ermahnte mich, die Leistung zurückzunehmen, wieder etwas Gas nachzuschieben, den Bug hochzunehmen, ihn wieder zu senken. Wir setzten mit einem Hüpfer auf. »Siehst du«, schrie Leo fast triumphierend, »das habe ich dir gleich gesagt!«

Auf einer Party einige Monate später in meinem Heim in Alameda traf sich unsere Truppe. Es waren alle da, Scotty Lewis, Max Weber, George King, Crago, Hankins, Harry Canaday, Fred Noonan und auch ein paar Kapitäne. Tex Walker nahm mich beiseite. Sein jungenhaftes Aussehen und sein ruhiger Charme machten ihn bei allen beliebt. »Ich bin eingeteilt, mit Leo zu fliegen«, sagte er. »Ich kenne ihn nicht, aber ich habe einige üble Sachen gehört. Ist er wirklich so schlimm?«

»Nein, Tex, sei unbesorgt. Leo wird nervös, besonders bei schlechtem Wetter. Aber, werden wir das nicht alle? Leo zeigt es nur mehr. Sobald er dich akzeptiert hat und dir vertraut, ist er in Ordnung. Dahlstrom würde auch keinen Preis bei einem Beliebtheits-Wettbewerb gewinnen. Wenn Leo bösartig wird, erinnere dich, daß er es nicht persönlich meint. Das ist der Weg.«

• • • • • •

Er mag blitzartig gekommen sein wie der Stoß einer Kobra, jener Moment, als die Zeit stillstand, um Platz zu machen für die Ewigkeit. Irgendwo über dem unermeßlichen Pazifik kam dieser Moment für Leo. Keine Spur des »Hawaii Clipper« ist jemals gefunden worden.

Ein ganz gewöhnlicher Bursche

Die Luftfahrt hat, ebenso wie die Ära der Entdeckungen, ihre Helden. Antoine de Saint-Exupéry, der wortgewandte Poet, nannte diese Zeit die heldenhafte Periode. Er hatte recht. Wenn du es geschafft hattest, warst du ein Held. Wenn nicht, …

Sieg, Niederlage – was besagt das? Das Leben ist weit mehr als die bloßen Worte. Einige wurden schwach durch den Sieg, andere wiederum erstarkten durch die Niederlage. Der Unterschied zwischen Sieg und Niederlage kann so gering sein wie die hauchdünne Linie zwischen Liebe und Haß oder so entscheidend wie die Tatsache, ob man gerade oder verwachsen geboren wurde.

Eigentlich kannte ich Ed nicht wirklich. Einige Leute meinten, ihn zu kennen; er gab selten jemandem eine Chance, ihn kennenzulernen. Jedermann respektierte ihn. Das war einfach so.

Zwei Dinge wußte ich über Ed. Er konnte fliegen wie der Teufel, und er sprach nie viel. Auf dem ersten Transpazifikflug befand sich Ed auf halbem Weg nach Hawaii und übermittelte seine normalen Positionsmeldungen. Eine Gruppe von Reportern wartete die ganze Nacht im Pan-American-Büro des Alameda-Flughafens in San Francisco auf irgend etwas Außergewöhnliches, Sensationelles für ihre neuen

Storys. Schließlich bat einer von ihnen die Fluggesellschaft, Ed einen Funkspruch zu senden mit der Bitte: »Um Gottes Willen, geben Sie uns etwas Interessantes!«

Umgehend kam die Antwort des Clippers, der sich über den Weiten des Pazifiks befand: «Sunset – 1908 LMT.«

In seiner Jugend, in zerlumpten Jeans, baute Ed sein eigenes Flugzeug, und von diesem Moment an lebte er nur für das Fliegen. Er starb in der Luft, ohne jeden Makel; ein sauberer Tod, wenn man den Tod so nennen kann.

Ed gestikulierte niemals mit der Hand beim Sprechen. Er saß, bis er aufzustehen wünschte; danach setzte er sich wieder hin. Er hatte die Statur eines Fechtmeisters, schmal und doch kompakt. Wenn er sich bewegte oder sprach, wurden die Menschen auf ihn aufmerksam.

Mit seiner sanften Stimme suchte er nach den richtigen Worten. Wenn seine Gedanken in der Vergangenheit weilten, nahmen seine Augen einen erinnernden Ausdruck an. Manchmal lächelte er ein wenig. Aber immer, in Stimme und Art und allem anderen, war er geduldig, höflich, völlig ruhig. In der Luft jedoch wurden seine Züge schärfer. Seine Augen suchten die Ferne, sein Körper straffte sich, und seine Gedanken eilten vorwärts. Ed war ein Perfektionist in den Zeiten, als die meisten Piloten keine waren. Er ergriff niemals eine Chance, wenn das Spiel voller Risiken war. Er war einer der Großen, als die Fliegerei noch ganz klein war.

Ed war Pan Americans Chefpilot in den Tagen der Flugboote. Ich sehe Ed sich im Cockpit hochziehen und nach fernen Horizonten Ausschau halten. Ich sehe ihn auf sein Flugboot zugehen, die Mütze ganz gerade auf dem Kopf und etwas zu klein. Ich kann sein leises Lachen hören, wenn er den Scherzen seiner Kollegen lauschte. Ich fühle seinen Arm um meine Schultern und höre ihn sagen: »Das war gut, mein Sohn«, die höchste Auszeichnung, die ein junger Pilot jemals bekommen konnte.

Ed war Wegbereiter für die Südamerikastrecken in zwei- und viermotorigen Flugbooten. Am Steuer der S-43- und Martin-Clipper war er der erste, der den Pazifik nach Hawaii, den Philippinen und Neuseeland überquerte.

Einen Copiloten trifft am härtesten, beim Fliegen ohne Verantwortung zu sein. Er zerrt ungeduldig am Zügel, um Landungen machen und auch Teil der Show sein zu dürfen. Es ist alles andere als leicht für den Captain, seinen Copiloten einen Job tun zu lassen, den er selbst besser beherrscht. Nicht, daß der Copilot zusammenbräche; aber was würden die Passagiere denken? Einige Piloten gaben dagegen jede Landung weg. Es war ihnen egal, und sie machten sich keine Sorgen wegen einer eventuellen Bruchlandung. Andere wiederum machten jede Landung selbst, so daß der Copilot sich wie eine Attrappe vorkam. Die meisten Piloten hingegen wählten den goldenen Mittelweg. Ihr Vorgehen hing in jedem Fall von der Haltung des jungen Mannes ab, und – das war am wichtigsten – wie sehr sie ihn schätzten und ihm vertrauten.

Ed war einer von jenen, die selten eine Landung weggaben. Einige junge Copiloten mochten ihn deshalb nicht. Beim Fliegen mit einem Piloten wie Ed konntest du nur durchs Zuschauen lernen. Aber wenn er dir einmal vertraute, ließ er dich sich durchboxen.

Einst navigierte ich einen Martin Clipper nach Manila. Beim Anflug auf Luzon geriet Ed in schlechtes Wetter. In gewohnter Vorsicht versuchte er gar nicht erst, über die Berge nach Manila zu gelangen, sondern suchte einen Zwischenlandeplatz, um bessere Bedingungen abzuwarten.

Wir kreuzten ein paar Meter über der See nahe der Küste, während ich versuchte, aus Eds Zickzack einen Kurs abzuleiten. Zuletzt machte Ed bei Sonnenuntergang eine geschützte Bucht aus, und wir landeten. Wir warfen den Anker über Bord und ließen uns für die Nacht nieder. Inzwischen rief uns Manila verzweifelt über Funk und wollte unsere Position wissen. Aber wir wußten sie nicht.

Um Mitternacht lugte ein halber Mond durch die schwindenden Wolken. Ich griff nach meinem Oktanten und schoß ihn. Die Standlinie auf der Karte führte durch einen schmalen Meeresarm gut 70 Kilometer nördlich des Punktes, wo unsere reguläre Kurslinie die Küste kreuzte.

»Da sind wir, Skipper«, sagte ich und zeigte Ed die Karte.

»Okay«, antwortete er lakonisch, »rufen Sie Manila.«

Am nächsten Morgen zeichnete ich eine Linie in die Karte, die vom Meeresarm bis nach Manila reichte, korrigierte den Kurs um Variation und Deviation und klemmte das Blatt ans Instrumentenbrett im Cockpit. Wir starteten und trafen, dem Kurs folgend, Manila genau »auf den Kopf«.

Ed kommentierte dieses Stückchen Navigation mit keinem Wort. Das war so seine Art.

Die wichtigste Sache, die Ed mich lehrte, war die Weisheit zur Umkehr. Wahrscheinlich lebe ich deshalb noch, denn ich gehörte zu meiner Zeit zu den Wilden. Umzudrehen ist sehr schwer. Ed hatte einst den Weitblick zur Rückkehr, als ich sicher war, er könne es schaffen. Er tat es, um den jüngeren Piloten zu zeigen, daß dies keine Schande sei. Eine Erfahrung, die ich nie vergessen habe.

Auf dem Eröffnungsflug des »Pan American Clipper«, einem S-42-Flugboot, nach Rio de Janeiro erreichte der Clipper Vitoria, den letzten Übernachtungsstopp vor Rio. Da er mit den lokalen Gegebenheiten nicht vertraut war, bat Ed einen in Rio stationierten Piloten, ihn auf dem letzten Abschnitt zu begleiten.

Zwei Stunden nach dem Abflug aus Vitoria verschlechterte sich das Wetter und zwang das Flugboot zur Küste zurück. Ed fragte den Piloten aus Rio, ob sie seiner Meinung nach weiterfliegen sollten.

»Ich denke schon«, war die Antwort.

»In diesem Fall«, blaffte Ed, »werden wir nach Vitoria zurückkehren.«

Das war Ed.

Viele wunderten sich, daß Ed das Cockpit nicht mit dem Büro der Geschäftsleitung vertauschte. Er würde dort wohl nicht glücklich geworden sein. Ich vermute, er wäre kein guter Administrator gewesen, und er wußte das. Einst hörte ich zufällig, wie er sagte: »Ich habe in meinem Leben weiß Gott genug Stunden in Büros zugebracht. Ich weiß kaum, was sich da eigentlich abspielt. Um ehrlich zu sein, habe ich dort so manches Mal die Orientierung verloren.«

Ed wußte, wohin er gehörte, und Ed lag immer richtig. Nicht in einem geringschätzigen Sinn. Nichts an Ed war geringzuschätzen.

Ich weiß nicht, warum die Leute versuchten, einen Helden aus ihm zu machen. Ed war ein guter Pilot und ein guter Mann. Der Philosoph Herbert Spencer fragte: »Was ist ein guter Mann? Was ist ein gutes irgendwas? Was ist ein gutes Messer? Es ist ein Messer, das eine scharfe Schneide hat, das sauber und scharf schneidet und die Aufgabe erfüllt, für die es geschaffen ist.« Ed schnitt sauber und scharf. Er erfüllte die Aufgabe, für die er geschaffen war.

Ed starb so, wie er lebte – am Steuer eines Flugzeuges. Es kam plötzlich, wie eine Gewehrkugel. Seine Maschine, der »Samoan Clipper«, explodierte, während er Kraftstoff abließ, um das Flugboot nach dem Ausfall eines Motors kurz nach dem Start in Pago Pago zu erleichtern. Es war der 11. Januar 1938.

Der Mensch ist klein unter der Sonne, aber sein Geist ist groß. Seine Augen blicken von der Erde bis hinauf zu den Sternen, und seine Träume kennen kein Ende – bis in alle Ewigkeit. Ed war ein ganz gewöhnlicher Bursche, der in dem Kampf da draußen von uns ging.

Ich trauere nicht um Ed. Ich bewundere ihn.

In geheimer Mission

Die Wracks von Pearl Harbor schwelten noch, als ich in das Büro von Captain Mike LaPorte, dem Flugbetriebsleiter der Atlantic Division von Pan American Airways im La Guardia Marine Terminal in New York, gerufen wurde. Ich fand Mike an seinem Schreibtisch auf einem Bleistift kauend. Er gab mir einen Brief zu lesen.

Der Brief war gekennzeichnet mit »British Most Secret – US-Secret«, und er war von Air Marshal E. C. S. Evill an Lieutenant General »Hap« Arnold, den Chef des Army Air Corps, der späteren US Air Force. Ich starrte auf Namen wie Seychellen, Diego Garcia, Cocos Keeling und andere, von denen ich noch nie gehört hatte.

»Das bedeutet, Lodi«, sagte LaPorte, »daß das Air Corps eine alternative Flugroute nach Australien erkunden möchte für den Fall, daß die Japaner in Südasien einfallen. Das Air Corps plant, die Seychellen, den Chagos Archipel und die Insel Cocos Keeling auf ihre Eignung als Zwischenstation nach Australien zu prüfen. Die einzige Möglichkeit, diese Inseln zu erreichen, bietet das Flugboot. Und so hat das Air Corps eines unserer Boote für diesen Job gechartert.«

»Gut und schön, Mike, aber ich bin wohl nicht hergekommen, um mir deine Schwierigkeiten anzuhören. Ich habe selbst genug davon. Wie wäre es mit einer Woche Urlaub, so daß ich nach Miami fliegen könnte, um etwas Sonne zu tanken?«

LaPorte lehnte sich in seinem Sessel zurück und biß ein weiteres Mal in seinen Bleistift. »Du kannst diese Woche haben, wenn«, und hier nahm sein Gesicht einen teuflischen Ausdruck an, »du diesen Flug gemacht hast.«

Die folgenden Tage verbrachte ich zum einen mit der Überprüfung der Ausrüstung des Flugbootes und zum anderen mit ausweichenden Antworten auf Fragen der Besatzung, da ich vor dem Erreichen Khartums unsere Bestimmungsorte nicht bekanntgeben durfte.

»Was soll ich mitnehmen, Captain?« fragte der 1. Offizier Lane Hurst vorsichtig, »pelzgefütterte Skihosen oder einen Badeanzug?« Der 1. Ingenieur Punzavitch äußerte die bange Frage, ob wir wohl Enteisungsflüssigkeit oder tropische Produkte heimbringen würden. Die drei Stewards versuchten mich daraufhin auszuhorchen, ob es empfehlenswert sei, Pemmikan oder einige Kisten chininhaltigen Tonic Waters einzulagern. Ich gab jedem Mann eine Liste über die Ausrüstung, für die er verantwortlich war. »Finden Sie es selbst heraus«, empfahl ich ihnen, »die Liste könnte Ihnen einige Hinweise liefern.«

In Wirklichkeit wußte ich wenig mehr als sie. Das Mindeste, was ein Flugboot-Skipper benötigte, waren Funkfrequenzen, Hafenkarten sowie mechanische Ausrüstungskomponenten und Ersatzteile auf den Zwischenlandeplätzen. Nur wenig davon war verfügbar, aber man war der Ansicht, daß ich den Rest unterwegs irgendwie besorgen könne. Ganz zuletzt stopfte ich noch einige National-Geographic-Karten über Afrika und den Indischen Ozean in meine Aktenmappe. Wie sich herausstellen sollte, war ihr Wert nicht mit Gold aufzuwiegen.

• • • • • •

Unser Flugboot, der »Capetown Clipper«, war eine Boeing B-314, wog 42 Tonnen und war mit vier Wright-Cyclone-Motoren von je 1550 PS ausgerüstet. Eine Wendeltreppe führte vom unteren Deck hinauf ins Flugdeck, das länger war als die gesamte Kabine einer DC-3. Der Navigator arbeitete an einem luxuriösen, zwei Meter langen Schreibtisch. Seine Bücherregale waren gefüllt mit hydrographischen Publikationen, Leuchtfeuerverzeichnissen und etlichen Abenteuerromanen für die Besatzung.

Wenn man vom Cockpit aus in die Mittelsektion zwischen den Tragflächen ging, betrat man einen Raum, der der Mansarde eines kleinen Hauses ähnelte. Tunnel durch die Flügel ermöglichten den Zugang zu den Motoren während des Fluges. Im Vorschiff war ein Schapp mit Festmacheleinen, Ankern, Fischöl zum Beruhigen von aufgewühltem Wasser und sonstiger Seeausrüstung. Dies alles unterstand dem 4. Offizier, üblicherweise als »Bilgeratte« bezeichnet.

Die Boeing schwamm auf dem Wasser, gestützt durch den Rumpf und zwei seitliche Ausleger, die den größten Teil der Kraftstoffmenge, bestehend aus 20 500 Litern, enthielten. Sie konnte bei einer Geschwindigkeit von etwa 200 Kilometern pro Stunde 4400 Kilometer weit fliegen. Ihre Flügelspannweite betrug 45,6 Meter, und der Rumpf maß vom Bug bis zum Heck 31,8 Meter.

Am nieseligen Morgen des 22. Februar 1942 um 8:44 Uhr Ortszeit gingen wir in La Guardia an Bord des Clippers. Wir, das waren 14 Mann Besatzung und 25 Air-Corps-Offiziere unter dem Kommando von Oberst Clayton Bissell, der später zum Generalmajor und Stabschef avancierte. Diese Offiziere waren für Afrika bestimmt. In Khartum sollten wir den Inspektionsstab, bestehend aus vier US-Offizieren, einem Offizier der Royal Air Force und drei Soldaten, an Bord nehmen.

Wir flogen nach Belem, Brasilien, und hüpften von dort aus über den Südatlantik. Die Überquerung verlief ereignislos, wenn man von einem Vorfall absieht, der uns selbst nicht betraf, aber vermutlich den Tod einiger Menschen zur Folge hatte.

Auf halber Strecke über dem Ozean weckte mich der Zahlmeister während meiner zweistündigen Freiwache und meldete, daß der Erste Offizier einige rote Lichtzeichen auf der Wasseroberfläche entdeckt hatte. Im Cockpit erblickte ich die schwachen Umrisse von Hurst und dem 2. Offizier Carlton, die sich gegen die Frontscheiben abhoben, während die Instrumentenanzeigen auf dem Panel vor ihnen phosphoreszierend schimmerten.

»Ich sah vor einer knappen Minute ein paar Leuchtzeichen«, sagte Hurst. »Ich fliege eine Kurve. Da! Da ist wieder eines!«

Die Sterne drehten sich langsam vor der Windschutzscheibe, und ein kleiner roter Stecknadelkopf erhellte für einige kurze Augenblicke die See.

»Wahrscheinlich Notsignale von einem Floß oder einem Unterseeboot, von denen uns letzteres vielleicht herunterlocken möchte, um uns dann einen Schuß zu verpassen. Da ist nichts, was wir tun könnten, wenn es sich um ein Floß oder ein Rettungsboot handelt. Wir haben lediglich zwei Fallschirme an Bord, und die könnten wir möglicherweise selbst brauchen. Alles, was wir ohne Fallschirm zu ihnen hinunterwerfen würden, würde sofort untergehen.«

Das einzige, was ich tun konnte, war, mit den Landelichtern zu morsen: »Wir übermitteln ihre Position.« Es wurden keine weiteren Leuchtzeichen gesichtet. Ich hoffe, es war ein U-Boot.

Wir übernachteten in Fisherman's Lake, Pan Americans Terminal nahe Monrovia, und folgten von dort der Küste von Liberia, der Elfenbeinküste, der Goldküste und der Sklavenküste bis nach Lagos. Wir überquerten den Golf von Guinea und überflogen die damals portugiesische Insel São Tomé am Äquator, um die Mündung des Kongo zu suchen. Da ich nicht wußte, ob wir Kontakt zur Funkstation von Léopoldville, dem heutigen Kinshasa, würden aufnehmen können, wollte ich so lange stromaufwärts fliegen, bis ich die Stadt erreicht hatte.

Oberst Bissell war an dem Flug sehr interessiert und verbrachte die meiste Zeit im Cockpit. Als wir die Kongo-Mündung erreichten, saß er neben mir und schaute besorgt zu den gewaltigen Gebilden schwarzer Cumulonimbus-Wolken empor. Ausgewachsene Gewitter sind in dieser Gegend häufig, und man sollte ihnen sehr wohl aus dem Wege gehen. Ausweichen war jedoch ein Luxus, den wir uns nicht leisten konnten, und so wählte ich den Weg drunter durch. Schließlich flogen wir direkt über dem Wasser dahin, während über uns in Baumwipfelhöhe schwarze Wolkenmassen dahinzogen. Gerade, als wir weder tiefer noch höher gehen konnten, erschienen die flußabwärts von Léopoldville gelegenen Stromschnellen direkt vor uns. Wir strichen knapp über die brodelnden Wasser hinweg und landeten im Hafenbecken der Stadt, um uns dort durch schwimmende Inseln von Wasserpflanzen, Baumstämmen und anderen Unrat unseren Weg zu bahnen.

Von Léopoldville aus machten wir uns praktisch blind auf den Weg, also ohne Wettermeldungen und ohne Funkmöglichkeiten. Wir hatten den oberen Kongo etwa 150 Kilometer südlich von Stanleyville zu überqueren, aber da es in dieser Region jede Menge Flüsse gibt, vermochte ich ihn nicht zu identifizieren. Ebenso hatten wir die Bergkette, die sich vom Tanganjikasee bis zum Albertsee erstreckt, zu überfliegen. Wir hätten natürlich jederzeit auf einem der Seen oder Flüsse niedergehen und einen vorüberkommenden Einbaumskipper nach dem Weg fragen können. Das ist das Schöne an einem Wasserflugzeug. Man hat stets seine Landebahn dabei.

Wir flogen über offenes Land, Wälder und felsige Ebenen wechselten sich ab, und es gab kein Lebenszeichen. Wir überquerten eines jener Gebiete, die es noch zu erforschen galt. Vor knapp hundert Jahren war diese Gegend der letzte weiße Fleck auf der Landkarte. Amerika und Australien waren entdeckt, auch die Landmassen und Ozeane der Welt waren kartographiert. Das Zentrum Afrikas jedoch war ein ebensolches Geheimnis wie zu den Zeiten der Römer.

Oberst Bissell hatte, wie üblich, den 1. Offizier Hurst von seinem Sitz im Cockpit vertrieben, und wir flogen in 300 Metern Höhe über dem zentralen afrikanischen Plateau, dessen Höhe 900 Meter über dem Meeresspiegel liegt. Etwa eineinhalb Kilometer voraus bemerkten wir etwas, das wie eine Ansammlung von Felsbrocken aussah. Plötzlich verwandelten sich die Felsen in Elefanten. Ich drehte einen Vollkreis in Baumwipfelhöhe, um wieder hinter sie zu gelangen. Die Elefanten gingen durch, rannten, bockten und drehten sich in alle Richtungen, voller Furcht vor dem donnernden Monster über ihnen. Ein großer Bulle jedoch blieb stehen, als wir auf ihn zukamen, den Rüssel erhoben und die Ohren weit abstehend, während die Kühe und Kälber davonrannten. Ein prachtvoller Anblick, wohl wert, dafür um den halben Erdball geflogen zu sein!

・・・・・・

Wir überquerten den Eduardsee. Dann schimmerten die Wasser des Victoriasees in der Ferne, des größten afrikanischen Binnensees, der in einer Höhe von 1100 Metern über dem Meeresspiegel liegt.

Am nächsten Tag starteten wir in Port Bell und landeten nach einem Flug von siebeneinhalb Stunden auf dem Nil bei Khartum in einer Flußbiegung namens Gordon's Tree, obwohl dort noch nicht mal ein Strauch zu sehen war. Hier verließ uns der Rest unserer Passagiere, und ich hielt nach den Offizieren Ausschau, die uns auf dem weiteren Teil der Reise begleiten sollten.

Auf der Hotelterrasse trafen Hurst und ich die Mitglieder des Inspektionstrupps. Oberst Pohl, ein ruhiger, schlanker Mann, war zwar der ranghöchste Offizier, aber Major Willis agierte als Sprecher – und hinterließ dabei nicht den allerbesten Eindruck.

Willis, ein massiver, untersetzter Mann mit einem Wust grauen Haares, die Brust eines Uniformrocks mit vier Reihen voller Medaillen und Ordensbänder bedeckt, schüttelte meine Hand. »Major Willis«, sagte er, »lassen Sie mich Ihnen die Mitglieder unserer Gruppe vorstellen.« Wir schüttelten allen die Hände und setzten unser Begrüßungsdinner fort, ein Gericht aus getarnten Ziegenschnitzeln.

»Nun, hier ist, was wir vorhaben«, sagte Willis während des Essens. »Wir beginnen mit den Seychellen und gehen dann weiter nach Diego Garcia und Cocos Keeling. Danach plane ich, zurück nach Ceylon zu fliegen, um ein Bauteil zu montieren und den Transport zu den Inseln zu arrangieren, wo mit der Arbeit an den Flugplätzen begonnen werden soll. Danach können wir einige Flüchtlinge in Ceylon aufnehmen und fliegen zurück über Karatschi, Aden und Khartum.«

»Das ist nicht meine Order, Major«, sagte ich. »Ich bin angewiesen, Sie zu den Inseln zu bringen, um dann auf dem schnellsten Weg zurückzufliegen. Ich kann Ihnen die Reiseroute zeigen, die ich in New York erhalten habe.«

»Ich nehme nur Befehle von meinen Vorgesetzten entgegen!« antwortete Willis brüsk.

In dem Moment brachte der Kellner unser Dessert, Ziegenaugen in Gelatine, was uns alle ein wenig dämpfte. Ich rief mir einen Satz aus meinem Flugauftrag ins Gedächtnis: »Wenn Probleme auftauchen, die weder Sie selbst noch der Flugbetriebsleiter lösen können, sind Sie bei Wahrung allen gebotenen Respekts gehalten, der allein Entscheidungsbefugte zu sein.« Was immer man über den Stil sagen mochte, die Botschaft war klar.

»Major«, fragte ich, »wie gedenken Sie Ihre Befehle zu empfangen?«

»Über Funk auf offiziellen Kanälen«, antwortete Willis.

Ich löffelte den letzten der Augäpfel. Es schien, als zwinkerte dieser mir zu, als ich ihn zum Munde führte. »Alles klar, Major«, sagte ich. »Für den Fall, daß Sie Schwierigkeiten haben, könnten wir Ihnen mit unserem Bordfunk aushelfen. Natürlich nur im Einverständnis mit der Fluggesellschaft.«

Seit wir Afrika erreicht hatten, fehlte uns der Funkkontakt zur Heimatbasis. Die Konfusion und Ineffizienz des Funknetzes über Afrika hatte mich bestürzt. Wir hatten etliche Meldungen im Syko-Code empfangen, die anhand von Dechiffrierungsplänen entschlüsselt worden waren. Aber ich konnte keinen Sinn in ihnen erkennen. Der Signaloffizier in Khartum vermochte es ebenfalls nicht. Aber wir konnten gelegentlich Funkkontakt mit Baltimore, New York und Washington über die Bordanlage herstellen, während wir in den frühen Morgenstunden auf dem Fluß lagen.

In Khartum kaufte ich für jedes Besatzungsmitglied ein Khakijackett, ein Paar Shorts und einen Tropenhelm. Wir waren eine seltsam anzuschauende Truppe, als wir an Bord unserer Maschine gingen, die mit 14000 Litern Treibstoff, 230 Kilogramm Lebensmitteln und 200 Kilogramm der verschiedensten Ausrüstungsgegenstände beladen war.

Um Mombasa bei Tageslicht zu erreichen, starteten wir vom Nil um Mitternacht. Glücklicherweise schien ein heller Mond, denn wir hatten keinen Leuchtpfad, der uns die Richtung weisen konnte. Einer der dortigen britischen Offiziere hatte mich vor etlichen Sandbänken in diesem Teil des Stromes gewarnt. Er erzählte uns, was einem Catalina-Flugboot während eines Nachtstarts passiert war. Der Pilot schob das Gas rein und zog, als er meinte, er wäre in der Luft, die Stützschwimmer ein. Da riß der Copilot plötzlich die Gashebel zurück.

»Warum zum Teufel tust du das?« schrie der Pilot.

»Schau hinaus und sieh selbst«, antwortete der Copilot. Das Boot war so sachte auf eine Sandbank gerutscht, daß der Pilot das Gefühl des Auflaufens mit dem des Abwasserns verwechselt hatte.

Wir verließen den Nil nahe Malakal, wo der Fluß nach Osten abbiegt, und flogen der aufgehenden Sonne entgegen an der äthiopischen Grenze entlang. Es war ein wildes Land, und wir sahen nur wenige Zeichen von Leben. Der Rudolfsee gab uns für etwa 80 Kilometer so etwas wie eine Positionskontrolle. Der Mount Kenya, 5200 Meter hoch, machte mich ein wenig besorgt, bis ich seinen schneebedeckten Gipfel 2100 Meter oberhalb unserer Reiseflughöhe erblickte. Zwei Stunden später setzten wir in Mombasa auf.

• • • • • • •

Abgesehen von der Tatsache, daß ein Schurke namens Yusuf Ibn Ahmed im Jahre 1631 alle Portugiesen in der Stadt ermordet hatte, wußte ich nichts über Mombasa. Ich verließ diese liebenswerte Stadt mit einigen zusätzlichen Kenntnissen über sie, aber über die Seychellen erfuhr ich nicht mehr, als daß sie existierten.

Mombasas pittoreske Erscheinung wurde vor allem durch die auf einer Klippe sitzende und die Stadt dominierende Zitadelle geprägt. Mombasa war seinerzeit – ich habe keine Ahnung, wie es dort heute aussieht – eine orientalische Stadt mit einem Labyrinth aus engen, unregelmäßigen Straßen und Gassen. Wir fuhren an weißgestrichenen Häusern mit Blechdächern und hölzernen Fensterläden vorbei. Auf den schattigen Gehwegen strömten Suahelis, Inder, Afrikaner und gelegentlich ein Europäer vorbei. Frauen in hellen Batikgewändern mit Babys auf dem Rücken, Männer mit Tropenhelmen oder einem roten Fez – alle drängten sich in einer bunten Menge. Baumwollsträucher streckten ihre Zweige in den unermeßlich blauen, afrikanischen Himmel, und groteske Affenbrotbäume mit ihren verdrehten Ästen gaben der ganzen Szenerie das Aussehen einer verwunschenen Märchenlandschaft.

Wir verließen Mombasa mit 17 800 Litern Treibstoff sowie 230 Kilogramm an Lebensmitteln und Vorräten, da wir uns darauf eingerichtet hatten, vielleicht einige Wochen nur auf uns selbst gestellt zu sein. Als wir die Bugleine losmachten, saß ich im Cockpit und dachte über das Puzzle nach, das ich zu lösen hatte.

Da waren bekannte und unbekannte Faktoren. Das Flugzeug, die Besatzung, die Reichweite, die Entfernungen zu den Inseln – all das war bekannt. Die Häfen und deren Beschaffenheit, die Wassertiefen rund um die Inseln, das Vorhandensein von Korallenriffen, die Verfügbarkeit von Ersatzteilen und Sprit – das waren die unbekannten Faktoren. Dann war da noch das Wetter, gar nicht zu reden vom Wind und dem Zustand der See.

Konnte ich all das richtig einordnen? Ein unbemerktes Riff, ein eingedrückter Rumpf, ein gerissener Zylinder, verunreinigtes Benzin, Feuer, Gesundheit der Crew – tausend Dinge konnten uns dort festhalten. Navigator Kroupe war gerade von einer Lebensmittelvergiftung genesen. Steward Garcia litt unter einem infizierten Fuß, nachdem er am Strand von Mombasa auf einen Seeigel getreten war.

Das Flugboot wandte seine Nase Richtung See und ließ die Docks, die vertäuten Schiffe und die Festmachebojen zurück. Der Hafen war überfüllt mit kleinen Booten, der Wind war schwach und unsere Ladung schwer. Als ich Leistung setzte, um die Magneten zu checken, schwappte die See über die tief im Wasser liegenden Rumpfausleger. Ja, wir waren schwer abgeladen. Es würde nötig werden, die gesamte Länge des Hafens auszunutzen, und eine leichte Kurve während des Startlaufs zu beschreiben, um genug Raum für einen Startabbruch zur Verfügung zu haben, falls wir nicht freikommen sollten.

Eine Barkasse folgte unserem Kielwasser. An ihrem Bug erblickte ich Mr. Wade von British Overseas Airways, der sich zahllose Male äußerst hilfsbereit gezeigt hatte. Ich streckte meine Hand aus dem Fenster, den Daumen nach oben. Dann ließ ich das Flugboot wie einen Wetterhahn selbst in den Wind drehen.

»Alles bereit?«

»Jederzeit, wenn Sie bereit sind, Captain!«

Ich schob den Gashebel nach vorn. Ein unvorstellbarer

Lärm, ein Schwall von Gischt, ein Brausen in meinen Ohren! Ein Mahlstrom aus Motorengeräusch und Sprühnebel vermischte sich zu einem Dröhnen purer Kraft. Ich wartete, daß das Boot abheben würde. Es schien lange zu brauchen. War etwas nicht in Ordnung? Reichte die Motorenleistung nicht aus? War die Rumpfunterseite bewachsen? Dann schoß es mir durch den Kopf: wir starteten mit ablaufender Tide und einem leichten Seitenwind!

Das Boot fühlte sich nun leichter im Steuer. Ich drehte sachte von einem kleinen Fischerboot ab, das in unserer Startrichtung lag. Wir dröhnten an einem vor Anker liegenden Frachter vorüber. Ich warf einen flüchtigen Blick auf die an der Backbordseite lehnende Besatzung in ärmellosen, schmutzigen Hemden, etliche mit bärtigen Gesichtern. Jetzt öffnete sich der Hafen zur See hin, und eine Reihe von Wellenbrechern erschien voraus.

Ein Blick auf den Fahrtmesser, und ich zog die Steuersäule zu mir heran. Die Wasseroberfläche blieb zurück. Wir waren in der Luft.

Ich trimmte uns in 300 Metern Höhe aus. Wir brauchten nicht höher zu steigen, bis wir durch den Kraftstoffverbrauch leichter geworden waren. Eine Formation von sechs leichten Bombern vom Typ AVRO »Anson« des South African Air Corps unter Führung von Major Reddy, Royal Air Force, eskortierte uns noch eine Weile.

Unser Flugboot, unsere Augen und unsere Sinne richteten sich gen Osten aus, zu den Seychellen und darüber hinaus.

45 Inseln gehören zum Seychellen-Archipel, der auf 4 Grad südlicher Breite und 53 Grad östlicher Länge liegt und 1600 Kilometer von Sansibar sowie 1000 Kilometer von Madagaskar entfernt ist. Die Inseln wurden 1743 fran-

zösische Kolonie. Die meisten der – damals 40000 – Bewohner sind Nachfahren von Sklaven und sprechen Kreolisch, das auf dem Französischen basiert. 1794 besetzten die Engländer die Inseln, und 1903 wurden sie Kronkolonie. Die Hauptinsel Mahé ist bildschön; sie ist unvorstellbar grün, mit geschwungenen Stränden aus weißem Sand, die von riesigen Kokospalmen gesäumt sind. Die Hauptstadt Victoria, an einem tiefen Kanal zwischen den Korallenriffen gelegen, schmiegt sich an den Fuß üppiger Hänge neben der blaugrünen Lagune, vor dem Meer geschützt durch eine kleine Insel namens St. Anne.

Ich kreiste einige Male über der Lagune, um die Wassertiefe anhand der Farbe abzuschätzen. Dann landeten wir mit einem kaum wahrnehmbaren, kurzen Eintauchen in das leicht gekräuselte Wasser. Eine Barkasse näherte sich vom Strand, um uns einzuweisen. Ein riesiger Mann mit einem schwitzenden Gesicht unter dem Tropenhelm winkte uns an eine große Boje, einige hundert Meter vor den Hafenanlagen. Wir machten dort fest.

Das Ufer war mit Menschen gesäumt. Einige Marineoffiziere in flotten weißen Uniformen warteten an der Pier, als uns die Barkasse an Land setzte. Ich ging zu dem ranghöchsten Offizier, salutierte und sagte:

»Sir, ich ersuche respektvollst um Erlaubnis, an Land gehen zu dürfen, und erbitte Ihren Schutz im Namen der Vereinigten Staaten von Amerika. Lassen Sie mich Ihnen Oberst Pohl und Major Willis vorstellen, welche Ihnen die Art unserer Mission erläutern werden.«

»Erlaubnis erteilt!« antwortete er mit militärischer Schroffheit. »Im Namen seiner Exzellenz, des Gouverneurs: Willkommen auf der Insel.«

Danach ging Willis an Land. Ich schickte Flight Lieutenant Matheson, das englische Mitglied unserer Abteilung, zum Hotel, um für uns Zimmer zu besorgen, und setzte mich derweil nieder, um eine Wachliste aufzustellen.

Das Los eines Flugboot-Kapitäns ist kein leichtes. Ich war niemals ruhig, wenn ich nicht bei meiner Maschine war. Ich postierte Tag und Nacht eine Drei-Mann-Wache an Bord und ließ einen Flaggenmast errichten, der von meinem Hotelzimmer aus einzusehen war. Bei dem Signal »All is well« war ich erleichtert.

Kaum hatten wir uns im Hotel eingerichtet, als ein Bote mit einer Mitteilung erschien, in der wir zu einem Empfang in der Residenz des Gouverneurs gebeten wurden.

Oberst Pohl runzelte die Stirn, als er die Einladung las. »Wissen diese Leute nicht, daß gerade ein Krieg stattfindet?« brummte er.

»Sie kennen die Briten, Oberst«, sagte ich, »Smoking im Dschungel, Gin und Bitter Lemon, und ein ›sollten wir die Damen in den Eichensalon bitten?‹ Möglicherweise erhalten wir einige nützliche Informationen. Aber ich fürchte, daß ich zu meinem Bedauern absagen muß. Alles, was ich anzuziehen habe, ist eine schmutzige Safarijacke ohne Krawatte.«

»Tagesbefehl: Kampfanzug oder Dienst«, meinte Oberst Pohl. »Die Empfangsgäste treffen sich in der Lobby um sechs Uhr abends.«

Wir fuhren an eingeborenen Wachen vorbei, die in Habachtstellung sprangen, als unsere beiden Autos die große Residenz erreichten, ein Bauwerk von frühviktorianischer Eleganz mit Doppel-Portikus und wuchtiger, weißer Säulenfront. Der Gouverneur und seine Gattin erwarteten uns in der Empfangshalle, die mit schwarzem Holz getäfelt und mit schweren, glänzenden Möbeln ausgestattet war.

· · · · · ·

Von weißgekleideten, sich geräuschlos durch die Gäste bewegenden Dienern wurde uns Gin Tonic serviert. Mir wurde unsere trostlose Erscheinung zwischen den prächtigen Uniformen der Marineoffiziere und den feierlichen Anzügen der zivil gekleideten Offiziellen besonders bewußt. Ich wandte mich der Frau des Hafenarztes zu und nahm mit ihr auf einem Ledersofa neben einigen Topfpflanzen Platz. Sie hatte die Inseln gründlich studiert und erzählte mir von den alten Arabern, die diese sehr gut kannten und sie für »den Zauberberg in der See von Sanj hielten, wo Sindbad der Seefahrer riesige Vögel vorgefunden hatte, die ihre Jungen mit Elefanten fütterten.« Zum Zeitpunkt unseres Aufenthalts wurden die Seychellen als Exil für ehemalige Herrscher aus den Kolonien benutzt, die die Briten auf Eis zu legen wünschten. Hier erschienen Häuptling Prempe von Aschanti, im heutigen Ghana gelegen, mit seinen drei Ehefrauen und seinem Lieblingshenker, der Sultan von Perak (Malaysia), König Kabarego von Bunyoro, König Mwanga von Buganda, das im heutigen Uganda liegt, und seit kurzem Makarios, der Erzbischof von Zypern.

Mit dem Gouverneur und einigen Beamten diskutierten wir mögliche Standorte für unsere Begutachtung der Inseln. Sie ließen Karten holen, breiteten sie auf großen Tischen aus und beschwerten die Ecken mit kleinen Gewichten. Es handelte sich um alte Marineausgaben. Die Eintragungen waren sehr vage, mit einigen wenigen Zahlen, die die Höhen von Bergen und Gebirgen bezeichneten.

»Ich glaube«, meinte der Hafenkapitän, »daß Ihr bester Platz die Insel Coëtivy sein könnte, die 260 Kilometer südöstlich von Mahé liegt.« Er fuhr fort, uns über diese Insel zu berichten, die acht Kilometer lang und zum größten Teil flach war. Sie war unbewohnt, besaß keinen geschützten

Hafen und keine Frischwasserquellen. Ich prüfte die Karte und runzelte die Stirn. Willis machte ein Gesicht.

»Was erwarten Sie? Miami Beach? Können wir morgen hinfliegen?«

»Gar nicht so schlecht.« Captain Reynolds blickte über meine Schulter. Willis saß im Copilotensitz und preßte sein Gesicht gegen das Fenster. »Glauben Sie, daß Sie auf der Leeseite der Insel landen könnten?«

Ich sah auf den schmalen Streifen Coëtivy hinab, der quer zu Wind und Meeresdünung lag. Die Leeküste schien angemessen geschützt, aber es ist schwierig, eine Dünung aus der Luft zu beurteilen. Normalerweise erscheint die See glatt, und man kann die großen steigenden und fallenden Wogen schlecht ausmachen, nicht so wie die kleinen, mit weißen Schaumkronen bedeckten, die sich gut erkennen lassen. Der Wind war mäßig.

Ich machte einen Vorbeiflug und drehte dann aus Südost in den Wind hinein mit Kurs auf die Insel. Wir würden auf Land zu runtergehen müssen, und das ist immer heikel. Wir glitten über die Meeresoberfläche hinweg, und ich sah das Wasser unter uns fallen und steigen. Da war die Dünung.

Ich drehte um und kam erneut herein, reduzierte die Fahrt und hüpfte über das Wasser, eben über den Wellen schwebend. Da rauschte eine Woge heran. Nein, nicht diese. Zu spät. Die nächste – drück' das Boot gleich nach Passieren des Wellenkamms hinab – noch einen Moment – noch nicht – jetzt! Der Rumpf berührte die See, wir rauschten ins Tal hinunter und stiegen zur nächsten Welle empor. Gott, sah die groß aus! Als wir erneut in die Luft geworfen wurden, dachte ich, ich müßte ein wenig Schub geben, um den nächsten Aufprall abzumildern. Wir hatten nicht mehr genug Geschwindigkeit, um noch einmal abzuheben. Da! Das Boot krachte in den Kamm der Woge. Gar nicht so schlecht – wir waren nun langsam genug, um über die folgende Welle hinwegzureiten. Wir waren unten. Vorsichtig rollte ich gegen das Ufer, während Lane Hurst im Bug mit der Lotleine die Wassertiefe maß. Als er zwei Faden signalisierte, gab ich das Zeichen, den Anker fallen zu lassen. Dicht am Strand war die See ruhig und der Untergrund sandig. Wir begannen, die Expeditionsausrüstung mit zwei Schlauchbooten an Land zu bringen. Unsere Piloten, Carlton und Hamil, die Offiziere und der Steward Baird würden auf der Insel zurückbleiben; Baird würde kochen. Sie hatten Lebensmittel für eine Woche, zwei kleine Zelte und Klappbetten zum Schlafen.

Am nächsten Tag flogen wir abermals nach Coëtivy, um nachzusehen, was unsere Eroberer taten. Unsere Flugingenieure hingegen mißbilligten diese Unterbrechung ihrer Wartungsarbeiten. Die Bilgen mußten ausgepumpt, Rost gekratzt, die Motoren überprüft und die Propeller mit Öl eingeschmiert werden. Auch löste sich die Tarnfarbe in Bahnen ab, und das Flugboot erinnerte an ein altes Auto, das zu lange in der heißen Sonne gestanden hatte.

Eine frische Brise peitschte Schaumkronen auf die Wellen, als wir über Coëtivy ankamen. Es war zu rauh zum landen. Über die Insel hinwegfliegend sahen wir am Strand ein großes Kreuz aus Treibholz und die in den Sand gemalten Buchstaben OK. Captain Reynolds stand am Ufer und winkte zu uns herauf. Offensichtlich war alles wohlauf. Wir kehrten nach Port Victoria zurück. Ich fragte den dienstältesten Marineoffizier, ob dieser Wind noch länger so wehen würde.

»O ja«, sagte er beruhigend, »ja; er hört schon auf, aber nicht in dieser Jahreszeit.«

»Wann würden Sie meinen, daß er aufhört?«

»Nun«, und er hielt für einen Moment inne, »es wird etwa noch sechs bis acht Wochen so weiterblasen.«

Wie dumm ich doch gewesen war! Warum hatte ich daran nicht früher gedacht? Die hiesigen Beamten hatten in ihrer Unkenntnis darüber, wie Segelflugzeuge funktionieren, den Wind natürlich nicht erwähnt. Wie sollten wir nun unsere Männer von der Insel herunterbekommen?

Du mußt nicht gut sein, aber Glück haben – das war mein Leitsatz geworden. Und das Glück verließ mich niemals ein zweites Mal. Ein 23 Meter langer britischer U-Boot-Jäger lief zwei Tage später in Victoria ein. Ich ging an Bord und sprach mit dem Skipper, Commander Chaplin; ich fragte ihn, ob er mit seinem Schiff die Leute von Coëtivy abholen könne. Der U-Boot-Jäger verließ Victoria, während ihm die grüne See über die Aufbauten brandete. Unsere Ingenieure setzten ihre Wartungsarbeiten fort.

Zwischenzeitlich hatte sich ein Vorfall ereignet, der unsere Position nicht gerade verbesserte. Ich wurde in das Büro des Gouverneurs gerufen und fand dort fünf ernst dreinblickende Herren vor. Man bot mir einen Sessel an, und der Gouverneur begann:

»Captain, ich habe Ihnen eine unerfreuliche Angelegenheit zur Kenntnis zu bringen. Die Tochter eines unserer Kaufleute in der Stadt kam gestern nach einem Segeltörn im Hafen heim und erzählte, daß sie von einem Mitglied Ihrer Besatzung eingeladen worden sei, an Bord Ihres Flugbootes zu kommen, und daß sie dort belästigt worden wäre.« Er blickte mich ernst durch seine Augengläser an. »Wir meinen, daß wir diesen Mann in Verwahrung nehmen müssen.«

. . . . . .

Ich fühlte mich an meinen Sessel genagelt. Ich hatte ein wenig internationales Recht studiert, aber mit einem Fall wie diesem war ich nie in Berührung gekommen. Zwei Dinge wußte ich allerdings: Kein Mann ist schuldig, bis er vor Gericht verurteilt wird; und wenn du Bedenken hast, verschaffe dir Zeit.

»Eure Exzellenz«, sagte ich, »erlauben Sie mir, mit dem Mann zu sprechen und zu hören, was er zu sagen hat. Es besteht keine Gefahr, daß er abhanden kommt. Ich berichte Ihnen morgen früh.«

Man war damit einverstanden. Ich ging zum Hotel und sprach mit dem Beschuldigten, der bestritt, das Mädchen angefaßt zu haben, aber einräumen mußte, es an Bord eingeladen zu haben, was allein schon gegen die Regeln verstieß. Ich wies ihn zurecht für diese Gefährdung unseres Unternehmens und befahl ihm, unverzüglich an Bord unseres Flugbootes zu gehen und es unter keinen Umständen zu verlassen.

Als ich das Hotel verließ, den Kopf voll düsterer Gedanken, wurde meine Aufmerksamkeit durch etwas anderes in Anspruch genommen. Der U-Boot-Jäger lief gerade in den Hafen ein. Querab von unserem Clipper dippte er seine Flagge, um unsere amerikanische oberhalb des Cockpits zu grüßen. Und da schoß mir der Gedanke durch den Kopf: unsere Flagge – das war die Lösung!

Unsere Expeditionsgruppe verließ das Schiff in einem beklagenswerten Zustand. Alle waren entsetzlich seekrank und durch Sonnenbrand sowie Darmbeschwerden stark mitgenommen. Ich bat den Hafenarzt, mir zu zeigen, wie man subkutane Injektionen verabreicht, besorgte mir eine Anzahl Nadeln und Serum und wurde Flugbootarzt, wie zuvor schon Flugboot-Rechtsanwalt. Major Willis war, obwohl durch Seekrankheit und Anstrengung arg gebeutelt, mit der Expedition sehr zufrieden. Er erzählte mir, daß eine 3000 Meter lange Startbahn gebaut werden könne mit viel Platz für Einrichtungen. Der arme Kerl war grün im Gesicht, und er taumelte beim Gehen. Ich dachte mir, noch eine weitere Unternehmung wie diese, und er wäre sanft wie ein Kaninchen.

Als ich am nächsten Tag den Gouverneur aufsuchte, teilte ich ihm mit, daß ich den beschuldigten Mann selbst in Gewahrsam genommen hätte. Da wir in einer militärischen Mission unterwegs seien, müßte die Angelegenheit vor einem US-Militärgericht verhandelt werden, Paragraph 312, Absatz IV, welcher sich auf Delikte bezieht, die durch US-Staatsbürger im Zuge militärischer Handlungen im Ausland während Kriegszeiten begangen wurden.

Ich entdeckte ein schwaches Lächeln, das über das Gesicht des Gouverneurs glitt. Es gab nur eine kurze Diskussion, und dann verließ ich zusammen mit dem Chef der Polizei das Büro. Wir gingen ins Hotel und dort in die Bar. Der Polizeichef bestellte zwei Gläser Portwein. Sein Glas erhebend, sagte er zu mir: »Einen Toast auf Paragraph 312 des US-Militärgesetzes!«

»Prosit!« entgegnete ich.

• • • • • •

Eine grosse Tragödie

Als sich am 3. Juli 1937 der Schatten des Todes über die Tragflächen von Fred Noonans Flugzeug breitete, wurde die intensivste Suchaktion in der Geschichte der Luftfahrt in Gang gesetzt. Schiffe vieler Nationen und Maschinen des Flugzeugträgers »Lexington« suchten jeden Quadratkilometer des Gebietes ab. Vergeblich. So geschah es, daß Fred Amelia Earhart mit sich nahm.

Amelia Earhart war eine Glamour-Fliegerin, die als erster Mensch den Erdball über dem Äquator fliegend umrunden wollte. Schlank und jungenhaft mit kurzem, windzerzaustem Haar, war sie fast das weibliche Pendant zu Charles Lindbergh, und sie wurde auch oft als »Lady Lindy« bezeichnet. Sie war unglaublich populär; ein leuchtendes Beispiel dafür, daß Frauen alles tun können, was Männer fertigbringen, nur besser. Mit Wilmer Stulz als Piloten und Louis Gordon als Mechaniker überquerte sie 1928 in einer dreimotorigen Fokker den Atlantischen Ozean, wiederholte die Überquerung 1932 allein und flog 1935 solo von Hawaii nach San Francisco. Sie hielt etliche Frauenrekorde auf Höhen- und Langstreckenflügen. Frankreich verlieh ihr das Kreuz der Ehrenlegion, die Vereinigten Staaten dekorierten sie mit dem Distinguished Flying Cross, und die National Geographic Society zeichnete sie mit ihrer Goldmedaille aus. Der Rund-um-die-Welt-Flug sollte ihr Meisterstück und gleichzeitig ihr letzter Flug überhaupt werden. Die Publicity war enorm. Die Welt wartete gespannt.

Der Zauber von Amelias Namen und Ruhm lebt noch heute, und jede Theorie über ihr Verschwinden ruft sofort Interesse und bei manchen einen unverbesserlichen Glauben an die haarsträubendsten und unwahrscheinlichsten Geschichten hervor. Die Spekulationen begannen schon in dem Moment, als sie verschwand. Es war zwangsläufig.

Wer war diese geheimnisvolle Amelia Earhart? Viele haben versucht, ihre Persönlichkeit zu ergründen, jedoch ohne Erfolg. Legende und Wirklichkeit sind in dem Bild von ihr verflochten wie bei wenigen anderen. Was war ihre Motivation? War es Hingabe oder Selbstglorifizierung? Trieben innere Unsicherheiten sie an?

Wer war Noonan? Fred war mein Freund.

In der Mitte der dreißiger Jahre begann das Zeitalter des internationalen Luftverkehrs. Wenn Amelia Earharts Flug irgendetwas beweisen konnte, dann, daß sich die Zeit der fliegenden Abenteurer ihrem Ende näherte und an ihre Stelle ein sorgfältig geplantes Teamwork trat. Amelia war die Abenteurerin, Fred der methodische Planer.

Alle Lebewesen agieren im Einklang mit ihrer Natur und ihrer Zeit. Es ist heutzutage nicht leicht zu verstehen, wie sich Leute mit den Helden von gestern identifizieren können, ihrer Boulevardpresseberühmtheit, ihrer Exzentrik und ihrem Draufgängertum.

Mein Weg zu Fred Noonan war gepflastert mit gebrauchten Zündkerzen, Fettpressen und Anweisungen, wie man in Texas nach Öl zu bohren hat. Nach zwei Jahren des Kratzens an rostigen Rümpfen, Spleißens von Drähten, Wartens auf Motoren und als Bootsmann für Flugboot-Skipper fand ich eines schönen Tages auf Pan Americans

Marine Base in Coconut Grove, Florida, Arbeit. Der Hangar war in hellem Aufruhr. Mr. Andre Priester, Pan Ams Führungsgenius im Bereich Technik und Ingenieurwesen, war aus New York zu einer Inspektionsvisite angereist. Vormann Richardson stürmte wie ein heulender Derwisch umher und jagte jedermann zum Kratzen, Malen und Polieren.

»Wenn Mr. Priester irgend etwas findet, das nicht in Ordnung ist, und du bist dafür verantwortlich«, vertraute mir ein Mechaniker an, »ist deine Zeit um, Kumpel!« Ich wußte, daß Priester ein Perfektionist war. Ich hatte den Wahlspruch auf seinem Tisch gesehen: »Das Schwierige erledigen wir heute – das Unmögliche morgen.«

Ich stand gerade neben dem Motor einer S-40, den ich soeben überholt hatte, als Priester herbeikam.

»Ich höre, Sie haben Ihre Lizenzen«, sagte er, und blinzelte mir mit hölzernem Gesichtsausdruck zu. »Haben Sie Ihren Lehrgang abgeschlossen?« – Dieser Lehrgang hatte mich über die Bezeichnungen aller Segel eines voll geriggten Schiffes unterrichtet, mir vermittelt, wie in Texas nach Öl zu bohren sei, und was »Gibt es Unterwasserfelsen im Hafen?« auf Spanisch heißt, und ähnlich Wichtiges.

»Das habe ich, Mr. Priester.«

»Gut. Auf welchen Wert stellen Sie die Zündzeitpunkte an diesem Motor ein?«

»Fünftausend pro Zoll, Mr. Priester.«

»Kommen Sie heute Nachmittag in mein Büro«, sagte der große Mann.

»Ist deine Zeit um, Kumpel?« flüsterte mir der Mechaniker fragend ins Ohr.

Am Nachmittag stand ich Priester im Büro von Mr. Schildhauer, unserem Flugbetriebsleiter, gegenüber. Ich wußte, daß

Priester ein Niederländer war. Bevor er nach Amerika gekommen war, hatte er für Hollands Staatslinie, die KLM, gearbeitet. Aber er hatte mich nicht in sein Büro gerufen, um unseren gemeinsamen Hintergrund zu diskutieren. Da war ich sicher.

Ich fühlte mich beklommen, als ich Priester gegenübersaß, und ich erinnerte mich unwillkürlich an das erste Mal, als ich ihm 1932 in New York begegnet war. Als ich damals sein Büro im Chrysler Building betrat, sah ich einen kleinen, kahlköpfigen Mann an einem Schreibtisch sitzen. Das durch ein Fenster hinter ihm einfallende Licht tauchte sein Gesicht in den Schatten. Ich begann über meine Vorstellungen zu sprechen, über die Fliegerei bei der Navy, meinen Universitätsabschluß und meinen Wunsch, einen Job bei Pan American zu erhalten. Unfähig aufzuhören, redete ich immer weiter, bis ich mich endlich festgefahren hatte wie ein Halbtonner mit abgenutzten Bremsen.

Als ich sein Büro verließ, winkte mich seine Sekretärin zu sich: »War der alte Mann grob mit Ihnen?«

»Nein«, antwortete ich, und fühlte, wie mir das Blut in die Wangen stieg, »das war er wirklich nicht. Ich habe das Interview verhauen. Aber ich weiß, wie ich es beim nächsten Mal besser mache.«

Es gab kein nächstes Mal. Was auch immer Priester in dem ungeschickten jungen Mann vor seinem Schreibtisch an jenem Tag gesehen haben mochte, weiß nur Gott allein. Aber er hatte genug gesehen. Deshalb war er ja ein Genie.

Dieses Mal, in Schildhauers Büro, hielt ich den Mund. Priester begann über die riesigen Flugzeuge zu sprechen, die eines Tages über den Ozeanen hin und her fliegen würden, und über die Piloten, die diese Maschinen, den Kapitänen der Ozeanliner gleich, über die Meere kommandieren sollten. Er sprach von der Verantwortung dieser Kommandanten und den Problemen internationalen Luftverkehrs fern von der Heimatbasis. Nüchtern erörterte er die Flugnavigation, die Wettervorhersagen und die Treibstoffversorgung; dabei wurden seine Gesten lebhafter. Er beschwor in meiner Vorstellung Visionen über Flugzeuge herauf, die mit Metaphern brausender Luft und wogender See einhergingen, den gewaltigsten Schöpfungen, die man je gesehen hat.

Ich glaube, ich lernte ihn bei diesem zweiten Zusammentreffen besser kennen als die meisten. Er war ein typischer Holländer – solide, nüchtern, diszipliniert. Aber in seinem Herzen reichten seine Träume bis in den Himmel. Er war, auf seine Art, ein Poet.

Ich hatte nicht bemerkt, daß er niederländisch sprach, bis ich ihn sagen hörte: »Snell als Jan Bloote kont«. Dann wurden die Pausen zwischen den Sätzen länger, bis der große Mann schließlich schwieg wie ein Wecker nach dem letzten Klingeln. Gelegentlich, so scheint es, ist sprachliche Diarrhöe eine Schwäche von uns Holländern.

Er lächelte, als wäre er ein wenig verlegen. »Das ist es, worauf wir euch jungen Burschen hin trimmen wollen«, sagte er sanft.

»Snell als Jan Bloote kont« sprang ich in meinen Chrysler-Roadster und brach, mit herabgelassenem Verdeck, alle transkontinentalen Rekorde nach San Francisco. Mit einem Kopf, rot wie eine überreife Tomate, stieg ich vor dem Verwaltungsgebäude des Alameda-Flugplatzes aus dem qualmenden Wagen. Der Flugplatz war ein kleines, verlassenes Feld auf der Oakland-Seite der Bucht. Ich wurde in ein winziges Büro im Erdgeschoß verwiesen.

»Mr. Noonan«, sagte ich atemlos, »ich bin hier auf Veranlassung von Mr. Priester.« Noonan sah auf und schüttelte mir die Hand. »Willkommen an Bord«, sagte er mit einem Lächeln, »Sie sind ein wenig früher hier als erwartet. Fühlen Sie sich wie daheim.« Er blickte herum, um mir einen Stuhl anzubieten, aber es war keiner da. »Und wir haben auch kein Flugzeug hier«, fügte er hinzu.

»Wo soll ich anfangen, Mr. Noonan?«

»Nun«, antwortete er ein wenig unsicher, »ich weiß es wirklich nicht. Vielleicht beginnen Sie mit dem Ausfegen des Büros.«

Groß und schlank und ein wenig dem Filmschauspieler James Stewart ähnlich, war Fred elegant und gutaussehend, und ich fühlte mich vom ersten Moment an zu ihm hingezogen. Dieses Gefühl beruhte, wie sich herausstellte, auf Gegenseitigkeit. Wir operierten sozusagen auf derselben Frequenz. Noonan war Seemann, hatte auf Segelschiffen begonnen und später das Meer auf Dampfern durchpflügt. Er war nicht nur ein meisterhafter Navigator, sondern auch ein exzellenter Lehrer. Er konnte die unverständlichsten Dinge am Himmel so simpel erscheinen lassen wie den Mechanismus eines Weckers. Viel später erst begriff ich sein intuitives Gespür. Noonan war jedoch kein Pilot, wie von manchen behauptet wurde.

So begann für mich das Abenteuer der Pazifikdienste von Pan American. Noonan erweiterte seine Routine auf den Erprobungsflügen nach Hawaii, Midway, Wake und Guam in einem mit Kabinentanks ausgerüsteten S-42-Flugboot.

Flugnavigation, das wurde mir schnell klar, war eine Pseudo-Wissenschaft. Du wußtest nie, wo du dich gerade befindest, sondern nur, wo du gewesen bist. Deine Hilfsmittel waren ein Abdriftmesser, Rauchbomben zum Überbordwerfen am Tage und Karbidleuchten bei Nacht, Beobachtung von Sonne, Mond, Planeten und Sternen – wenn sie denn zu sehen waren –, Funkpeilungen, so unwägbar wie Wettervorhersagen, und, um all dies abzurunden, noch die Todesberechnung, die nichts anderes besagte, als daß du tot warst, wenn du dich verrechnet hattest. Unnötig zu sagen, daß wir einige Fast-Begegnungen hatten.

Noonan trainierte meine Gruppe, die Junior Flight Officers, und checkte sie aus. Die Flugkapitäne nahmen an diesem Trainingsprogramm nicht teil; sie wurden am Steuer benötigt. Ich möchte hinzufügen, daß wir die erfahrensten Funker hatten. Das Einholen und Auswerten von Funkpeilungen war eine Kunst für sich.

Viel wurde über Noonans Trinkerei geredet. Er wurde bezichtigt, Alkoholiker zu sein. Das war er nicht, jedenfalls nicht damals. Besatzungsmitglieder berichteten, daß Fred während der Flüge zu verschwinden pflegte, daß er an Bord geschafft werden mußte und unter den Crews immer jemanden hatte, der ihn deckte. Noonan fungierte auf allen Flügen als Instruktor und Supervisor. Er war so klug, die jungen Leute ohne ständige Kontrolle arbeiten zu lassen. So manche Kursabweichung mitten über dem Ozean war belanglos. In kritischen Situationen jedoch verließ Fred niemals seinen Tisch. Ich selbst habe keine einzige Unregelmäßigkeit miterlebt. Auf Zwischenstopps allerdings zog er sich in sein Zimmer zurück, und wir sahen bis zum Abflug nichts mehr von ihm. Aber das war seine Sache.

Später wurde sein Trinken zum Problem. Er hatte wohl persönliche Schwierigkeiten. Auf meinem letzten Flug mit ihm vertraute er sich mir beinahe an, obwohl er nicht der Mann war, seine Probleme offenzulegen. Während wir unseren Clipper für den Rückflug vorbereiteten, wurde ein Taifun nahe Mindanao gemeldet. Wir diskutierten im

Hotel in Manila darüber, ob wir das Boot irgendwo anders hinfliegen sollten. Aber da die Wege eines Mannes in Bezug auf ein Mädchen oder einen Taifun nicht vorhersehbar sind, wurde entschieden zu bleiben, was auch immer kommen mochte. Wir sicherten das Flugboot so gut es ging, indem wir die Stützschwimmer durch kreuzweise unter dem Bootsrumpf verlaufendes schweres Tauwerk miteinander verbanden, und es dann an den Trossen festmachten. Danach stellten wir eine Wache auf, rechtzeitig, um mit den Motoren den Druck zu mindern, falls der Wind Hurrikanstärke erreichen sollte, und um Boote und anderes treibendes Gut abzuwehren. Ich hatte mit Fred zusammen die Wache an Bord. Die anderen waren an Land, um uns bei Bedarf zu Hilfe zu kommen.

Wir saßen im Cockpit und hatten alle Lichter gelöscht, um die Batterien zu schonen. Böen rissen an der Vertäuung, der Regen prasselte auf den Rumpf, der Wind heulte und die Wellen klatschten gegen den Bug. Stundenlang hielten wir Wache, sprachen über dieses und jenes und verfielen dann in Schweigen, jeder seinen eigenen Gedanken nachhängend.

Dann erzählte Fred mir über einige seiner Schwierigkeiten.

»Fred«, sagte ich schließlich, »mach Schluß damit. Warum willst du dein Leben ruinieren? Du hast viel aus deinem Leben gemacht und genießt hohes Ansehen. Warum machst du einen Hanswurst aus dir und zerstörst alles?«

Wie unwissend ich war! Später begriff ich mehr. Das war, als mein eigenes Leben zum Teufel ging und es nichts zu geben schien, wofür es sich noch zu leben lohnte, und die einfachste Lösung die Flucht in eine Traumwelt war, durch die bei jedem Erwachen die Wirklichkeit immer entsetzlicher wurde. Aber damals war ich jung und hatte weder die Einsicht, noch vermochte ich die richtigen Worte zu finden. Und so blieben diese Worte, die vielleicht hätten helfen können, ungesagt.

Der Morgen brach an, und der Wind flaute ab. Der Taifun zog in die Weiten des unendlichen Pazifiks hinaus.

»Verdammt«, sagte Fred und rieb sich die Augen, »ich wünschte, der gottverdammte Taifun hätte uns voll erwischt.«

Ich habe weit ausgeholt, um Noonan vorzustellen. Auf einen Nenner gebracht: Fred war zu jener Zeit der erfahrenste Flugnavigator der Welt, und in jeder Hinsicht ein brillanter dazu. Er war von liebenswertem Naturell und abhängig vom Alkohol. Kurz nach der Taifun-Episode fand er sich ohne Job wieder. Navigatoren waren inzwischen so überflüssig wie Badeanzüge in Grönland. Unvermutet erhielt er jedoch eine neue Aufgabe, die Electra von Amelia Earhart.

Eines Tages im März 1937 traf ich, aus Manila kommend, mit dem »China Clipper« in Honolulu ein. Ich begegnete Fred in der Eingangshalle des Hawaiian-Hotels. Er sah blaß aus; ganz offensichtlich war er nicht vor kurzem in der Lagune von Wake geschwommen.

»Komm, Lodi«, sagte er, »laß uns ein Bier trinken.«

Wir setzten uns, und der Boy brachte uns zwei gefrostete Gläser. Ich sah hinaus zum Strand, wo große Wogen landeinwärts stürmten und auf Surfbrettern balancierende Figuren mit atemberaubender Geschwindigkeit auf den Wellen ritten. Ich wußte, daß Fred Amelias Flugzeug auf dem Rund-um-die-Welt-Flug navigieren würde.

»Ab durch die Mitte!« sagte Fred und hob sein Glas.

»Prosit!«

Der Raum begann sich mit Touristen in geblümten Hemden und Strohhüten sowie schlanken, sonnengebräunten Mädchen zu füllen. Als meine Augen den ihren für einen flüchtigen Moment begegneten, schauten sie weg, aber manche Augen verweilten auf Fred. Er nahm es nicht zur Kenntnis.

Wir brachen auf und fuhren zum Flughafen, wo Fred, wie er sagte, noch zu tun hatte. Es regnete; ein dünnes, leises Nieseln. Autoreifen rauschten über den Asphalt, und der Pförtner hielt ein Taxi an.

Auf dem Flugplatz gingen wir in den Hangar. Da stand die Lockheed Electra. Sie war ein paar Tage zuvor während des Starts in den Südpazifik schwer beschädigt worden. Die Maschine sah aus, als wäre sie in einen Kampf mit einem Betonmischer geraten. Die Räder waren abgeknickt, die Fahrwerksbeine zertrümmert, der rechte Flügel zerstört, der rechte Motorträger geknickt und beide Propeller verbogen. Im Grunde war die Electra kein schlechtes Gerät für diesen Flug. Die beiden Wright-Motoren hatten je 550 PS. Aber diese Motoren vermittelten auch ein falsches Sicherheitsgefühl. Die Maschine war im Einmotorenflug nicht in der Luft zu halten, weil das maximale Fluggewicht von 5700 Kilogramm für diesen Flug auf 7500 Kilogramm angehoben worden war. Die normalerweise für neun Passagiere eingerichtete Kabine war mit Zusatztanks versehen worden. Ich flog in Brasilien ein ähnliches Exemplar auf der Strecke von Rio nach Belo Horizonte. Das Flugzeug ließ sich einwandfrei handhaben und lag gut in der Luft. Es hatte anstelle eines Bugradfahrwerks eines mit einem Spornrad. Bei Start und Landung mußte dieses Spornrad in Flugrichtung fixiert werden. Wenn man das vergaß, hatte man einen Tiger beim Schwanz.

• • • • • •

Die Ausrüstung der Maschine war auf dem Fußboden des Hangars ausgebreitet. Ich bemerkte das Fehlen eines Rettungsfloßes. »Wir können nicht alles mitnehmen«, meinte Fred mit einem ironischen Lächeln. Ich hatte einen Unfallbericht über eine ähnliche Electra, die L-10, gelesen, die sachkundig auf ruhiges Wasser gesetzt worden war. Das Flugzeug sank innerhalb von zehn Minuten. Der berühmte Dick Merrill hatte sechs Monate zuvor den Nordatlantik in beiden Richtungen in einer einmotorigen Vultee überquert, deren Tragflächen mit Tausenden von Ping-Pong-Bällen gefüllt waren, um das Flugzeug bei einer Notwasserung schwimmfähig zu halten. Wie Lindbergh ging auch er kein vermeidbares Risiko ein. Deshalb lebten beide auch bis ans Ende ihrer Tage.

Die Funk- und Navigationsausrüstung war spärlich. »Wenn ich so sagen darf, Fred, entspricht dein Funkpeilgerät nicht dem, was wir in unseren Clippern zur Verfügung hatten.«

»Du weißt, wie uns Funkpeilungen in Schwierigkeiten gebracht haben, Lodi …«

»Ich würde mein Leben auch nicht nur an Peilungen hängen, Fred, aber wie willst du Howland ohne sie finden?«

»Erinnerst du dich an Mount Tamalpais?«

Das Wort Tamalpais löste in mir Katastrophengefühle aus. Als hätte Fred meine Gedanken erraten, sagte er verächtlich: »Wenn wir damals über die Klinge gesprungen wären, würde es eine von diesen mysteriösen Luftfahrtkatastrophen gewesen sein.«

Das würde es. Während eines Instrumentenanflugs auf Oakland in dichtem Nebel und bei einer angezeigten Flughöhe von 1200 Metern kamen wir mittels DF-Peilungen, das sind Suchpeilungen, des Adcock-Funkfeuers von Oakland herein. Nach dem Überflug des Funkfeuers umflogen wir es im Quadrat, schlugen einen südlichen Kurs ein und wollten uns dann über der South Bay bis zum Wasserkontakt sinken lassen. Plötzlich stellten wir fest, daß wir einen Kiefernwald durchflogen, und die Zweige gegen unseren Rumpf schlugen. Ich erinnere mich an Musicks verzerrtes Gesicht, als die Baumwipfel an seiner Seite vorbeizischten und er das Steuerhorn zu sich heranriß. Der Clipper schoß empor wie ein aufgescheuchter Fasan. Wir gingen dann über dem Meer runter, unterflogen die Golden Gate Bridge, landeten nahe Alcatraz und schipperten nach Alameda hinüber. Unsere Peilungen wiesen einen Fehler von 40 Grad auf und führten uns über den 1200 Meter hohen Mount Tamalpais. Es wurde über Wasser in den Kondensatoren des Adcock-Funkfeuers gemunkelt. Wären wir zerschellt, wäre die Unfallursache wahrscheinlich Pilotenfehler gewesen.

Wie bald schon dieser Mühlstein um Freds Hals hängen sollte!

Die Electra wurde nach Oakland verschifft und dort repariert. In der Zwischenzeit war die Streckenführung geändert worden. Anstatt westwärts um den Globus zu fliegen, entschied Amelia Earhart, es nun ostwärts herum zu machen. Am 20. Mai 1937 flogen Amelia und Fred nach Miami und Puerto Rico und dann weiter nach Natal, Brasilien. Von dort hüpften sie über den Südatlantik nach Dakar, Senegal. Nachdem sie Afrika überquert hatten, nahmen die Flieger Kurs auf Karatschi, Kalkutta und Singapur. Sie flogen über Java nach Port Darwin, Australien, und landeten zuletzt in Lae, Neuguinea. Die drei nächsten Etappen würden sie nach Howland, Hawaii und San Francisco bringen.

Die Electra verließ Lae und kam nicht in Howland an. Die Welt war wie gelähmt. Auf Anweisung von Präsident

Roosevelt wurde der Flugzeugträger »Lexington« von Honolulu aus in das betreffende Seegebiet entsandt. Sie suchten Tausende von Quadratkilometern ab. Viele Schiffe änderten ihren Kurs und beteiligten sich an der Suche.

Eine Wolke von abstrusen Theorien, vagen Vermutungen und Spekulationen legte sich wie ein Schleier über das Ereignis.

War ihnen der Treibstoff ausgegangen?

Die Situation schrie nach etwas Spektakulärerem.

Die Phantasie nahm die Sache in die Hand.

Eine Hypothese verkündete Amelia Earharts Verwicklung in eine Spionagemission. Japans zunehmender Militarismus sowie seine aggressive Expansion in Asien und dem westlichen Pazifik stellten eine Bedrohung für das Kräftegleichgewicht im pazifischen Raum dar. Ein Friedensvertrag nach dem Ersten Weltkrieg hatte Japan ein Mandat des Völkerbundes eingebracht, das ihm erlaubte, die ehemaligen deutschen Kolonien sowie das meiste von Mikronesien, den Marianen, den Karolinen und den Marshallinseln in Besitz zu nehmen. Nur einige wenige Inseln verblieben unter der Zuständigkeit des US-Innenministeriums; eine davon war die Insel Howland.

Amelias Möglichkeiten für Zwischenstationen waren somit beschränkt; ansonsten hätte sie sicherlich nicht Lae als Absprung für den kritischsten Abschnitt des Fluges ausgewählt. Laes Dschungelpiste war lediglich 1200 Meter lang und erlaubte nur eine Startrichtung: Südost. Amelia konnte das Flugzeug deshalb nicht ganz volltanken und verließ Lae mit 3400 Litern Benzin an Bord. 380 Liter mehr hätte ihr zwei weitere Flugstunden ermöglicht. Roosevelt, der die Bedeutung Howlands, eines unbewohnten Atolls, als mögliche Militärbasis voraussahnte, ließ eine Präsidentenorder für den Bau einer Landebahn auf Howland ergehen und ein Marineschiff, die »Itasca«, nahe dem Eiland stationieren, um Peilzeichen auszustrahlen.

Wegen des mehr als üblichen Interesses der USA an einem privaten Unternehmen, gar nicht zu reden von der Suche durch die »Lexington«, glaubten viele Menschen, daß die amerikanische Regierung Amelia Earhart in eine Spionagemission hineingezogen haben könnte. Die Regierung hat einen derartigen Vorwurf stets bestritten. Amelia hätte die in Frage kommenden Ziele während der Nacht erreicht. Das Flugzeug war mit keiner fotografischen Ausrüstung ausgestattet, und es war unter dem Rumpf auch keine Öffnung zum Fotografieren vorhanden. Weder Amelia noch Fred hatten Erfahrung mit geheimdienstlichen Belangen. Amelia war eine ausgewiesene Pazifistin, und Fred würde mit seinem Ruf als Alkoholiker wohl kaum vom Nachrichtendienst rekrutiert worden sein.

Andere vertraten die Theorie, daß das Flugzeug vom Kurs abgekommen wäre und auf einer der Mandatsinseln eine Bruchlandung gemacht hätte. Es ist indes schwer zu glauben, daß Fred sich durch eine falsche Todesberechnung um mehrere hundert Kilometer vertan haben sollte.

Und dennoch, diese beiden Theorien bewirkten den Eindruck eines geheimnisvollen Verschwindens und gaben Anlaß zu zahllosen Zeitungsartikeln und verschiedenen Büchern; eines davon ein Bestseller.

Ein Sergeant der US-Army, Thomas E. Devine, behauptete, ein zweimotoriges Metallflugzeug mit doppeltem Seitenleitwerk und der Nummer NR16020 1944 über Saipan gesehen zu haben. Zu diesem Zeitpunkt hätte er die Bedeutung nicht erkannt, bis er erfuhr, daß es sich um die Registriernummer von Amelia Earharts Maschine gehandelt habe. Am Abend desselben Tages hörte Devine eine Explosion, lief zum Flugplatz und sah das Flugzeug in Flammen.

Eine Menge Leute berichteten, einen Mann und eine Frau auf verschiedenen pazifischen Inseln gesehen zu haben, die Noonan und Amelia Earhart geähnelt hätten. Eine amerikanische Zahnärztin auf Saipan sagte aus, sie hätte 1937 eine »amerikanische Fliegerin« auf der Insel gesehen. Diese Zuschauerin war damals elf Jahre alt. Sie bezeugte die Landung eines silbernen, zweimotorigen Flugzeuges, offensichtlich in Schwierigkeiten, in einiger Entfernung vor der Küste. Später beschrieb sie die »amerikanische Fliegerin« als kurzhaarig und mit Hemd und Hose bekleidet; sie sei von Soldaten abgeführt worden.

Die umfangreichste Untersuchung wurde 1960 durch den CBS-Reporter Fred Goerner durchgeführt, der ein halbes Dutzend Leute auf Saipan befragte. Sie berichteten, in den dreißiger Jahren einen weißen Mann und eine weiße Frau auf der Insel gesehen oder von ihnen gehört zu haben. Goerner vermutete, daß Amelia Earhart und Fred Noonan der Treibstoff ausgegangen war, sie auf den Marshallinseln landeten, von den Japanern festgenommen und nach Saipan geschafft wurden, wo sie gestorben seien oder umgebracht worden wären.

Übrig bleibt jene gerechterweise akzeptierte Theorie, nach der der Treibstoff zur Neige ging, als sie versuchten, die Insel Howland zu finden. Aber warum? Der Flug schien doch mehr oder weniger planmäßig zu verlaufen. Aber was war mit der Navigation?

Der Stand der Kunst der Kursbestimmung mittels Funk in den dreißiger Jahren kann am besten durch ein einfaches Beispiel dargestellt werden. Wenn man ein tragbares Radio nimmt, einen Sender einstellt und das Radio im Kreis herumschwingt, wird man feststellen, daß der Sender auf zwei gegenüberliegenden Positionen am lautesten zu hören ist. Bezeichnen wir diese Positionen nach dem Zifferblatt der Uhr als 12 und 6. Die Lautstärke ist bei 3 und 9 am schwächsten. Das herumgewirbelte Radio entspricht der drehbaren Rahmenantenne eines Flugzeuges. Fallen Rahmenebene und Richtung zum Sender zusammen, ist der Empfang am stärksten; steht die Rahmenantenne jedoch rechtwinklig zum Sender, ist der Empfang am schwächsten. Wenn die Bodenstation ein Dauersignal über zwei Minuten ausstrahlte, konnte der Funker durch Drehen der Rahmenantenne die beiden Empfangsmaxima bzw. -minima gradmäßig bestimmen. Für die Richtungsbestimmung zum Sender wurden die Minima verwendet, weil sie sich durch das menschliche Ohr genauer festlegen lassen. Befand sich nun die Rahmenantenne in der Minimum-Stellung, dann wußte man zwar genau, daß der gepeilte Sender auf einer Linie empfangen wurde, die rechtwinklig zur Rahmenebene verlief, aber auf welcher Seite der Rahmenebene lag der Sender? Oder anders gefragt: befand sich das Flugzeug vor oder hinter der Bodenstation? Diese Uneindeutigkeit der Peilungen wurde später beim automatischen Funkpeilgerät durch eine Hilfsantenne ausgeschaltet, so daß heutzutage die Position einer Bodenstation jederzeit klar zu erkennen ist.

Amelia Earhart vertraute auf den Sprechfunk, der damals nur eine geringe Reichweite hatte und durch atmosphärische Störungen beeinträchtigt wurde. Für wirklich exakte Kurspeilungen hätte eine 75 Meter lange Schleppantenne mit einem Ballgewicht am Ende herabgelassen werden müssen. Amelias Festantenne, die vom Cockpit zu den Doppelrudern reichte, konnte keine zuverlässigen Peilsignale empfangen. In einigen Berichten wurde behauptet, daß die Schleppantenne in Lae zurückgeblieben sei.

Amelia Earhart und Fred Noonan kamen bei der Südatlantiküberquerung zwischen Natal, Brasilien, und Dakar, Senegal, 260 Kilometer vom Kurs ab und landeten in St. Louis. Eine solche Abweichung ist, wenn man auch noch ein Atoll finden will, fatal. Vermutlich konnte Fred keine zuverlässigen Fixpunkte finden, und ohne Schleppantenne bekam Amelia keine Funkpeilungen von Dakar. Die normale Präzession des Kreiselkompasses konnte sie zudem nach Norden vom Kurs abgebracht haben. Kreiselkompasse wandern allmählich vom zu fliegenden Kurs weg und müssen vom Piloten in bestimmten Abständen dem Magnetkompaß nachgeführt werden. Angenommen, es wären nur unregelmäßige Korrekturen erfolgt, könnte das Flugzeug dadurch erheblich vom Kurs abgewichen sein.

Die Navigationsprobleme hätten eine Warnung sein sollen.

Aber Noonan hatte ein As im Ärmel: seine geniale »vorgerückte Sonnenlinie«.

Um 1935 basierte die Flugnavigation auf der Zehn-Knoten-Geschwindigkeit, also 18,5 Kilometer pro Stunde, eines Seeschiffes multipliziert mit zehn, also 185 Kilometer pro Stunde, als der Geschwindigkeit eines Flugzeuges. Noonans Trick, eine Insel anzufliegen, war eine Verbesserung des »Entlanglaufens auf dem Breitengrad« der alten Seefahrer. Wenn zum Beispiel der Kapitän eines aus Ceylon kommenden Teeklippers das Kap der Guten Hoffnung umrundet hatte, lief er nördlichen Kurs Richtung Liverpool. Die Bestimmung des dafür günstigsten Längengrades war zu jener Zeit kaum möglich, da ihm keine genaue Ortszeit zur Verfügung stand. Der Breitengrad jedoch konnte mit Hilfe einer einfachen Winkelmessung zwischen Sonne, Schiff und Horizont täglich zur Mittagszeit ermittelt werden.

Wünschte der Kapitän zum Beispiel eine Positionskontrolle an den Azoren, steuerte er einen Kurs, der ihn in sicherer Entfernung rechts oder links an der Inselgruppe vorbeiführen mußte. Auf berechnetem Grad angelangt, wechselte er den Kurs und lief auf eben diesem Breitengrad bis zu den Azoren.

Sie flogen durch eine Nacht, die so schwarz war wie ein Tunnel von Pol zu Pol. Amelia bemühte sich krampfhaft um Funkkontakt, während Noonan, seinen Libellenoktanten auf dem Schoß, durch die Frontscheibe hinauf in den schwarzen Himmel starrte, um einen Stern oder einen Planeten für einen »Schuß« auszumachen. Waren sie ein Team? Aus Briefen an Freunde und aus Telefonaten mit Amelias Ehemann, George Palmer Putnam, wurde ersichtlich, daß die Atmosphäre im Cockpit nicht auf gegenseitigem Vertrauen fußte. Harmonie und Verständnis tauchten in der Earhart-Noonan-Verbindung nicht auf. Daß Amelia einen guten Grund dafür hatte, ist unerheblich. Entschlossen, den Flug zu Ende zu bringen, mißachtete sie die Tatsache, daß Harmonie in der Crew genauso wichtig ist wie das perfekte Zusammenspiel aller beweglichen Teile eines Verbrennungsmotors.

Im Osten wird der Himmel fahl, und die See unter ihnen erscheint mit langen, bleiernen Wellen und einer leichten Kräuselung. Vorwärts eilend, verschmelzen Flugzeug und Licht miteinander. Die Sonne! In diesem Augenblick weiß Noonan, daß seine Aufgabe gekommen ist. Er ergreift seinen Oktanten und bringt das Abbild der Sonne mit der Luftblase im Sichtfenster zusammen. Er notiert die Zeit. Nun die Tabellen. Aus dem Zeitpunkt der Sonnenbeobachtung, der Sonnenhöhe und einer »vermuteten Position« bestimmt Fred schnell den Azimut, den Richtungswinkel nach einem Punkt des Horizonts, und daraus den Schnittpunkt auf seiner Kurslinie, durch den er im annähernd rechten Winkel zur Kurslinie die »Sonnenlinie« einzeichnet. Sie sind jetzt irgendwo auf dieser »Sonnenlinie«, und Fred weiß exakt, wie weit sie von Howland entfernt sind, aber nicht, ob sie links oder rechts der Insel sind. Nun zeichnet er parallel zu seiner »Sonnenlinie« eine zweite Linie, die »vorgerückte Sonnenlinie«, mitten durch Howland hindurch und ändert seinen Kurs etwas nach Norden.

Die Electra erreicht die »vorgerückte Sonnenlinie«. Das Flugzeug dreht nach rechts auf deren Kurs ein und fliegt direkt auf ihr entlang Richtung Howland.

Ein solches Verfahren erfordert Nerven aus Stahl. Sonne, Wolken und die See beschwören Phantominseln wie Trugbilder in der Wüste herauf. Die Versuchung ist groß, diese Erscheinungen anzusteuern oder, wenn die Insel nicht kommen will, umzudrehen.

Um 7:42 Uhr hört der Funker der »Itasca« Amelia Earharts Stimme: »Wir müßten bei euch sein, aber wir können euch nicht sehen. Der Treibstoff wird knapp. Konnte euch bisher nicht über Funk erreichen. Wir fliegen in 300 Meter Höhe.«

Der Funker, der keinen Sprechfunkverkehr mit dem Flugzeug herstellen konnte, strahlte ein Peilsignal auf allen Frequenzen aus. Keine Antwort von Amelia Earhart.

Amelia setzte um 8:45 Uhr, 20 Stunden und 15 Minuten nach dem Abflug von Lae, ihre letzte Meldung ab, die durchkam: »Wir befinden uns auf der Positionslinie 157-337. Wir fliegen Suchschleifen nach Norden und Süden.«

Hier liegt die Lösung für das Geheimnis. Man darf auf

der »vorgerückten Sonnenlinie« nicht hinauf *und* hinab fliegen. Du fliegst entweder hinauf *oder* hinab. Wenn die nahende Katastrophe das Hirn blockiert und Todesangst die Sinne lähmt, kann nur absolutes Vertrauen innerhalb der Crew das Flugzeug retten.

Versagte Amelia Earhart, oder war es Noonan? Wir werden es wohl nie erfahren.

Die Kunst des Fliegens

Von Anfang an vom Fliegen besessen, nahm ich an, daß jeder Pilot so empfinden müßte wie ich. Das war, so merkte ich bald, nicht der Fall und vermutlich der Grund, warum ich während meiner Laufbahn so vielen durchschnittlichen Piloten begegnet bin. Nicht, daß das von Bedeutung wäre. Flugzeuge sind so gebaut, daß sie von durchschnittlichen Piloten geflogen werden können. Aber Fliegen kann auch artistische Vollendung sein. Ein Flugzeug ist ein Instrument wie eine Violine. Du kannst »Hearts and Flowers« auf ihr herunterkratzen oder sie streicheln wie ein Virtuose.

Oldtimer-Piloten flogen, weil das Fliegen ein erregendes Abenteuer war, weil es Geschicklichkeit erforderte und in kritischen Situationen kühles Blut verlangte. Diese Zeit ist vorbei. Heutzutage ist die Fliegerei ein technischer Job. Aber im Grunde fliegen wir Flugzeuge so, wie wir es immer taten: mit Quer-, Seiten- und Höhenruder. Der Pionier, der das Fliegen mit dem Hosenboden, wo ja das fliegerische Gefühl sitzen soll, erlernt hat, fühlt sich zwischen dem schneidigen Nachwuchs ein wenig verloren. Die jungen Flugzeugführer stehen mit dem modernen Cockpit-Instrumentarium von Beginn an auf du und du, sind an den Autopiloten gewöhnt und mit dem Flugbetriebshandbuch verheiratet. Aber noch immer fühlt man sich, wenn man sich fest an seinen

Sitz geschnallt hat, eins mit der Maschine. Es verlangt nach wie vor Kunstfertigkeit, eine »Stehende Acht« oder eine fehlerlose langsame Rolle in der Formation zu fliegen oder den Weg durch die Waschküche zu finden, exakt auf dem Leitstrahl herabzukommen und das Flugzeug in einem weißen Schneesturm auf den Beton zu setzen. Und letzteres, ohne daß in der Kabine jemand von den Bewegungen der Maschine Notiz nimmt, die Leistungswechsel der Triebwerke, die Klappenstellungen und die zahlreichen Lageänderungen des Flugzeuges registriert.

»Große Klasse, Skipper«, bewundert ihn der Erste Offizier.

»Ach, nur Glück gehabt«, grummelt der Kapitän.

Ist es nur Glück? Kann jemand die Jahre der Praxis, den Schweiß des Lernens, die Enttäuschung und die Frustration über einen mangelhaft absolvierten Ausbildungsflug vergessen?

Es ist schwirig, die Auswirkung von präzisen und kompromißlosen Verfahrensweisen beim Fliegen auf die Konstitution eines Mannes zu beurteilen. Zweifellos erzeugt es Druck auf sein Nervenkostüm. Furcht, Erschöpfung und Begeisterung fegen all das Unwichtige, das unser Leben zuschüttet, beiseite, und legen das Wesentliche frei. Ohne durch diese Mühle gegangen zu sein und deinen Anteil an Frustrationen und Belohnungen abbekommen zu haben, wirst du den Kern der Sache nicht entdecken.

Um Kunst in die Fliegerei zu bringen, muß der Pilot etwas vom Wunder des Fliegens verspürt haben. Er muß sensibel für Zwischentöne sein und die Schönheit und Erhabenheit des Fliegens wahrnehmen, um sich mit seinem Flugzeug eins zu fühlen. Und er muß wissen, daß sein Beruf ihn zu etwas Besonderem macht. Wenn das arrogant ist, dann ist es eben arrogant. Alle guten Flieger fühlen so oder ähnlich, obwohl die meisten es nur schwach wahrnehmen. Aber es ist da, und daß es von den meisten so empfunden wird, liegt in der machtvollen Faszination begründet, die die Fliegerei ausübt. Wenn der Geist des Fliegens erst einmal von jemandem Besitz ergriffen hat, verläßt er ihn nie mehr.

Um zu fliegen, nicht notwendigerweise gut zu fliegen, benötigt ein Pilot Selbstvertrauen. Bedauerlicherweise wird daraus oft Überheblichkeit, und der junge Pilot hält sich für der Welt größten Flieger, bis sein Schutzengel mit der Meldung zu ihm durchdringt, daß es viel besser sei, der älteste Pilot zu werden, als der brillanteste Versager zu sein.

Rund um die Welt finden sich Flugzeugbesatzungen bei sogenannten »Nachbesprechungen« zusammen, dieser modernen Abart des alten »Hangar-flying«, bei dem schlechtes Wetter aus einer Kaffeetasse den logischen Ersatz für einen Steuerknüppel machte. Manchmal verwandelte sich das Thema dieser nachträglichen Manöverkritik in etwas, das alle Flieger fühlen, aber nur wenige auszudrücken vermögen.

»Ah, mon vieux«, gestikuliert Monsieur le Commandant de Bord, »der eine muß mit savoir-vivre fliegen, und der andere sollte das Flugzeug in Übereinstimmung mit den Erfordernissen der jeweiligen Situation führen.«

»Vielleicht ja«, sagt der Herr Flugkapitän, »aber was wäre das alles ohne Fingerspitzengefühl? Wirkliches Geschick sollte man im kleinen Finger haben.«

»Richtig, alter Knabe«, murmelt der British Overseas Commander, bedächtig an seiner Pfeife ziehend, »ich sage nur: bring sie stets maßvoll und mit viel Reserve herunter.«

»Das will ich nicht bestreiten«, wirft Señor Commandante ein, »aber vergeßt nicht Coraçao. Kann jemand fliegen, ohne mit dem Herzen dabei zu sein?«

»Es scheint mir«, sagt der Transatlantik-Kapitän gedehnt, während er auf seinem übergroßen Pilotenkoffer hockt und duftenden Zigarrenrauch ausstößt, »es scheint mir, daß akkurate Flugvorbereitung gepaart mit ständiger Kraftstoffverbrauchskontrolle der Dreh- und Angelpunkt der ganzen Angelegenheit ist. Wenn diese beiden Punkte stimmen, ist alles im grünen Bereich.«

Da meldet sich ein kleiner Bursche, der in einer Ecke an seiner Cola nuckelt, zu Wort. »Aber ist das am Ende nicht alles dasselbe? Ob Sie mit Ihrem Herzen fliegen, mit Ihrem Kopf, mit Ihrem Fingerspitzengefühl, nach dem Buch oder mit Ihrem Hosenboden – Hauptsache, Sie machen es gekonnt und kunstvoll.«

Einen Moment ist es still. »Und wer«, spöttelt der Skipper, sich von seinem Pilotenkoffer erhebend, »denkst denn du, wer du bist? Der größte Flieger der Welt?«

Ohne ein Wimpernzucken entgegnet der kleine Kerl: »Aber sicher doch. Glauben Sie das denn nicht auch von sich?«

• • • • •

Das Schiff heimbringen

Die Bühne, auf der mein unsäglicher Held und ich unseren kleinen Einakter aufführten, war so bizarr, daß ich finde, ich sollte enthüllen, wo die Falltür war, und wo sich die Hutschachtel mit dem versteckten Zylinder befand.

Nach der Uran-Mission mit dem »China Clipper« begann eine Zeit der unsicheren Jobs, des »hiring and firing«, wie wir es nannten. Tausende von Militärpiloten kehrten von den Kriegsschauplätzen heim. Pan American erwartete eine phänomenale Expansion. Da zeigte das Schicksal mit dem Finger auf mich.

Eines Tages, als ich einen Navy-Captain, zwei Air Force-Colonels und ein Marine-As in Pan Americans freundliche Arme aufgenommen hatte, sah ich zwei Pförtner einen Schreibtisch in mein Büro schleppen. Eine Woche später wurde ein weiterer Schreibtisch in mein Büro – Pardon: unser Büro – gezwängt, und in der Woche darauf fand ich meinen eigenen Tisch draußen auf dem Flur.

Nach diesem freundlichen Hinweis darauf, daß ich wohl doch nicht der Managertyp war, stand ich einsam neben meinem Schreibtisch im Korridor, als mein Kollege Joe Chase vorbeikam. »He, Joe«, rief ich erstaunt, »ich dachte, du befliegst den Pazifik.«

Joe blickte an seiner gebogenen Nase vorbei. »Habe ich,

Lodi«, sagte er, »bis vorgestern. Jetzt bin ich die ›Top-banana‹ von Panair do Brasil.«

»Was du nicht sagst. Was ist so geheimnisvoll daran?«

»Vieles. Komm heute nacht mit mir zum Essen zu Auby's Lagoon in den Vorgarten, und ich werde dir alles enthüllen.«

Was Joe bei einem Fischgericht enthüllte, ließ meine Nackenhaare hochstehen wie das Fell auf dem Rücken eines Jagdhundes vor einem Fuchsbau. Pan American, die weltweit zahllose Flugplätze und Funkeinrichtungen begutachtet, vermessen und gebaut hatte, war vom CAB, Civil Aeronautics Board, ein Knochen unter dem Motto »Kein Monopol – Freie Unternehmen« hingeworfen worden. Die besten Strecken waren den früheren Inlandsfluggesellschaften zugesprochen worden. Pan American hatte London, Brüssel, Marseille, das südliche Deutschland, Österreich, die Türkei und, glaub' es oder nicht, den Libanon, den Irak, Afghanistan und Nord-Indien erhalten; also einnahmenschwache Routen im Gegensatz zu Paris, Frankfurt, Zürich, Rom, Lissabon und Madrid.

»Die Gesellschaft nimmt das nicht untätig hin«, sagte Joe. Er erklärte, wie Panair do Brasil in diese internationale Situation eingebaut werden sollte. Als brasilianische Fluglinie und gleichzeitig Ableger von Pan American könnte Panair do Brasil Landerechte in jenen Städten erhalten, die Pan American verwehrt waren: Paris, Frankfurt, Zürich, Rom und Madrid. Joe war zum Kopf dieses Projekts bestimmt worden. Für diese Mission wurden ihm sechs Besatzungen und sechs Constellations, die modernsten Verkehrsflugzeuge jener Tage, zur Verfügung gestellt. Die »Connie« war eine gute Maschine mit Sitzen für 45 Passagiere, einer Reisegeschwindigkeit von über 320 Stundenkilometern und mit vier Wright Cyclones von je 2200 PS ausgerüstet. »Ich dachte an dich«, schloß Joe.

»Woher weißt du, daß ich verfügbar bin, Joe?«

Chase legte seinen Finger an die Nase, um ein sphinxhaftes Lächeln zu verbergen. »Es läuft ein Wettrennen ohne jedes Halten, Lodi. Wir wollen das schlaue Instruktionsbuch aus dem Fenster werfen. Wenn du deinen Job gut machst, werde ich dich auch gut bezahlen. Wenn nicht, schmeiße ich dich raus. Wir haben ein Jahr Zeit.«

Es folgten meine fünf glücklichsten Jahre.

Als ich nach Rio kam, hielten wir eine Konferenz ab. Das Resultat war, daß Joe seine Show in Rio abziehen würde und ich die Verantwortung für den europäischen Bereich mit Sitz in Lissabon übernehmen sollte.

Nachdem ich nun enthüllt habe, wo die Falltür war, und wo sich die Hutschachtel mit dem versteckten Zylinder befand, sollte ich den Vorhang für einen Blick auf die Bühne öffnen.

Portugal hat, wie Holland, eine glorreiche Vergangenheit, aber viel mehr auch nicht, und vielleicht ist das der Grund, warum ich sofort eine Verbundenheit mit diesem Land empfand. Portugal ist reich an historischen Monumenten, Burgen, Kirchen und Ruinen. Aber dies soll kein Reisebericht werden. Im Gegensatz zu meinen Kollegen, die Villen im eleganten Estoril mieteten, versteckte ich mich in Cascais, einem Fischerdorf. Cascais hat sich nicht verändert, seit Magellan um die Welt gesegelt war, und wenn doch, dann verbarg das Dorf es meisterhaft. Die Abwässer flossen durch die Gossen der schlaglochübersäten Straßen. Die Leute ritten auf Eseln oder fuhren auf Fahrrädern, die mit einem Holzgestell über dem Hinterrad ausgestattet waren, auf dem eine Ladung Gartenerzeugnisse, einige Stück Geflügel und ein 20 Liter-Kanister mit Milch Platz fanden.

Die Portugiesen sind die höflichsten Menschen der Welt. Wenn sich Bauern begegnen, lüften sie ihre Kopfbedeckungen, erkundigen sich gegenseitig nach der Gesundheit und dem Wohlbefinden der Familien und verabschieden sich dann mit »Ich bin Ihr gehorsamer Diener«. Eine männliche Person, ob Gentleman oder Diener, ist ein Señor, und jede Frau ist eine Señora Donna. Die Höhergestellten beanspruchen den Titel Dom. Nicht selten wurde ich mit »Vossa Excellencia« angesprochen, einer weiblichen Anredeform, die aber für beide Geschlechter benutzt wird.

Die charakteristische Eigenschaft der Portugiesen ist neben ihrer Melancholie das »Wartenkönnen«. Worauf? Vielleicht auf irgend etwas, das irgendwann kommen könnte. Eine solche Geduld ist aus lange praktizierter Anspruchslosigkeit heraus geboren. Die Sprache ist schwierig zu sprechen und unmöglich zu schreiben. Die Literatur besteht hauptsächlich aus Werken des Dichters Camões, dessen Elegien sich mit den Taten Vasco da Gamas befassen.

Gegenüber meiner Pension in Cascais befand sich das Lebensmittelgeschäft von Señor Augustino, der mit einem Schöpfgefäß aus Blech Zucker, Mehl und Bohnen aus Holzfässern ans Tageslicht beförderte. Ich dachte, ich würde besser bedient werden, wenn ich mich zuerst nach der Gesundheit von Señor Augustino und der Menina erkundigte. Die Antwort war stets: »Muito boa, Señor – muito boa, obrigado« – Sehr gut, Señor – sehr gut, danke –, selbst dann, wenn die Menina mit Diphterie im Bett lag.

Das portugiesische Zeitverständnis ist nicht wie das unsere. Wenn man zum Essen eingeladen wird, dann nicht für sieben oder acht Uhr, sondern zum Sonnenuntergang. In

Portugal benötigt die Sonne ein oder zwei Stunden, bis sie untergeht. Wenn du etwas benötigst, egal was, wird jeder selbstbewußte Geschäftsmann oder Angestellte behaupten, das wäre »völlig unmöglich«. Bleibst du hart, könnte es irgendwann »vielleicht« heißen. Bist du dann immer noch nicht entmutigt, könntest du schließlich ein »ja, es ist möglich« zu hören bekommen. Dann bist du auf dem richtigen Weg.

In diesem gotischen Paradies, zwischen klappernden Eselshufen, ihre Waren feilbietenden Frauen und dem körnerschöpfenden Augustino, hatte ich eine Fluglinie aufzubauen, und das über einem Territorium, wo die Uhr seit einigen Dekaden stillstand. Wo sollte ich beginnen? – Um in einer portugiesischen Metapher zu bleiben: Laßt mich versuchen, meine von einem Holzgestell über dem Hinterrad herabhängende Ladung welker Gartenprodukte an den Mann zu bringen.

Ein großer, gutgekleideter Gentleman betrat mein Büro in einem vierstöckigen Rokoko-Gebäude in der Avenida da Liberdade in Lissabon und übergab mir ein Kuvert.

»Setzen Sie sich bitte«, sagte ich und drückte gleichzeitig auf einen Knopf an meinem Schreibtisch, woraufhin nach wenigen Minuten ein weißgekleideter Bursche mit einem Tablett und kleinen Kaffeetassen erscheinen würde. Ich öffnete den Umschlag und entnahm ihm ein Stück Papier, auf das gekritzelt war: »Lodi, das ist Pedro. Teste ihn in Europa, wenn du kannst. Er ist ein großer Vogel im politischen Hühnerstall in Rio.« Unterschrift: Joe.

Pedro bot mir eine brasilianische Corona an. Wir tranken unseren Kaffee.

Das Nachkriegs-Europa war ein einziges Chaos. Viele Flughäfen waren beschädigt und Flugnavigationshilfen zerstört. Die Flugverkehrskontrolle war so gut wie nicht vorhanden. Die führenden europäischen Luftverkehrsgesellschaften lagen noch am Boden oder flogen mit umgebauten Bombern oder kriegsmüden DC-3-Transportern. Das europäische Wetter war heikel. Auf unorganisierten Wettervorhersagen basierende Flugpläne waren nur erste Entwürfe und Objekte ständiger Änderungen. Service jedweder Art war knapp und mangelhaft. Ein Korb Orangen oder ein Kilo Kaffee bewirkten mehr als ein von allerhöchster Stelle unterschriebenes Dokument. Oft flog ich mit einem auf einen Radiosender geschalteten Kopfhörer und einem zweiten, der auf die Luftverkehrskontrolle eingestellt war.

In dieser fliegerischen Einöde hatte ein Pilot eine Mischung aus unerschrockenem Trapezartisten und Tiertrainer zu sein. Viel hing von seinem Urteil und seiner Intuition ab. Die Panair-Piloten waren eine motivierte und eingeschworene Gruppe, aber mit mangelhafter Erfahrung auf Fluglinien und ohne Cockpit-Disziplin. Keiner hatte Nachtflugerfahrung bei schlechtem Wetter. Nicht alle sprachen Englisch. Sie waren Exponenten ihres Landes, eines potentiell reichen, aber relativ unentwickelten Landes. Ihre angeborene Selbständigkeit machte sie jedoch zu den großartigsten Piloten, mit denen zusammenzuarbeiten ich jemals das Vergnügen hatte.

Pedro nippte an seinem Kaffee. Ich rauchte meine Corona. Und ich hielt den Mund. Ich hatte mit ihm zu fliegen.

Pedro und ich schnallten uns in den Sitzen fest und gingen daran, Luftfahrtgeschichte zu schreiben. Er handhabte das Flugzeug ausgezeichnet. Allerdings schien ihn nichts etwas anzugehen. Als ich ihn das erste Mal im linken Sitz, dem Kapitänssitz, Platz nehmen ließ, hob Pedro ab und fragte mich nach dem Einfahren des Fahrwerks: »Welches ist denn unser Kurs?«

»Ich bin nur Ihr Copilot«, antwortete ich. »Sollten Sie das nicht selbst wissen?«

Eines Tages erreichten wir Paris, das unter einer Wolkendecke lag. Nach dem Passieren des Anflugfunkfeuers drehte Pedro in westlicher Richtung ab, als hätte er die Absicht, nach New York zu fliegen. Ein anderes Mal, über London, wählte er die Frequenz des eineinhalb Kilometer von Heathrow entfernten Funkfeuers Northolt in das Funkpeilgerät ein. Da er das Gerät aber nicht aktivierte, sprang die Nadel kreuz und quer über die Skala und führte uns in einer Odyssee über das südöstliche England.

Ich war nicht der Meinung, daß Pedro reif zum Auschekken war. Ich verzuckerte ihm die Pille, indem ich ihm ein Wiederholungs-Engagement im nächsten Sommer anbot. Pedro kehrte nach Rio zurück und wurde als Kommandant auf der Route Rio–Lissabon eingesetzt, einer zwar langen, aber fliegerisch anspruchslosen Strecke.

Joe Chase hätte es besser wissen müssen. Es ist falsch, von Leuten Dinge zu erwarten, die sie einfach noch nicht drauf haben. Am Ende bleiben dabei nur bittere Gefühle übrig. Es zeichnet einen guten Mann aus, wenn er sowohl seine Stärken als auch seine Schwächen kennt.

Es ist traurig, aber Pedro war in diesem Sinne kein guter Mann.

Ein paar Wochen später, ich hatte gerade Gäste in meinem Heim in Cascais, wurde ich ans Telefon gerufen.

»Captain Lodi«, hörte ich eine Stimme, »Pedro kreist um den Flugplatz. Er hat bereits zwei Landeanflüge hinter sich. Da ist …«

»Fernando! Das ist der London–Paris-Flug! Das kann nicht Pedro sein!«

»Aber er ist es, Captain. Pedro hat heute morgen mit Jatahi getauscht.«

Mir blieb das Herz stehen. Jatahi war zu einem Teil Inder; ein guter und beständiger Pilot mit einer sanften Stimme und ohne Nerven. Ich hatte ihn auf den Europastrecken ohne Zögern ausgecheckt. Aber Jatahi war nicht der Mann, die Klinge mit Pedro zu kreuzen, einem Flugkapitän mit höherem Dienstalter und eine anerkannte Größe in »Rios politischem Hühnerstall«, wie Joe Chase erwähnt hatte.

Fernando wollte wissen, was er tun solle. Da war eine zerrissene, niedrige Wolkenuntergrenze und ein sehr starker Wind. Pedro hatte es abgelehnt, auf einen anderen Flugplatz auszuweichen.

»Fernando, sage ihm als erstes, er soll nach Gibraltar fliegen, wenn das Wetter dort gut ist. Und schicke mir einen Rennfahrer her, der mich zum Flughafen bringt.«

»Bereits erledigt, Captain. Sebastiao holt Sie ab.«

Bevor Sebastiao sein Taxi vor dem Terminal des Portela Airports mit kreischenden Bremsen zum Stehen gebracht hatte, war ich bereits die halbe Treppe zum Kontrollturm hinaufgerast.

Wie ich später herausfand, hatte sich eine von jenen Tragikomödien abgespielt, wie sie im täglichen Einerlei gelegentlich vorkommen. Pedro, auf dem Wege nach Paris, ging beim Versuch, Orly zu finden, verloren. Auf seinem Rückflug nach Lissabon, das er, wie ich später herausfand, wegen seiner noch vorhandenen Kraftstoffmenge niemals erreicht hätte, erspähte er durch ein Loch in den Wolken eine Stadt, die er als Bordeaux identifizierte. Seinen Plan abändernd, drehte er wieder um und flog Paris erneut an. Das Wetter war auf der Kippe, und so wurde er über Radar heruntergesprochen. Obwohl ihn der Radarlotse im Endteil zum Durchstarten aufforderte, setzte Pedro den Anflug fort, überschoß die Landebahnschwelle, brachte das Flugzeug zu spät und zu schnell an den Boden und rollte über die Betonbahn hinaus in unbefestigtes Gelände, wo das Fahrwerk bis zu den Achsen im nassen Erdreich steckenblieb. Sein Flugingenieur, der die Maschine auf eventuelle Schäden hin inspizieren wollte, öffnete die Cockpittür, warf das Seil, das eigentlich für die Rettung der Cockpitcrew in Notsituationen gedacht ist, außenbords, und wollte an ihm hinabrutschen. Unglücklicherweise war das Seil nicht am Flugzeug befestigt.

Als der Rettungswagen herangekommen war, blickte die Mannschaft bestürzt auf einen enervierten, aus dem Fenster starrenden Piloten und auf einen offenbar leblosen, unter der Maschine liegenden Körper.

Jeder andere hätte jetzt gesagt: Das reicht für heute. Nicht so Pedro. Das Flugzeug wurde zurück auf die Startbahn gezogen, und die Passagiere konnten aussteigen. Ich habe Zweifel, ob irgendeiner von ihnen jemals wieder geflogen ist. Pedro startete nach London, tankte dort auf und kehrte nach Paris zurück, wo sich das Wetter inzwischen gebessert hatte. Dann, und ich weiß, daß es kaum zu glauben ist, startete er erneut nach Lissabon mit einer Minimum-Treibstoffmenge, obwohl die Wettervorhersage für Lissabon nicht günstig war.

Wäre mir all dies bekannt gewesen, hätte ich wohl eine Herzattacke erlitten, als ich quer durch den Kontrollturm auf den Balkon hetzte, der rund um das Towergebäude lief. Fernando, der Dispatcher, stand dort und deutete nach Westen. Der Wind brachte das auf- und abschwellende Geräusch von Motoren herüber. Er biß mir mit Sturmstärke ins Gesicht. Ich erblickte zwei Landescheinwerfer übereinander. Das Flugzeug befand sich offensichtlich in einer Steilkurve. Als die Lichter in die Waagerechte gingen, sah ich sie nach Osten abdriften. Und genau dort waren wir, etwas östlich von der Landebahn.

In diesem Moment trieb ein Regenschauer über den Platz und man sah nichts mehr. Unwillkürlich wich ich an die Wand des Towers zurück.

Da glitt eine gespenstische, schwarze Masse in Augenhöhe vorüber. Eine Reihe erleuchteter Kabinenfenster zog, einer riesigen, fluoreszierenden Raupe gleich, so nah durch den Regenvorhang vorbei, daß ich fast die Passagiere dahinter sehen konnte, bis ein Donnerhall meine Trommelfelle erreichte. Dann war die Erscheinung auch schon vorüber, und der Wind und der Regen dämpften das Motorengedröhn zu einem Summen.

»Haben Sie das gesehen?« schrie mir Fernando ins Ohr. Gesehen? Gott, wie hätte ich das nicht sehen sollen! Was ich aber in Wirklichkeit sah, war ein Mann hinter dem Steuer, der vom frühen Morgen an durch den Tag geflogen war, daß es einen Ochsen zu Boden gestreckt hätte. Ich konnte fast den Geruch von Angst im Cockpit wahrnehmen. Kein erfahrener Pilot hätte durch mehrere Anflüge wertvollen Kraftstoff geudet. Pedros Situation war kritisch. Portelas einzige Landebahn, die er benutzen konnte, war die Nord-Süd-Bahn, und gerade sie bot die schlechtesten Bedingungen. Das fünf Kilometer vom Flugplatz entfernt installierte Funkfeuer war auf die Nordost-Südwest-Bahn ausgerichtet, aber diese Landebahn war wegen Reparaturarbeiten an der Schwelle vorübergehend gesperrt. Die offene Bahn lag jedoch quer zum herrschenden Wind, und das Terrain fiel am Ende des Landeanflugs steil an. Unzweifelhaft würden dort starke Luftturbulenzen herrschen.

• • • • • •

Ich bebte vor Zorn, Furcht und Erregung.

»Das kriegt er nicht hin«, schrie Fernando durch das Tosen des Windes. »Meinen Sie, er könnte es von Süden her versuchen?«

»Von Süden?« Ich konnte die Panik in meiner Stimme nicht verbergen. »Er wird sich umbringen. Er kann nicht mit diesem partiellen Rückenwind landen. Wenn er es doch tut, überrollt er das Nordende der Bahn!«

Wir gingen in den Kontrollraum.

»Würden Sie mich mit ihm sprechen lassen?« fragte ich den diensthabenden Controller. Wortlos überreichte er mir sein Mikrofon.

»Papa-Charlie-Delta, hier ist Portela«, sprach ich ins Mikro, in einem, wie ich hoffte, zuversichtlichen Ton, »können Sie mich hören?«

Es schien lange zu dauern, bis eine schwache Stimme antwortete: «Roger, Portela, ich höre Sie.«

»Pedro, hier ist Lodi. Wieviel Sprit haben Sie?«

Erneut eine lange Stille, dann gab er mir die Menge durch.

Mit dem tapferen Versuch, ruhig zu sprechen, antwortete ich: »Gut! Das ist genug für Gibraltar bei Langstreckendrehzahl. Sie haben keine andere Wahl. Das Wetter dort ist okay. Wir geben Ihnen in einer Minute die Freigabe. Auf geht's!«

»Aber ich war noch niemals in Gibraltar!«

»Ist denn das so schlimm!« Ich fühlte, ich mußte vorsichtiger sein, denn ich verhandelte mit einem verzweifelten und erschöpften Mann.

»Pedro, seien Sie vernünftig. Sie können es sich nicht leisten, einen weiteren Anflug zu machen, weil Sie sonst nicht genug Treibstoff für Gibraltar übrigbehalten. Etwas anderes gibt es nicht. Drehen Sie jetzt das Gibraltar-Funkfeuer ein. Ich kann es hier im Tower hören. Es ist ein einfacher Anflug.« Das war er nicht. Es grenzte ein Berg direkt an die Landebahn, aber was machte das jetzt noch.

»Wir alarmieren die Leute in den Leitstellen, Pedro, damit sie Ihnen jede verfügbare Hilfe zukommen lassen können. Bitte, Pedro, nun los!«

Pedro nahm die Empfehlung an. Ich sprach mit den Controllern. Wir hatten noch nicht gewonnen. Madrid wäre ein geeigneterer Ausweichhafen gewesen, aber es war weiter entfernt. Da für etwa eine Stunde nichts mehr zu tun war, ging ich hinab ins Restaurant und bestellte mir einen Chateaubriand auf Kosten der Fluggesellschaft. Der Raum war leer. Manuel, der Kelner, war mürrisch. Normalerweise stand er neben meinem Tisch und tauschte Scherze mit mir aus. Ich war dankbar für sein Schweigen.

Fernando kam angerannt; die Haare standen ihm zu Berge. Was er mir berichtete, ließ auch meine Haare hochschnellen.

Pedro hatte über Funk einen Notfall erklärt. Er hatte seinen Benzinvorrat zu hoch angesetzt und flog nun in 150 Meter Höhe über der See, bereit, jeden Augenblick notzuwassern. Und er flog nicht nach Gibraltar, sondern nach Casablanca!

Wir hasteten durch die leere Eingangshalle und die Stufen zum Tower empor. Die Controller und ich sahen einander sprachlos an. Wir alarmierten Casablanca, und einer der Männer begann, die portugiesische Marine und die Stellen auf der Notfalliste zu verständigen.

Ich saß da, unfähig, einen zusammenhängenden Gedanken zu fassen. Das war das Ende. Nichts auf der Welt konnte das Flugzeug mehr retten. Eine Wasserlandung bei Nacht auf hoher See war tödlich. Und dann, wie ein Blitz aus heiterem Himmel, entsann ich mich eines riesigen Feuers, welches wir am Strand von Fisherman's Lake in Liberia entfacht hatten, als eines unserer Flugboote erwartet wurde und die Funkstation unklar war. Dieses Feuer hatte den Clipper herangeholt wie eine Motte. »Sagt Casablanca, sie sollen ein Benzinfeuer anzünden«, rief ich, »Pedro fliegt niedrig, und vielleicht sieht er deshalb das Flugplatzdrehfeuer nicht.«

Casablanca meldete nach fünfzehn Minuten, daß ein großes Feuer auf dem Hügel westlich des Flugfeldes brennen würde. Ich konnte mir das Cockpit vorstellen. Die Augen hingen an den Kraftstoffuhren, und die Ohren lauschten auf die ersterbenden Motoren. Und dazu die Qual durch die hilflosen Fluggäste in der Kabine sowie das Schluchzen der Mütter, die ihre Kinder umklammerten. Die Minuten und Sekunden zogen sich hin.

Wir warteten, wir hofften, wir beteten.

Pedro leitete das Ende ein. Sein letzter Funkspruch besagte, daß sie dicht über der Meeresoberfläche dahinflögen und Besatzung sowie Passagiere sich auf die Wasserlandung vorbereiteten und aufgeblasene Schwimmwesten tragen würden. Schwimmwesten dürfen niemals innerhalb der Kabine aufgeblasen werden, weil dies den schnellen Ausstieg durch die Notausgänge schwierig macht; und wenn eine Person mit aufgepumpter Rettungsweste ins Wasser springt, würde sie sich wahrscheinlich beim Aufprall das Genick brechen.

Pedro besaß in der Tat den Heimkehrinstinkt einer Motte. Über der Landebahn von Casablanca ging ihm alles aus, inklusive Benzin. Die Maschine setzte hart auf und rutschte die Bahn hinunter bis zum Stillstand. Passagiere und Crew drängten hinaus.

. . . . . .

Beim Schreiben dieser Episode dachte ich an die Worte meines verstorbenen Freundes, des Marineschriftstellers William MacFee: »Die Welt ist nicht an den Stürmen interessiert, denen du begegnet bist; aber hast du das Schiff heimgebracht?«

Sackgasse

An der Ortschaft endete die Straße. Ein Dutzend verwitterter Häuser schmiegte sich an einen Berghang. Ich schob mein Fahrrad hinter eine kleine Kapelle, von wo aus ich die Hauptstraße hätte sehen können, wenn es eine Straße gegeben hätte. Obwohl kaum einen Steinwurf lang, beschrieb der Weg zwei rechte Winkel, bevor ich den Dorfplatz erreichte, welcher die Größe eines Tennisplatzes hatte. Aus einem rostigen Rohr tropfte Wasser in einen ausgehöhlten Baumstamm, der als Trog in der Mitte des Platzes stand. Ich befand mich allein auf einer Fahrradtour, die in Garmisch-Partenkirchen begonnen hatte und in Innsbruck enden sollte, wie ich hoffte. Der Tourismus war noch eine Vision geldhungriger Unternehmer. Ich unternahm diese Fahrradtrips einfach aus einer Laune heraus. Eine einladende, auf charmante Art schmutzige Straße hatte mich tief in die Berge gelockt. Sie endete hier an dieser Ortschaft, Lichtjahre von allem entfernt.

In Tirol kann man in jedem Bauernhaus ein Zimmer erhalten. Ich fragte einen alten Mann, der die Straße hinabging, wo ich unterkommen könne. Er wies den Weg hinunter, wo ein Dach durch die Bäume schimmerte.

Ich ging den von Wiesen umgebenen Fußweg hinab. Als ich näherkam, vernahm ich das Murmeln eines Wasserlaufs und erblickte einen Bergbach, der über sein steiniges

Bett hinwegplätscherte. Ein wenig weiter sah ich ein riesiges Wasserrad, das eine kleine Sägemühle antrieb. Ich war berührt von der Schönheit und Ruhe dieses Bildes. Ich roch Erde, Kiefernholz und Sägemehl. Auf einem Baumstumpf, nur ein paar Schritte entfernt, saß ein Eichelhäher. Der Vogel drehte flink den Kopf und flog tschirpend in den Wald.

Da stand das Haus, der »Gasthof Alpenwiese«, wie ein verwittertes Schild über der Tür verriet; ein verwinkeltes Bauwerk mit Balkonen, über die das Dach weit hinabreichte. Eine niedrige Steinmauer umgab das Haus und den Garten, der mit Gemüse und Kartoffeln sowie Pfingstrosen, Stiefmütterchen und Dahlien in reizvollem Durcheinander bepflanzt war. Das Haus hatte eine Öffnung im Dach, durch die ein gemauerter Schornstein bis zum First ragte. Die ganze Szene war bezaubernd.

Ich ging durch den Garten und unter einem Weißdornbusch zur Eingangstür, wo auf einer Bank ein sehr alter Mann in der Sonne saß.

»Großvater«, fragte ich ihn, »kann ich hier ein Zimmer bekommen?«

Er nahm seine lange, gebogene Pfeife aus dem Mund und murmelte irgendetwas, wobei seine Hakennase beinahe das Kinn berührte. Ein paar Minuten später fand ich mich in einer Dachstube mit einem kleinen Fenster, einem winzigen Tischchen mit Porzellanwaschschüssel und einem knallbunten Poster des »Letzten Abendmahls« über einer schmalen Bettstatt wieder. Ich packte meine Satteltaschen aus und legte mich auf das Bett.

Als ich durch das Läuten einer Glocke erwachte, ging ich die Treppe hinunter in die Gaststube. Großvater saß auf einer Bank am Kachelofen, und ein mit einer waldgrünen

Trachtenjacke bekleideter Mann erhob sich von seinem Platz am Tisch, streckte mir die Hand entgegen und sagte in einem angenehmen, kultivierten Bariton: »Grüß Gott. Willkommen in Namlos.«

Ich schüttelte seine Hand. »Ist das tatsächlich der Name dieses Ortes?«

»Ja, das ist er«, sagte er lächelnd.

Wir nahmen unser Abendessen ein, indem wir Kartoffeln aus einem eisernen Topf angelten und in weichen, scharfen Käse tauchten. Während des Abends kamen Männer herein, um Wein und Bier zu trinken. Sie spielten Karten und unterhielten sich in einer Sprache, die ich kaum verstehen konnte. In einer Ecke hockte eine dunkle Gestalt, eine lange, spindeldürre Erscheinung, die in einen grauen Umhang gehüllt war. Das adlerähnliche Antlitz wurde durch grüblerische, tief in den Höhlen liegende Augen beherrscht. »Das ist Maxl, der Kuhhirte«, sagte der Mann, der mich begrüßt hatte, und dessen Name Wolf war, »und er sagt niemals etwas.«

»Was sollte er auch sagen«, meinte ich, »außer, Sie sind an Kühen interessiert.«

Als der letzte Gast gegangen war, händigte man mir eine brennende Kerze aus, und ich ging hinauf in mein Zimmer. Das Mondlicht fiel auf den Apostel Petrus beim letzten Abendmahl mit dem Erlöser. Ich sank sofort in tiefen Schlaf.

Eigentlich wollte ich am nächsten Morgen weiterfahren. Statt dessen machte ich, mit einem Rucksack voll groben Krustenbrotes und einer Flasche Wein auf dem Rücken, ausgedehnte Wanderungen in die Berge.

Am dritten Abend, als der letzte Gast gegangen war, drehte Wolf die Öllampe nicht herunter. Sie hätte aufgefüllt werden müssen, aber er zog den Docht etwas heraus, so daß sie für den Augenblick hell aufleuchtete. Ich war müde und wollte eigentlich zu Bett gehen. Wolf blickte über meinen Kopf hinweg, und seine schläfrige Stimme wurde wieder fester. Es schien, als wolle er versuchen, die Konversation fortzusetzen.

»Sie sind Pilot«, sagte er, »und ich kann mit Ihnen reden. Ich bin selbst Pilot, oder besser, ich versuchte, einer zu sein.« Er füllte unsere Gläser erneut, entzündete eine Kerze und steckte sie in eine leere Weinflasche. Dann goß er seinen Wein hinunter und spielte mit seiner Zigarette.

»Während des Krieges flog ich bei der Deutschen Luftwaffe«, begann er. »Das überrascht Sie, nicht wahr?«

»Kaum. Jeder in Ihrem Alter war irgendwie am Krieg beteiligt.«

»Das ist es eigentlich auch nicht, wovon ich erzählen will. Ich habe eine Menge Kampfeinsätze geflogen. Die meisten meiner Kameraden sind gefallen. Ich weiß nicht, wieso gerade ich überlebt habe. Ich bin etliche Male abgestürzt, aber niemals ernstlich verwundet worden. Ich dachte, gegen alles gefeit zu sein und begann zu glauben, daß mir niemals etwas passieren könne. Und dann erwischte es mich in einem gewöhnlichen Verkehrsflugzeug an einem klaren, sonnigen Tag. Ich nehme an, daß es mich so hart traf, weil ich mich so sicher fühlte.« Er zog ein paarmal an seiner Zigarette. »Es brachte mich fast um.«

»Reden Sie weiter«, sagte ich, »Ihre Geschichte interessiert mich.«

»Danke.« Er erhob sein Glas. »Prosit!«

Nach dem Kriege gab es keine Verkehrsluftfahrt in Deutschland, und er wollte die Fliegerei nicht aufgeben. So packte er seine Sachen und organisierte eine Überfahrt nach Südamerika, wo er alle Fliegerjobs annahm, die er kriegen konnte.

• • • • • •

Er arbeitete als Fluglehrer in Argentinien, transportierte Bohrzubehör in Kolumbien und holte Gummi aus dem Amazonasbecken. Als sich die Dinge zu Hause besserten, fing er bei einer Chartergesellschaft in Hamburg an. Es war eine sorgenfreie Existenz, die ihn zum damaligen Zeitpunkt vollauf befriedigte.

An einem herrlichen Herbsttag startete er in Marseille mit dem Ziel Hamburg. Nachdem er die Reiseflughöhe erreicht hatte, schob er seinen Sitz zurück, zündete sich eine Zigarette an und übergab das Flugzeug an seinen Copiloten. Er blickte auf das unter ihnen liegende Rhonetal hinab und ließ seine Gedanken treiben, wohin immer sie wollten.

Da wurde er unbarmherzig aus seinen Träumen gerissen. Seine Augen hasteten über das Instrumentenbrett. Die Nadel der Öldruckanzeige des rechten Motors vibrierte und bewegte sich langsam auf Null zu. Das Flugzeug zog scharf nach rechts.

Er schob den linken Gashebel ganz nach vorn und drückte auf den Knopf der Propellereinstellung. Das brachte die rechte Luftschraube durch das Verdrehen der Blätter in Segelstellung zum Stillstand. Automatisch trimmte er die Ruder für den Einmotorenflug aus. Es bestand keine unmittelbare Gefahr, obwohl die Viking mit nur einem Motor nicht besonders gut flog. Doch dann begann, nachdem sie in eine Wolkenbank eingeflogen waren, der linke Motor infolge Vergaservereisung unrund zu laufen.

»Vergaservorwärmung ein, Junior!« ordnete Wolf lässig an, während seine Zunge die trockenen Lippen befeuchtete. »Ich glaube, wir sollten besser runtergehen. Rufe Montelimar und erbitte Wetter und Landefreigabe. Sag ihnen, sie sollen die Flughafenfeuerwehr für alle Fälle alarmieren. Du weißt, wie pingelig diese Franzosen sind, und ganz besonders mit uns. Und danach solltest du besser in die Kabine gehen und dieser Freundin von dir auftragen, die Passagiere festzubinden.«

Als sie aus der Wolkenschicht herauskamen, sah er erleichtert die Betonbahnen des Flughafens von Montelimar unter sich. Die Vergaser waren nicht mehr vereist, seit sie in wärmere Luftschichten abgestiegen waren. Da war nichts Besorgniserregendes außer der unvorhergesehenen Landung, den Ärger mit den Fluggästen und den Schwierigkeiten wegen der Reparatur.

Der Copilot kehrte ins Cockpit zurück. Im Endanflug auf die Landebahn befahl Wolf: »Fahrwerk raus!«

»Das rechte Rad ist nicht verriegelt!« rief der Copilot und wies auf das bedrohlich rot leuchtende Warnlicht.

Mit feuchten Händen das Steuerrad umklammernd, fluchte Wolf vor sich hin. Seine Augen sogen sich an der Hydraulikdruckanzeige fest. Sie zeigte einen normalen Wert an. Vielleicht war das Rad doch arretiert, und der Fehler lag bei der Warnleuchte. Er könnte die Räder wieder einfahren und eine Bauchlandung machen oder bei einer Platzrunde versuchen, den Fehler zu finden. Eine Landung mit unverriegeltem Fahrwerk bedeutete Bruch, und eine Bauchlandung bedeutete Beschädigungen am Flugzeug. Ein Fehlanflug mit einem Motor könnte kritisch werden. Er dachte an all dies im Bruchteil jener Sekunde, die er benötigte, um seine rechte Hand von der Steuersäule zum Gashebel zu führen. In diesem winzigen Moment besiegelte er sein Schicksal. »Wir drehen noch eine Runde! Fahrwerk ein!«

Er bemerkte seinen Fehler sofort. Die Maschine begann nach rechts zu drehen. Die Geschwindigkeit ging zurück. Durch das weiterhin ausgefahrene Fahrwerk und die niedrige Fahrt war das Flugzeug nicht länger in der Luft zu halten. Er verlor die Kontrolle. Die Maschine drehte sich in einer Spirale und verlor rapide an Höhe. Wolf schrie: »Fahrwerk ein! Fahrwerk ein!« In Wirklichkeit dachte er gar nichts mehr. Der Boden raste heran. Mit einer letzten, verzweifelten, instinktiven Anstrengung riß er den Gashebel zurück und zog das Steuerhorn an den Bauch.

Mit einem donnernden Krachen und einem Brechen und Splittern von Holz schlug die Maschine in die Bäume ein. Als sie zur Ruhe gekommen war, war da ein Moment furchtbarer Stille, gefolgt von qualvollen, entsetzten Schreien, die sich in einem unbeschreiblichen Durcheinander verloren, als sich eine gigantische Staubwolke auf das Wrack herabsenkte.

Für einen Moment hielt Wolf inne. Eine schmerzliche und bedrückende Stille umgab uns. Es war so still, daß ich das tiefe Atmen von Großvater vernahm, der auf der Bank eingeschlafen war. Er war stocktaub und ging niemals zu Bett, bevor alle Lichter gelöscht worden waren.

Als Wolf wieder zu sprechen begann, konnte ich ihn kaum verstehen. Einige Passagiere waren tot und etliche schwer verletzt, darunter der Copilot, dessen Beine zerquetscht worden waren. Wolf verließ das Wrack unverletzt. Er blickte mich mit ernsten Augen an. »Sie können sich nicht vorstellen, was das bedeutet. Ich vermochte niemandem mehr ins Gesicht zu sehen. Es gab eine Untersuchung. Ich wurde weder verurteilt noch freigesprochen. Aber ich wußte es – es war mein Fehler.«

Er hielt abermals inne, und ich sagte: »Ja, ich habe auch oft an so etwas denken müssen. Was das für ein Gefühl ist, wie man damit leben kann – aber Sie sind zu hart gegen sich selbst. Wir sind nicht perfekt. Jedem kann ...« Meine

Worte verloren sich, denn ich hatte ohne Überzeugung gesprochen. Es war ein klassisches Beispiel für den Verlust von Geschwindigkeit durch Leistungseinbuße und zusätzlichen Luftwiderstand. Das Risiko des Mißlingens eines Landeanfluges im Einmotorenbetrieb sollte lediglich im äußersten Notfall und auch dann nur mit jeder Menge Überfahrt eingegangen werden. Und genau dann das Flugzeug aufzusetzen, ist die einzige Möglichkeit. Ich höre noch heute meinen Fluglehrer schreien: »Verdammt nochmal! Nimm Fahrt auf! Zur Hölle mit den Bäumen! Laß sie fliegen!« Wie ich Lieutenant Galley damals verwünschte! Gott segne ihn.

Ich sah durch das Fenster hinaus in die Dunkelheit. Die beiden Eulen draußen begannen eine Konversation. Wolf schien es nicht zu bemerken. Ich stand auf und ging in die Küche, um eine neue Flasche zu holen.

Wolf nahm den Faden wieder auf. Er gab seinen Job auf. Er wollte allein sein. Er setzte sich in sein Auto und fuhr ziellos davon, ohne sich darum zu kümmern, wohin die Straße ihn führte. Als er wieder zu sich kam, befand er sich in den Alpen. Zeitweilig spielte er mit dem Gedanken, den Wagen durch ein Schutzgeländer hindurch ins Leere fallen zu lassen.

»Und dann«, fuhr er fort, »bog ich bei Klein-Stockach in die gleiche Straße ein wie Sie. Und ich kam zu jenem Höhenzug, von dem man Namlos sehen kann. Ich sah klar und deutlich die scharfen Grate der Lorea und der Abendspitze, die steilen, baumbestandenen Hänge sowie die endlosen Wälder. Und da war die Ortschaft Namlos! Ein Gefühl der Befreiung überkam mich, gerade so, als würde ich aus einem Flugzeug auf die Erde herabschauen; die Spuren der Menschen verlieren sich ...«

Er kam damals zum »Gasthof Alpenwiese«, als die letzten Sonnenstrahlen auf die Fensterscheiben fielen. Die Erinnerung belebte seine Stimme.

»Guten Abend«, hatte er gesagt. Der Raum roch nach Bier und Zigarrenrauch, aber er sah freundlich aus. Er setzte sich und blickte in die Runde.

»Wo sind Sie her, mein Herr?« Die Wirtin stand neben seinem Tisch mit einem Krug Wein in der Hand. Sie war von mittlerer Größe, und ihre Schlankheit wurde durch ein Dirndl mit einer knappen Weste noch unterstrichen. Die Strahlen der Abendsonne fielen durch die Fenster und betonten ihr volles, kastanienbraunes Haar. Ihre Augen blickten unter geschwungenen Brauen ernst auf ihn hinunter.

»Woher ich komme? Von nirgendwo.« Seine Stimme klang flach und kurz angebunden, aber er meinte es nicht so.

Ein Lächeln glitt über ihr Gesicht. »Nirgendwo?« Sie hob die Augenbrauen. »Das muß ein einsames Land sein!« Sie zögerte einen Moment. »Erzählen Sie mir davon«, sagte sie und setzte sich, stützte die Ellbogen auf den Tisch und legte ihr Kinn in die geöffneten Hände.

Mit etlichen Unterbrechungen, während derer sie die Gäste bediente, unterhielten sie sich. Er bemerkte, daß sie lebhaft, einfühlsam aber ohne größere Bildung war. Sie war in ihrer kleinen Welt gefangen, aus der sie nicht herauskonnte, vielleicht auch nicht herauswollte.

Das Essen und der Wein wärmten seinen Körper und lullten seine Sinne bis zu einem angenehmen Stadium des Vergessens ein. Er sah die Frau an seiner Seite an. Ihrer beider Augen trafen sich, und für eine Zeitlang waren sie still. Ohne ihre Augen von ihm abzuwenden langte sie hinter sich und nahm ein Album aus einem Regal. Sie lachten über

Fotos von Onkel Hans und Tante Rosa auf dem Münchner Oktoberfest. Aber als sie zu dem Bild eines ernsten jungen Mannes in Uniform kamen, schwieg sie. Er schloß das Album und legte es beiseite. Ein weiterer Krug mit Wein wurde auf den Tisch gestellt. Nach und nach gingen die anderen Gäste heim. Zum Schluß waren beide allein. Sie redeten über viele Dinge, und er versuchte, ihr über sein Leben und die Fliegerei zu berichten, über die Langeweile auf den Flügen, das Glück und auch die Verzweiflung, und er merkte, daß sie nicht ein Wort von alledem verstand.

Sie erhob sich. »Trinken Sie Ihren Wein aus«, sagte sie und blickte aus dunkel gewordenen Augen zu ihm hinab. Leicht berührte sie seine Hand. »Ihr Zimmer liegt am anderen Ende der Gaststube.« Sie ging schnell davon. An der Tür hielt sie inne. »Wenn Sie gehen, drehen Sie bitte die Lampe aus.« Dann war sie verschwunden.

Er goß den Rest Wein in sein Glas. Eigentlich mochte er nichts mehr, aber es heißt, Wein im offenen Henkelglas übrigzulassen bringt Unglück. So leerte er es. Er spürte sein Herz schneller schlagen, als er den Raum durchquerte, die Lampe löschte und in den Flur hinaustrat. An dessen Ende schimmerte ein schmaler Lichtstreif unter einer Tür. Er legte seine Hand auf die Klinke …

Der Erzähler hielt inne. Ich zündete meine Pfeife an. Ich fühlte mich unbehaglich. Das geht mir immer so, wenn sich Leute mir anvertrauen. Was sollte ich sagen?

»Es war zwecklos«, sagte er, »es war sinnlos, an eine neue Karriere zu denken. Hier, zwischen diesen einfachen Leuten … Ich denke, ich werde hierbleiben.« Er lachte ein wenig grimmig. »Ja, in der Tat, ich habe eine Zeitlang damit geliebäugelt. Nun weiß ich es. Ich werde …«

Mein Gott, was hatte er hier verloren? Ich blickte in die

Augen, die hinter einem Reflexvisier den Tod über eine Anzahl von Flugzeugen gebracht hatten. Wenn ich etwas zuviel getrunken habe, werde ich streitsüchtig. Ich konnte den Sarkasmus in meiner Stimme nicht verbergen, als ich ihn unterbrach. »Hier? Das ist doch nicht Ihr Platz. Sie gehören hier genauso wenig hin wie ich.« Das war unfreundlich von mir, und ich bereue es in demselben Moment, als ich es aussprach.

Er stand abrupt auf und stieß dabei mit dem Arm sein Glas um. »Das war äußerst unhöflich von Ihnen«, sagte er und versuchte mit vorgerecktem Kinn geradezustehen. Dann ging er schnell, mit unsicheren Schritten, durch die Tür hinaus.

Ich saß da und blickte ihm nach.

Am nächsten Tag wich Wolf mir aus. Ich wanderte durch die Berge und kam zu einem Platz, von dem aus ich das Dörfchen heiter und friedlich wie eine winzige Oase inmitten der Wälder liegen sah. War es wirklich so heiter und friedlich? Oder war es voller Furcht, Sorge und Mißtrauen?

Am Nachmittag traf ich Maxl auf einer Weide. Ich hätte ihn nicht bemerkt, wenn nicht seine Mundharmonika gewesen wäre. Wir tranken Wein aus derselben Flasche, und er gab mir etwas Käse.

»Wie friedlich es hier ist«, sagte ich, »ich fühle mich, als wäre ich von der Welt abgeschnitten.«

Maxl kaute auf einem Stück Brot. Ein brauner Schmetterling flatterte über die Wiese und ließ sich auf der schrundigen Rinde einer Kiefer nieder, die die gleiche Farbe hatte wie er selbst. Er breitete seine Flügel einige Male aus, faltete sie dann zusammen und wurde unsichtbar.

»Sehen Sie diese Adler?« Ich folgte seinem Blick hinauf zu zwei winzigen schwarzen Punkten am Himmel. »Sie sind seit zehn Jahren hier; es ist ihre Heimat. Der Herr«, Maxl zeigte mit der Hand in die Richtung des Dorfes, »möchte einen von ihnen schießen. Ich soll ihm ihren Horst zeigen.« Er spuckte auf den Boden und schien keine Lust mehr zum Reden zu haben. Nachdem er seine Mundharmonika aus der Tasche gezogen hatte, begann er, auf ihr zu spielen.

Ich erhob die Augen zu den aufragenden Bergketten. Und ich mußte an Wolf denken, der glaubte, er wäre hier sicher, weil niemand ihn kannte. Niemand außer ihm selbst natürlich.

Das Rad der Zeit dreht sich langsam aber stetig, wie das Rad der Wassermühle in Namlos. Viele Jahre später kehrte ich zurück. Die Zeit schien stehengeblieben zu sein. Das verwahrloste Hinweisschild zeigte noch immer mit einem wackligen Finger die Straße hinunter. Vertraute Bilder tauchten vor meinen Augen auf. Der Wasserauslauf über dem ausgehöhlten Baumstamm tröpfelte wie damals.

Ich ging den gewundenen Weg entlang, der am Gasthof endete. Von weitem schon sah ich, daß der Dachfirst an der Stelle eingebrochen war, wo sich einst die Öffnung für den Schornstein befunden hatte. Die Balken hoben sich schief gegen den Himmel ab wie das Skelett eines gestrandeten Wals. Ein Windstoß fuhr mit einem entfernten Rauschen durch die Bäume.

Ich fragte einen Bauern nach dem Gasthof. Sein Gesicht wurde finster, als hätte sich der Schatten einer Wolke an einem Frühlingstag über es gelegt. Er machte eine abschätzige Handbewegung. »Er war ein sündhafter Mann«, sagte er, »es war schockierend.« Er machte eine Pause und sog an seiner Pfeife. »Niemand würde sich dem Haus nähern, und es verfällt zur Ruine.« Er sprach mit der Einfalt eines Dörflers, dem gar nicht in den Sinn kommt, daß irgend jemand über die Ereignisse in seinem Umfeld nicht informiert sein könnte. Dann schüttelte er den Kopf. »Ich gehe jetzt zum Essen heim.«

Auf dem kleinen Kirchhof neben der Kapelle ruht der Großvater, und unweit davon befindet sich das Grab von Maxl. Er war der letzte Hirte in dieser Region und starb in seiner kleinen Hütte. Auf einem Stuhl neben seinem Bett fand man seine Mundharmonika.

Der Tod ereilte Wolf weit entfernt von jenem Ort, von dem er geflohen war, um seinem Schicksal zu entgehen. Er wurde auf dem Dachboden gefunden, sein Gewehr neben sich, auf dem Heu hingestreckt und vom Duft jener Wiesenblumen umgeben, deren Namen er nie gekannt hatte.

Ein Streifen Beton

Wo die Seine um die kleine Stadt Athis-Mons einen großen Bogen macht, liegt Orly, der erste Flughafen für Düsenjets Frankreichs, nur ein paar Kilometer vom historischen Le Bourget entfernt, wo Charles Lindbergh 1927 mit seiner »Spirit of St. Louis« gelandet war.

Ich begann nach Orly zu fliegen, als der Platz noch in den Kinderschuhen steckte. Das Terminal war ein einfaches Holzgebäude, die Navigationseinrichtungen wiesen frühen Nachkriegsstandard auf und waren typisch französisch. Jean, der Chef der Radarstation, ein kleiner Mann mit lebhaftem Gesicht und gallischen Augen, hatte ein Team von sechs, in ausrangierten Uniformen steckenden Leuten zur Verfügung, und ihre Station bestand aus einem alten, schäbigen Radarwagen, einem Veteranen aus dem Zweiten Weltkrieg.

Während dieser frühen Nachkriegsjahre legte ich großen Wert darauf, mich mit dem Flughafenpersonal bekanntzumachen. Ich brachte ihnen Lebensmittel und Dinge, die sie sonst nicht bekommen konnten, und prüfte, wie weit ich ihnen vertrauen konnte. Als ich mit Jean zusammen in seinem Truck meinen ersten Calvados trank, war ich nicht der Meinung, ihm über den Weg trauen zu können. Wie ich mich irrte!

Wir trafen eine Vereinbarung, wonach Jean mich bei jedem Landeanflug, unabhängig vom Wetter, heruntersprechen sollte. In diesen simulierten Schlechtwettersituationen führte Jean mich mittels bodenkontrolliertem Anflug, GCA genannt, bis auf die Bahn hinab. Er war ein Meister in diesem Verfahren.

An einem Herbsttag kam ich mit meiner Constellation in Orly herein, als Dunst und Nebel die »Ville Lumière« mit einer weißen Hülle versehen hatten. Ich rief Jean: »Machen Sie mir einen guten Anflug, Jean, denn ich habe schon den Geschmack von Trüffeln auf der Zunge, die heute abend im »Perigordienne« serviert werden.«

Normalerweise, wenn die Platzrunde frei war, landete ich beim dritten Mal. Der erste Anflug war für die Routine, der zweite, um Nägel mit Köpfen zu machen, und der dritte, um nach unten zu kommen.

Mein erster Anflug war ein wenig holprig. Vielleicht hatte ich zu sehr diese Trüffel im Sinn. Der zweite war gut genug und ich machte Nägel mit Köpfen – mit einigen wenigen Mini-Korrekturen. Aber beim Sichtkontakt über der Schwelle fand ich mich etwas links von der Bahnmitte wieder. In dieser niedrigen Höhe ist auch das kleinste Manöver riskant. Bei der dritten Runde um den Platz vernahm ich in meinem Kopfhörer plötzlich einen unheimlichen Ton, der, ständig wiederkehrend, wie eine schwermütige Melodie klang. Er ertönte immer dann, wenn Jean aufhörte zu sprechen. Es handelte sich vermutlich um eine Trägerwelle oder eine Frequenzstörung. Trotzdem entnervte es mich.

Beim letzten Anflug auf die Landebahn gab mir Jean die optimalen Korrekturen. Er war zweifellos ein Perfektionist. Er sah den sich potenzierenden Effekt seiner Änderungen voraus, und gab deshalb nur kleine, geringfügige Kurswechsel. Waren Korrekturen zum Beispiel zu groß, ließen mich meine Kursänderungen im Zickzack durch den Anflugkurs fliegen. Viele Radarleute machten diesen Fehler.

Da Jean, wie es erforderlich war, unaufhörlich sprach, war das Störsignal blockiert. Als ich ihn sagen hörte: »Recht so! Genau über der Bahn! Übernehmen und landen!« blickte ich auf und sah die Lichter der Landebahnbefeuerung vorbeihuschen. Da ich aber die grüne Schwellenbeleuchtung nicht gesehen hatte, hätte es sein können, daß meine Landung zu lang werden würde. Jedoch glaubte ich, Jean gut genug zu kennen, um darauf zu vertrauen, daß er mich nicht zu hoch aus seiner Fürsorge entließ. In diesem Augenblick vernahm ich den unheimlichen Ton erneut, aber dieses Mal lauter als zuvor. Ich hätte landen können. Ich befand mich direkt über der Bahn, nicht höher als sechs Meter. Alles, was ich zu tun hatte, war, das Gas wegzunehmen und aufzusetzen.

Ich schob die Gashebel nach vorn. »Fahrwerk ein!« Die »Connie« nahm Fahrt auf und stieg empor. Die Räder fuhren ein. Ich reduzierte die Steigleistung.

»Was ist los, Captain?« kam Jeans enttäuschte Stimme, »Sie waren genau drauf. Wollen Sie einen weiteren Anflug?«

»Nein, Jean. Danke für die Führung, aber ich fliege weiter nach London. Ich sehe Sie morgen.«

»Tut mir leid«, sagte Jean, »habe ich etwas falsch gemacht?«

»Nein, Jean. Sie nicht. Aber ich vielleicht.«

Am nächsten Tag flog ich von London nach Orly zurück. Im Terminal bat ich den Pan-American-Manager, mich zum Radarwagen hinauszufahren. Es war ein sanfter, träger Herbsttag. Die Luft war weich und das Gras noch taufeucht, als wir über das Vorfeld zum Wagen rumpelten.

· · · · · ·

Die Radarleute sonnten sich auf einer Bank vor ihrem Truck. Jean erhob sich, als er mich sah.

»Es tut mir leid«, sagte ich, und legte ihm die Hand auf die Schulter. »Der letzte Anflug war perfekt. Ich weiß wirklich nicht, warum ich nicht gelandet bin.«

Er sah mich prüfend an. »Tatsächlich nicht?« Dann nahm er mich beim Arm und führte mich ein paar Schritte beiseite.

»Captain«, sagte Jean, »ich möchte nicht, daß Toni hört, was ich Ihnen jetzt sagen werde. Bitte, lassen Sie das nur eine Sache zwischen uns beiden sein, da ich sonst Schwierigkeiten bekommen könnte.«

Jean erzählte mir, daß er den »Follow me«-Jeep ans Ende der in Betrieb befindlichen Bahn geschickt hätte, um mich nach der Landung zum Abstellplatz zu geleiten. Das war eine übliche Verfahrensweise in Orly zu jener Zeit. Der Fahrer des Jeeps verlor jedoch unterwegs die Orientierung im Nebel, der teilweise so dick war, daß die seitlichen Begrenzungen der Rollwege kaum noch zu erkennen waren. Plötzlich vernahm der Fahrer das Dröhnen von Flugzeugmotoren dicht über seinem Kopf.

»Wissen Sie, wo er sich befand?« Jean blickte besorgt zum Flugplatzleiter hinüber, der sich mit den Radarleuten unterhielt. »Er fuhr direkt in der Mitte der aktiven Landebahn, von wo der Taxiweg Nr. 1 zum Terminal abzweigt. Wären Sie gelandet, wären Sie in den Jeep hineingekracht.«

Als ich Jean das letzte Mal sah, war das neue Abfertigungsgebäude, ein riesiges Bauwerk, gerade fertiggestellt. Orly mauserte sich zum Weltflughafen. Ich aß gerade mit einer Dame im neuen Restaurant zu Mittag. Während der Mahlzeit sah ich Jean in der Nähe der Eingangstür in seiner gewohnten abgetragenen Khakiuniform stehen. Als ich hinausging, fragte er, ob er mich sprechen könne. Er wollte während des Essens nicht stören. Er sei in Gefahr, seinen Job zu verlieren, sagte er. Ob ich etwas für ihn tun könne?

Meine Maschine war bereit zum Abflug nach Lissabon. Ich kehrte erst zwei Wochen später nach Paris zurück.

Jean, seine Leute und auch der Radarwagen waren fort. Ich weiß, daß ich nichts für ihn hätte tun können. Trotzdem hatte ich das Gefühl, einem Freund gegenüber versagt zu haben.

Ein Flughafen, den ich vermutlich am wenigsten vergessen werde, ist Madrid. Eines Tages im Frühjahr 1948 erhielt ich einen Brief von unserem Hauptquartier in Rio de Janeiro. Mit einem Bleistift war daraufgekritzelt: »Lodi – prüfe Madrid für unseren Einsatz – Joe.«

Mit Tom Clarke, unserem Leiter der Europa-Abteilung, und Señor Marinho Alvez, unserem Geschäftsführer, fuhr ich nach Madrid. Im letzten Moment überredete ich noch meinen adligen Freund Andrè, uns zu begleiten, Andrè war ein zarter, zerbrechlich wirkender Gentleman mit dem Gesicht eines antiken Wasserspeiers und absolut unfähig, irgend etwas Praktisches zu vollbringen. Aber er war jener Typ, ohne den kein Gastgeber, der etwas auf sich hält, auskommen kann. Nicht nur, daß der Vicomte perfekt Martinis mixen konnte, er hatte zudem die Kunst vervollkommnet, einer lebhaften Konversation zwischen ungleichen Charakteren die Schärfe einer Toledo-Klinge zu verleihen.

Auf dem Flughafen von Madrid fanden wir eine Anzahl von Hütten und eine 1500 Meter lange, verfallene Landebahn vor. Der Flugplatzdirektor zeigte uns stolz die Pläne für ein zukünftiges Abfertigungsgebäude und bat um Anregungen, war aber eigentlich auf Lob aus.

»Entschuldigen Sie, Oberst«, sagte Tom nach einer Weile, »diese Pläne sind phantastisch, aber wie gelangen die Passagiere vom Hauptwarteraum zu den Fluggaststeigen?« Wir beugten uns alle über die Zeichnungen, aber keiner konnte einen Ausgang entdecken. Der Architekt hatte dieses kleine Detail offenbar übersehen. Daraufhin rollte der Oberst die Pläne zusammen und schlug vor, daß wir die Ausrüstung der Flughafen-Feuerwehr inspizieren sollten.

Wir fanden ein historisches Feuerwehrauto und ein halbes Dutzend Männer mit schimmernden Messinghelmen vor. Der Oberst befahl eine Demonstration. Der Wagen schnaufte auf lediglich zwei aufgepumpten Reifen hinaus. Die Feuerwehrleute sprangen herab und begannen, den Schlauch auszurollen. Als sie das Wasser aufdrehten, tröpfelte lediglich ein kleines Rinnsal aus der Spritzdüse. Dieser Schlauch hätte sich gut als Berieselungsanlage für eine kalifornische Salatfarm geeignet.

»Meine Herren«, sagte der Oberst mit spanischer Würde, »ich bedaure zutiefst, daß mich dringende Dienstgeschäfte von weiteren Vorführungen unserer Einrichtungen abhalten. Aber ich hoffe, wir haben die Ehre, Sie heute abend beim Dinner zu sehen. Hauptmann de Segovia wird Sie am Nachmittag begleiten, und er wird Sie auch abends von Ihrem Hotel abholen.«

An diesem Abend brachte uns der Hauptmann zu einer eleganten Villa in einem Vorort Madrids. Die Einrichtung war exquisit, und ich entdeckte – wie ich meinte – einen echten Goya an der Wand des Salons. Ich erhaschte einen flüchtigen Blick in das Eßzimmer mit einem Blumenarrangement, das bei einem Empfang im Palast des spanischen Königs kein bißchen deplaziert gewirkt hätte. Dann vernahm ich das Knallen eines Champagnerkorkens.

. . . . . .

»Ich bewundere den Geschmack des Oberst, Andrè. Champagner trinke ich schließlich nicht jeden Tag.«

»A sua sauda!« sagte Andrè, nahm zwei Gläser von einem Tablett und reichte mir eines.

»Auf dein Wohl!« erwiderte ich und leerte mein Glas.

Die Glocke ertönte, und Hauptmann de Segovia ließ das Dinner servieren.

Nach Kaffee und Brandy verabschiedeten wir uns, und ich vermochte in der Tat kaum noch etwas Negatives an der Ausrüstung des Madrider Flughafens zu entdecken.

New Yorks John-F.-Kennedy-Airport ist der Inbegriff für modernen Funktionalismus, Pomp und größtmögliche Unpersönlichkeit. Darüber ein Himmel voll röhrender Jets wie Hummeln in einer Flasche. Und unten PanAms kreisförmiges Terminal und TWAs surrealistischer Traum vom Fliegen. Hektar voller Modernität aus Stahlbeton. Die Kapelle »Our Lady of the Skies« steht zwischen der alten hölzernen Ankunftshalle und dem blau-silbernen Kraftwerk und gegenüber vom Abfertigungsbereich mit beleuchteten Springbrunnen und kilometerlangen Parkplätzen. Und auf allen Funkwellen und sämtlichen Frequenzen ein nicht endender Strom von Ermahnungen, Lärm und Appellen.

Lange, bevor die Piloten einen Flughafen sehen, erkunden sie, was dort gerade los ist. Die körperlosen Stimmen, die in unseren Kopfhörern knistern, enthüllen es uns, und es sind nicht nur die verschiedenen Sprachen – die präzise, gut artikulierte Sprechweise der Engländer, der Singsang der Italiener, die geringfügige Schwere in der Zunge bei den Franzosen –, die uns davon etwas mitteilen. Der Tonfall verrät uns noch mehr; wie die Dinge gesagt werden, und noch mehr, was ungesagt bleibt. Ein vereinzeltes »Good day, Sir« oder ein »Thank you« sind durchaus nicht verschwunden aus diesem unpersönlichen Austausch des »Airtalk«. Einige Stimmen sind begierig, dir die Sportergebnisse oder lokale Neuigkeiten mitzuteilen; andere wiederum sind mürrisch, und manche scheinen erpicht darauf, dich in die Luft zu bringen, wenn du noch gar nicht bereit bist, oder dich nicht runterzulassen, wenn du unbedingt willst. Fünf oder zehn Minuten zusätzlich in der Luft mag nicht viel sein, aber es erscheint einem unendlich lang, und nebenbei gesagt, es kostet Geld. Eine Auszeichnung geht ganz unbestreitbar nach London, der höflichsten und liebenswürdigsten Flughafenkontrollstelle der Welt.

Ganz anders als die grünen Flugfelder Europas sind die Wüstenpisten im Mittleren und Fernen Osten, hineingesetzt in unermeßliche Flächen von wanderndem Sand, verwitterten und gezackten Bergketten und tiefen Schluchten. Es sind Landschaften ohne Leben, in denen uns nur eine einsame Karawane daran erinnert, daß es sich um die Oberfläche der Erde und nicht um die eines unbewohnten Planeten handelt.

Grenzenlos ist die Wüste, und grenzenlos ist auch die Stille, die sie beherrscht. Einmal landete ich auf einer winzigen Wüstenpiste, als Teheran wegen eines Sandsturms geschlossen war. In dieser Nacht wanderte ich bis ans Ende des Flugfeldes. Ich lauschte in die Stille der Wüste hinein, eine Stille wie über mondüberfluteten Lagunen. Ich dachte an die Zeitlosigkeit dieses Landes und an die Jahre, die wie Sand durch die Finger rinnen. Und wie jener ruhelose, lebenshungrige Junge im nassen, nebligen Holland träumte ich von Bergen, die in den Himmel ragen und fernen Horizonten und dachte, daß nur das Entfernte, das Unbekannte meinem Leben eine Bedeutung geben könnte.

Ein schwaches Raunen grollte wie weit entfernter Donner, wie das leise Rauschen des Windes. Den Kopf erhebend, sah ich ein Licht, welches sich quer durch die Sternbilder bewegte. Meine Augen folgten dem Funken, bis er mit den Sternen verschmolz und das Raunen sich allmählich verlor.

Welcher war nun mein Lieblingsflugplatz?
Viele: Tempelhof, Lissabon, Rio de Janeiro, Wake Island, Wien ... alle haben einen Platz in meinem Leben. Die heutigen Flughäfen, nationale Prestigeobjekte, gleichen sich mehr und mehr. Jean Durieux bringt keine Flugzeuge mehr nach Orly herein, und auf den Berlinflügen haben Touristen und Schauspieler die Plätze der Flüchtlinge eingenommen. Die Luftfahrt wird zur reinen Logistik in dieser reiseseligen Welt.

Es ist ein herrliches Gefühl, herabzusinken und unten die Bänder aus Beton locken zu sehen. Wir sind zu Hause – laßt uns die Checks abschließen und um Landeerlaubnis bitten. Einige weitere Flugstunden im Logbuch, ein weiterer Trip ist zu Ende.

Aber wenn der Nebel bis zu den Grasspitzen herabsinkt und außergewöhnliche Wettermeldungen durch die Kopfhörer jagen, während wir in Warteschleifen über Wartefeuern kreisen und unsere Augen an den Treibstoffuhren hängen, dann ist die Landung eine ganz andere Sache.

Zuletzt sind wir an der Reihe. Wir hängen uns an den Gleitpfad, der uns gerade und zuverlässig zur guten Mutter Erde hinunterführt. Hinab geht's. Die Luft ist wie Samt, die Maschine reagiert auf die leisesten Steuerbewegungen. Ein gelbes Licht blinkt am Instrumentenbrett: das Haupteinflugzeichen. Ein banges Gefühl steigt vom Sitz zum Kopf empor: die Bodenangst. Entscheidungshöhe! Sollte ich … Die Faust fährt zu den Gashebeln.

»Landebahn in Sicht!« In diesem Moment liegt mein Lieblingsflugplatz direkt voraus.

Momente des Schreckens

Fliegen, besagt ein alter Spruch, ist gähnende Langeweile, unterbrochen durch Momente des Schreckens.

Vom Wiegenlied der beiden Pratt&Whitney-Motoren eingelullt, flog ich in meinem Commodore-Flugboot die brasilianische Küste entlang – im Norden einen Ort, dessen Namen ich vergessen habe, und im Süden einen anderen, den Sie sowieso nicht kennen würden. Es war heiß – wie üblich. Ich war schläfrig, ebenfalls nicht unüblich. Wenn es derart heiß ist, hat man das Recht auf eine schwingende Hängematte.

Der Steward steckte seinen Kopf durch die Cockpittür: »Skipper, wir haben einen kranken Passagier an Bord!«

»Was? Was sagen Sie da?«

»Es ist eine Frau – ich glaube, sie bekommt ein Baby!«

Eine Atmosphäre der Autorität schaffend, befahl ich Roberto, die Dame in das hintere Abteil zu bringen. »Das habe ich bereits getan, Skipper«, sagte er. Vernahm ich da die Spur eines Vorwurfs in seiner Stimme? Ich folgte Roberto durch den Gang nach hinten, wo ich die Frau zwischen den beiden gegenüberliegenden Sitzreihen mit dem Rücken auf dem Boden liegend vorfand. Sie hatte die Knie weit angezogen; eine Decke verbarg ihren gewölbten Bauch. Ihr Ehemann, ein hagerer Bursche mit gelben Zähnen und lebhaften Augen, gekleidet in eine unbeschreibliche Kombination aus ausgebeulter Hose und zerknittertem Hemd, streichelte seiner Frau den Kopf. Ein Kind, offensichtlich sein Sohn, stand weinend neben ihm.

»Wie lange ist sie schon in diesem Zustand, Roberto?«

»Vor einiger Zeit hatte sie eine Art Krampf. Sie begann zu schreien, und dann war es auch schon vorüber. Sie erzählte mir, daß sie und ihr Mann nach Forteleza reisen, wo sie wohnen. Sie befindet sich in anderen Umständen, wie Sie sehen können.«

»Guter Gott«, seufzte ich. »Was denken sich diese Leute nur! Versuchen Sie, die Abstände zwischen den Wehen zu messen. Ich habe gelesen, wenn die Intervalle lang genug und gleichmäßig sind, besteht kein Grund zu unmittelbarer Sorge. Babys werden nicht in ein paar Minuten geboren; das ist nicht üblich. Wir sollten deshalb jede Menge Zeit haben, sie nach Belem zu bringen. Tun Sie Ihr Bestes! Ich werde über Funk einen Arzt und den Rettungsdienst anfordern. Und jetzt kommt der kleine Junge mit nach vorn, damit er hier aus dem Weg ist.«

Der kleine Kerl nahm bereitwillig meine Hand, und ich plazierte ihn auf einem Koffer neben dem Tisch des Funkers, von wo aus er ins Cockpit blicken konnte. Ich hoffte, das würde ihn ablenken. Dann kletterte ich in meinen Sitz zurück.

Wir waren zwei Stunden unterwegs und hatten noch drei weitere vor uns. Hinter Amapa erreichten wir Land. Die Küste verlief nach links, während wir über den dichten, grünen Dschungel hinwegflogen. Als ich das Steuer nahm, zog der Copilot sein Lunchpaket unter dem Sitz hervor und begann zu essen.

»Kennst du dich mit Neugeborenen aus?«

Er lächelte. »Ich habe zwei Kinder, aber die kamen im Krankenhaus zur Welt.«

Ich habe einmal einen Film gesehen, in dessen Verlauf eine Geburt in einem Zug stattfand. In diesem Film verblutete die Frau, weil die Nabelschnur nicht abgebunden worden war. Bei dem Gedanken, eine Nabelschnur abbinden zu müssen, krampfte sich mein Magen zusammen. Roberto rannte hin und her. Er fand zwei Frauen unter den Passagieren, die Erfahrungen auf diesem speziellen Gebiet mitbrachten. Die Minuten vergingen wie Stunden; das Flugzeug schien in der Luft stillzustehen. Die Flüsse der Amazonasmündung schimmerten herauf, aber das Delta ist 240 Kilometer breit, also fast zwei Stunden mit unserem Flugboot bei dem herrschenden Gegenwind.

Eine halbe Stunde war vorüber. Ich verließ das Cockpit und ging nach hinten. Die Frau schrie mit aller Kraft, und ihre Augen schienen aus den Höhlen zu quellen. Der Ehemann hielt ihren Kopf und tupfte ihr den Schweiß von der Stirn. Die beiden Frauen waren über ihren Körper gebeugt. Die Schreie gingen mir durch Mark und Bein. Ich konnte nicht hinsehen.

»Um Gottes Willen, Roberto, sagen Sie diesen Frauen, daß sie die Nabelschnur durchtrennen und dann abbinden sollen, wenn das Baby geboren ist.« Roberto nickte, während ihm jeder Tropfen Blut aus dem Gesicht gewichen war. »Womit?« stammelte er.

Ich griff nach meinem Buschmesser.

Bebend eilte ich ins Cockpit zurück. Der Junge saß auf seinem Koffer und sah mich mit großen, dunklen Augen an. Ich zog ihn hoch und setzte ihn zwischen die Pilotensitze, von wo er mit todernstem Gesichtsausdruck unverwandt nach vorn starrte.

• • • • • •

»Quanto anos tem?« fragte ich ihn in meinem miserablen Portugiesisch, um ihn von der Geschäftigkeit im hinteren Kabinenteil abzulenken. Er antwortete nicht. Ich wiederholte die Frage. »Cinco«, flüsterte er.

Fünf Jahre alt war er, und ich fragte mich, was in seinem kleinen Kopf vorging, während er hier vorn zwischen zwei fremden Männern in einem verglasten Abteil voller mysteriöser Dinge saß.

Die Minuten schlichen dahin wie eine Schildkröte. Die Maschine schien rückwärts zu fliegen. Ich kam mir unnütz und hilflos vor. Da kam Roberto nach vorn gerannt: »Alles in Ordnung, Skipper. Das Baby ist da! Es ist ein Junge!«

»Nein! Wirklich? Haben sie die Nabelschnur durchtrennt?«

»Aber ja.«

»Wie denn?«

»Sie werden es nicht glauben, Skipper. Eine dieser Frauen hat sie durchgebissen!«

»Heilige Makrele, ist das eine Erleichterung! Ich werde Belem mitteilen, daß wir mit neun anstelle von acht Passagieren ankommen werden. Das wird das rote Absperrungsseil bei der brasilianischen Einwanderungsbehörde in einen gordischen Knoten verwandeln. Roberto – wenn Sie sich dem schon gewachsen fühlen: wie wäre es mit einer Tasse Kaffee aus meiner Thermoskanne? Sie steht in meiner Tasche neben dem Sitz des Funkers.«

»Agora tem um irmao, menino«, sagte ich zu dem kleinen Jungen, aber der hatte wohl kein großes Interesse daran, daß er ein Brüderchen bekommen hatte. Er legte seine kleine Faust auf die Gashebel. Ich hob warnend den Finger, und er zog die Hand zurück.

»Möchtest du selbst einmal fliegen?«

Er nickte heftig mit dem Kopf, und ein Lächeln ging über sein Gesicht. Ich kletterte aus meinem Sitz, hob den Jungen hinein und legte seine Hände auf das Steuerrad, dabei dem Copiloten zuzwinkernd. Steif und ernsthaft saß er da, und während seine kleinen Beine herabbaumelten und die Hände das Rad hielten, sah er unverwandt nach vorn, obwohl er nicht über den unteren Rand der Windschutzscheibe hinwegblicken konnte.

Alles war in Ordnung. Die Mutter hielt das Baby auf ihrem Schoß; der kleine Kerl brüllte bereits. Offensichtlich war die Abnabelungsprozedur erfolgreich verlaufen. Der Vater erholte sich in einer Ecke mit einer kalten Zigarette zwischen den Lippen. Die beiden Frauen waren damit beschäftigt, ihre Patienten zu waschen und sie zu versorgen.

Ich plauderte mit den Passagieren, als ich nach vorn ging. Alle waren begeistert. Ein Mann klopfte mir auf die Schulter und nannte mich »Señor Doctor«. Ich war mit mir und der Welt zufrieden.

Der Junge saß nach wie vor in meinem Sitz und hielt das Steuerrad. Die Insel Macapu glitt unter uns vorbei. Wir würden in weniger als einer halben Stunde in Belem sein.

Die Einwanderungsbeamten hatten alle Hände voll zu tun, aber alle Brasilianer lieben Kinder, und am Ende wurden die Gesetzmäßigkeiten irgendwie geradegebogen. Der glückliche Vater drückte meinen Arm zum Abschied und meinte, er würde uns zu Ehren das Baby »Clipper« nennen.

»Clipper de Silva«, rief er unter dem Beifall aller aus.

Ich war todmüde, als ich auf Roms Flughafen Ciampino landete. Ich war den ganzen Tag geflogen und wurde nun gedrängt, zusätzlich noch den Lissabon-Istanbul-Flug für einen Kollegen zu übernehmen, der mit Ruhr darniederlag.

· · · · · ·

Es war Mitternacht, und das Wetter nach Istanbul war lausig. Sollte ich den Flug absagen? Aber wir hatten eine volle Ladung, die bei einer Absage des Flugs der Gesellschaft Unkosten und der Bodencrew einen Haufen Arbeit bereiten würde. Außerdem: Ich habe niemals einen Flug abgesagt. »Die Post muß durch!« war mein Motto, zugegebenermaßen eine ziemliche Pfadfinderattitüde.

In diesem Moment stürmte unser gerade anwesender Südamerika-Verkehrsleiter in das Flugvorbereitungsbüro. Señor Oliveira war ein Mann von dieser Welt und auch von der nächsten. Er hinterließ einerseits eine Spur durch Roms vornehme Welt, die so breit war wie die Via Veneto, war aber andererseits vom Papst selbst zum »Beherrscher des Ordens«, oder so ähnlich, ernannt worden.

Oliveira fragte mich, ob ich bereit wäre, einen sehr alten Mann, einen Türken, mitzunehmen, der in seine Heimat zurückkehren wolle, um dort zu sterben. Normalerweise müssen schwerkranke Fluggäste von einem Arzt begleitet werden. Dieser Mann, sagte Oliveira, sei nicht krank, sondern lediglich alt.

Wir fanden ihn im Passagier-Warteraum in einem Rollstuhl sitzend. Obwohl er in weite Gewänder gehüllt war, bemerkte ich doch, daß er darunter abgezehrt war. Sein Gesicht war von tiefen Falten durchfurcht und hatte die Farbe von Terrakotta. Er wurde von seiner Tochter begleitet, einer Dame von etwa 40 Jahren mit Hakennase und schwarzen, wachen Augen. Sie war offensichtlich nicht unterprivilegiert. Ihr Hals, ihre Handgelenke und Finger waren von schweren goldenen Ketten, Armbändern und Ringen bedeckt.

Der alte Mann bewegte keinen Muskel, aber seine brennenden Augen bohrten sich mit einer stummen Bitte in die meinen. Währenddessen sprang Oliveira umher, strich sich mit einer Hand über sein spärliches Haar und gestikulierte wild mit der anderen.

»Ich habe ihm mitgeteilt«, sagte er, »das wäre Sache des Captains. Ich will Sie nicht beeinflussen, aber Sie wissen selbst, was das für diese Leute bedeutet. Unter anderen Bedingungen würde ich so etwas gar nicht erst in Betracht ziehen. Er besitzt ein ärztliches Attest, daß er keine Krankheiten hat; er ist lediglich schwach durch sein hohes Alter, aber er kann in einer druckbelüfteten Kabine reisen. Und Sie wissen so gut wie ich, daß wir die einzige Fluglinie sind, die druckbelüftetes Gerät betreibt. Wenn Sie ihn nicht mitnehmen, muß er in Rom bleiben. Der Doktor gibt ihm noch einen Monat oder zwei.«

»Oliveira«, entgegnete ich, »das ist das, was man »den Schwarzen Peter zuschieben« nennt. Aber seit Sie Commander und mir gegenüber weisungsbefugt sind: Wie könnte ich ablehnen? Mir tut der alte Mann auch leid. Warum ihm keine Chance geben?«

Der Commander legte eine Hand auf sein Herz und verneigte sich. »Ich wußte es, Lodi! Bei Ihrer nächsten Übernachtung in Rom lade ich Sie ins »Orsini« ein, auf meine Kosten. Osso Bucho, Spumanti – der ganze Kram!«

»Diese Dreistigkeit! Wieviel hat der Mann Ihnen gegeben, um mich zu bearbeiten?« rief ich. Der Commander blickte geschockt drein.

»Wie auch immer. Wenn Sie versprechen, daß wir eine Wallfahrt zum Schrein des Heiligen Petrus machen, nehme ich ihn mit.« Der Commander lächelte wieder über das ganze Gesicht: »Setzen Sie ihn in die 1. Klasse, und bitten Sie Istanbul, auf dem Flugplatz eine Ambulanz in Bereitschaft zu halten.«

· · · · · ·

Nach dem Start stiegen wir auf 5400 Meter und damit klar über die Wolken. Wir würden die vorausgesagte Kaltfront kurz vor Griechenland erreichen. Ich schob meinen Sitz zurück, trug meinem Copiloten auf, mich in einer halben Stunde zu wecken, schloß die Augen und schlief augenblicklich ein.

Wie lange ich geschlafen hatte, wußte ich nicht. Es konnten zwei Minuten oder zwei Stunden gewesen sein. Augusto, der Purser, schüttelte mich am Arm.

»Captain, der türkische Passagier verhält sich seltsam.«
»Was meinen Sie mit seltsam?«
»Ich glaube, Sie sollten sich das besser ansehen.«

Ich schnallte mich los. »Wo sind wir, Nelsinho?« fragte ich den Funker. Wir würden uns der Küste von Griechenland nähern, sagte er. Aber die Funkstandlinien von Athen kämen noch nicht klar durch. Wir würden gerade Korfu passieren. Nelsinho war das beste und vielseitigste Besatzungsmitglied, das ich jemals hatte. Mit ihm zusammen hätte ich die Constellation einhändig geflogen. Nicht nur das Funkgerät bediente er, er navigierte auch und fungierte als Dolmetscher, seit die meisten aus meiner Crew so schlechtes Englisch sprachen wie ich Portugiesisch. Nelsinho stand in Verbindung mit Rio, Paris, Zürich und Lissabon, und alles zur gleichen Zeit. Er informierte mich über Wetterbedingungen, holte Peilungen ein, überprüfte Instrumente, ermittelte die Geschwindigkeit über Grund und bürstete meine Uniformjacke aus, bevor er sie vom Kleiderbügel nahm. Solche Flieger sind heutzutage bedauerlicherweise ausgestorben.

Regen sprühte auf die Frontscheiben. Das Flugzeug bebte, als es eine Böenzone passierte. Wir erreichten eine Front, die quer über Griechenland hinweg von der Adria bis nach Rhodos reichte. Nicht gerade die beste Zeit, um das Cockpit zu verlassen.

Ich folgte Augusto durch den Gang in den hinteren Kabinenteil. Der Türke lag auf der Couch des Erste-Klasse-Abteils. Sein Gesicht war totenbleich, ohne jede Farbe. Er atmete schwer. Ich fühlte seinen Puls. Er war sehr schwach.

»Schnell, Augusto, die Sauerstoffflasche!« Dem Patienten schien es mit dem Sauerstoff etwas besser zu gehen. Aber sein Atem war nach wie vor flach. Der tiefe Terrakotta-Farbton seines Gesichts war bleiern geworden. Seine Wangen schienen zu schrumpfen. Die Augen waren geschlossen. Mein Gott – wenn er gerade jetzt stürbe!

Ich eilte zurück. Vielleicht sollte ich in Athen landen. Nelsinho, als hätte er meine Gedanken gelesen, drückte mir einen Papierstreifen in die Hand: »Athen – schwerer Regen – 45 Stundenkilometer Wind quer zur einzigen Landebahn – niedrige Wolkenuntergrenze.« Ich war niemals in Athen gelandet. Der Abstieg aus 5400 Metern und ein Instrumentenanflug würden eine halbe Stunde benötigen. Noch länger würde es dauern, wenn ich den ersten Anflug verfehlen sollte. Ich konnte die anderen Passagiere nicht wegen eines einzigen gefährden, der möglicherweise dabei war zu sterben. Nein – es war besser weiterzufliegen.

»Geben Sie mir volle Leistung, Arguelo«, wies ich den Flugingenieur an. Die Constellation legte weitere 45 Stundenkilometer zu. Wir konnten Istanbul in etwas über einer Stunde erreichen. Wir donnerten durch die Front wie ein bockender Mustang auf einem Rodeo. Während des Abstiegs erreichte ich die maximal erlaubte Geschwindigkeit von 515 Kilometern pro Stunde.

Augusto rannte nach hinten und wieder zurück. Der Patient schien ruhig zu sein, vielleicht zu ruhig. Er klagte nicht; eigentlich sprach er überhaupt nicht. Augusto dachte, daß er vielleicht eingeschlafen sei.

Über Kleinasien besserte sich das Wetter ein wenig, und die Wolken rissen auf. Ich eilte schnell ein weiteres Mal nach hinten. Seine Tochter fragte mich mit Hilfe eines Passagiers, der Italienisch und Englisch sprach, wo wir uns im Moment befänden. »Über der Türkei«, antwortete ich. Ihre angespannten Züge lösten sich.

Zurück in meinem Sitz sagte ich zu Nelsinho: »Warum sichern Sie nicht Ihre Station? Ich habe Sprechverbindung mit Istanbul. Gehen Sie nach hinten und halten Sie Augustos Hand. Ich glaube, er hat es nötiger als der alte Türke.«

Über dem Marmara-Meer sah ich, wie sich die Lichter von Istanbul an der Wolkenunterseite widerspiegelten. Ein paar Kilometer vor dem Platz nahm ich die Gashebel zurück, und wir glitten fast geräuschlos auf den Flughafen zu. Ich setzte die Klappen, fuhr das Fahrwerk aus und landete auf Yesselkois 1200 Meter langer Landebahn. Wir hatten einen Geschwindigkeitsrekord für die Strecke Rom–Istanbul aufgestellt, der bis zum Erscheinen der Jets Bestand haben sollte.

Ich rollte schnell zum Terminal und stellte die Motoren ab. Zwei Mechaniker fuhren die Fluggasttreppe an die hintere Tür. Etliche Männer liefen auf das Flugzeug zu. Ich sah die Passagiere aussteigen. Dann wurde ein Körper auf einer Liege hinabgetragen. Der Copilot sammelte seine Mappen und Sachen zusammen und machte sich auf den Weg nach hinten. Nelsinho saß noch an seinem Tisch und machte Eintragungen in das Logbuch. Der Flughafenleiter kam ins Cockpit.

»Das muß ein aufregender Flug gewesen sein«, meinte er. »Kommen Sie mit mir ins Büro. Sie haben eine Menge Dokumente zu unterschreiben.«

»Wie geht es dem alten Mann?«
»Wissen Sie es denn nicht? Er ist tot. Ich werde hier bis zum Morgen zu tun haben, um Ordnung in dieses Durcheinander zu bringen. Einfach schrecklich!«

Als wir durch Istanbul fuhren, erhob sich die Sonne jenseits des Bosporus und streifte mit goldenen Fingern die große Kuppel der Hagia Sophia, während die sieben schlanken Minarette sich bleistiftgleich gegen den fahlen Himmel abhoben.

Ich dachte an den alten Mann, dessen Herz über seinem Heimatland zu schlagen aufgehört hatte, zwischen Himmel und Erde, wo, wie der Koran sagt, auch der Sarg Mohammeds schwebt.

· · · · · ·

ZWISCHEN AFFEN UND KANINCHEN

Flughäfen, für Flugzeuge entworfen, sind auch Heimat für zahllose wilde Geschöpfe, die ihre Claims abgesteckt haben, als ob die Flugplätze nur für sie da wären. Haben sie durch Zufall herausgefunden, daß sie hier vor dem Menschen sicher sind? Leitete sie ihr Instinkt oder irgendein sechster Sinn, oder ist es einfach so, daß sie etwas Gutes erkennen, wenn sie es sehen, so wie Sie und ich?

Zuerst nahm ich diese Koexistenz nicht wahr, aber später fand ich Vergnügen am Beobachten der Eskapaden dieser Tiere, die sich mit ihrem Lebensbereich in den unseren drängen. Oder ist es vielleicht umgekehrt?

In Indien leben auf Flugplätzen jede Menge Schakale, die durch die Lichtkegel der Landescheinwerfer huschen, wenn man zum Terminal rollt. Heimatlose Hunde warten gespannt an den Fluggasttreppen auf übriggebliebene Mahlzeiten, die mitleidige Crewmitglieder an sie verteilen. Krähen hocken am Ruder, wenn das Flugzeug betankt wird, und Affen tollen auf den Hangardächern des Palam Airports von Neu-Delhi umher. Bei Sonnenaufgang fliegen Tausende von Vögeln niedrig über den Platz, um zu ihren Futterplätzen zu gelangen. Hasen, Rehe, Hirsche, Füchse, Fasane und Rebhühner leben auf Flughäfen in Frieden und in großer Anzahl und gehen ihrem Geschäft nach, als ob die Flugzeuge nicht existierten.

Als wir eines sonnigen Nachmittags auf dem Flughafen Tempelhof im Herzen Berlins landeten, rauschten wir an einer großen Schafherde vorbei. Ich konnte einen flüchtigen Blick auf eine große Gestalt im braunen Umhang und mit spitzem Hut werfen, die ihre Hand zum Gruß erhob, als wir vorüberrollten. Als ich einmal zwischen zwei Flügen einige Zeit totzuschlagen hatte, wanderte ich zum Innenfeld hinüber, begrüßte den Hirten, bot ihm eine Zigarre an und steckte mir selbst eine an.

»Ist es nicht etwas gefährlich, wenn diese Schafe über das ganze Flugfeld rennen?« fragte ich.

»Seien Sie unbesorgt, Herr Kapitän. Meine Tiere betreten niemals Beton. Ich bin seit Jahren hier.« Er erzählte mir weiter, daß er eine kleine Gebühr pro Schaf zu entrichten hätte, damit sie hier grasen dürften. Abends würde er seine Herde in eine mobile Einzäunung treiben, und wenn die Tiere das Gehege betreten hätten und ohne zu drängeln ruhig stünden, könne er nach einem Blick sagen, wieviele sich in dem Pferch befänden.

Was dachte er über die Flugzeuge? Würde er gern einmal ganz weit weg irgendwohin fliegen und die Welt sehen? Nein, antwortete er, das Leben wäre woanders wahrscheinlich auch nicht besser. Er würde gut zurechtkommen, und er wäre zufrieden mit seinem Los. Ein wirklicher Philosoph, dachte ich. Oder sollten wir ihn für seinen Mangel an Neugier bedauern? Ich wüßte es nicht zu sagen.

Ich fand heraus, daß diese tierischen Rasenmäher auf vielen deutschen Flugplätzen eingesetzt wurden. Die Tiere benehmen sich einwandfrei, halten das Gras geräuschlos kurz und machen auch noch Profit. Ein Schäfer in der Nähe Münchens erzählte mir, wie er zum Beginn des Winters seine Herde ins Rheinland trieb, wo das Klima milder ist.

Langsam grasend schafften die Schafe 13 bis 16 Kilometer am Tag; er selbst schlief in seinem zweirädrigen Karren mit eingebauter Koje und Kombüse so gemütlich wie in der Kabine einer kleinen Yacht.

Diese Schäfer mit ihren Herden und ihren treuen Hunden verliehen damals den Flughäfen einen ländlichen Touch, eine liebenswürdige Erinnerung daran, daß bei all unserer Herumhetzerei ein Tag eine bestimmte Anzahl von Stunden und unser Leben eine bestimmte Anzahl von Tagen hat. Was soll die Eile? Wir alle erreichen das Ende der Reise ganz bestimmt.

Wildkaninchen finden Flugfelder unwiderstehlich. Ich kenne Plätze, wo ihre Population so dicht ist, daß immer einmal eine Jagd organisiert werden muß, um ihre Reihen zu lichten. Aber meistens sind sie sicher vor jedweder Nachstellung. Ein Haar ist allerdings in fast jeder Suppe, und ein Fuchs verdirbt so manches Kaninchenparadies.

Auf dem Hamburger Flughafen lebte ein roter Fuchs. Wir sahen ihn oft, besonders nachts, wenn unsere Landelichter ihn dabei erwischten, wie er durch das hohe Gras schnürte. Einmal überrollten wir ihn fast, aber als wir ein paar Nächte später wiederkamen, sagten uns ein flinker, roter Streifen und zwei bernsteingelbe Augen im Lichtkegel unserer Landescheinwerfer, daß er überlebt hatte; wahrscheinlich zum großen Verdruß der Kaninchen auf dem Feld.

Eine Füchsin mit zwei spielenden Jungen erregte eines Tages unsere Aufmerksamkeit, als wir auf dem Flughafen von Wien den Taxiway entlangrollten. Mein Erster Offizier konnte sich nicht verkneifen, das Mikrofon zu nehmen: »Tower, haben sie den Fuchs in der Mitte des Feldes gesehen?« Danach war eine lange Pause. Der Turmlotse, dessen

Englisch mehr auf der elementaren Seite angesiedelt war und der konfus wurde, wenn wir von der vorgeschriebenen Luftfahrt-Phraseologie abwichen, schoß dann aber doch zurück: »Clipper Two – bleiben Sie auf ihrer Position! Er ist unterwegs zum outer marker!«

Dann sind da unsere gefiederten Freunde, mit denen wir uns die Domäne Luft teilen. NOTAMs (notices to airmen) warnen vor riesigen Storchenschwärmen, die über die Küste des Marmara-Meeres nahe dem Yesselkoi-Flugplatz von Istanbul ziehen. Habichte kreisen in thermischen Aufwinden hoch über Karatschi, Pakistan, wie die Segelflieger in Elmira. Anmutige Reiher trippeln über den Piarco–Flughafen von Trinidad und beäugen verächtlich die röhrenden Flugzeuge. Und auf der Insel Midway, mitten im Pazifik, beanspruchen Albatrosse Besitzrechte über dem Loch im Sand, wo sie geschlüpft sind und zu dem sie nach einem 3200 Kilometer langen Flug von ihrer neuen Heimat, den Aleuten, zurückgekehrt sind. In Boston und auf New Yorks John F. Kennedy Airport lassen zahllose Möwen, Enten und andere Wasservögel Sie glauben, Sie hätten unbefugt ein Naturschutzgebiet betreten.

Seevögel sammeln sich zu Tausenden auf Landebahnen nahe an der See. Warum sie das tun, ist ein Geheimnis. Vielleicht, weil sie ihre Füße trocknen wollen. Auch die oberen Regionen sind nicht sicher vor Vögeln. Ich traf einmal eine Formation von fünf großen Kranichen in 5100 Metern Höhe über der Sahara. Gänse und Schwäne wurden ebenfalls in großen Höhen beobachtet, und man sollte sich besser von den großen Flugrouten der Tiere während der Vogelzugsaison fernhalten, sonst hat man plötzlich eine Gans im Schoß. Für Rebhuhn und Fasan bildet der offene Raum eines Flugplatzgeländes ein ideales Umfeld. Lärm belästigt sie am wenigsten. Nur der Mensch zu Fuß bedeutet Gefahr, wie sie aus der Erfahrung gelernt haben.

Als wir eines Nachmittags auf dem Flughafen von Shannon in Irland am Rollhalteort standen, sahen wir eine Gruppe von Waldhühnern unter unserer rechten Tragfläche, direkt unterhalb des Außenmotors. Obwohl wir genug Krach machten, um die Siebenschläfer von Ephesus aufzuwecken, rührten sich diese Vögel, die zu den scheuesten Lebewesen zählen, nicht im mindesten.

Vogelschlag an Flugzeugen war stets eine Gefahr, die mit der zunehmenden Geschwindigkeit der Maschinen ebenfalls zunahm. Düsentriebwerke mit ihren sorgfältig ausbalancierten Kompressor- und Turbinenschaufeln erwiesen sich als anfälliger gegen Vogelschlag als Kolbenmotoren.

Aber wie kann ein Körper, leicht und weich wie ein Vogel, Löcher in ein 300-Tonnen-Flugzeug reißen oder ein kraftvolles Düsentriebwerk zerstören? Bei einer Kollisionsgeschwindigkeit von lediglich 240 Kilometern pro Stunde erzeugt eine ausgewachsene Seemöwe eine Aufschlagkraft von mehr als zwei Tonnen, die auf eine kleine Fläche verteilt ist. Wird die Geschwindigkeit auf 480 Stundenkilometer verdoppelt, bringt es derselbe Vogel auf einen Neun-Tonnen–Aufschlag; bei 960 Stundenkilometern sind es schon 36 Tonnen.

An einem wolkigen Tag im November 1975 erhob sich ein Schwarm Seemöwen von New Yorks Flughafen und geriet in den Startlauf einer DC-10 der Overseas National Airways. Die Vögel waren die Ursache dafür, daß das rechte Triebwerk zerstört wurde und Feuer fing. Captain Harry R. Davis brach den Start ab. Durch den Ausfall des Hydrauliksystems, in Verbindung mit der nassen Startbahn, konnte er das Flugzeug nicht abbremsen und steuerte es deshalb aus der Bahn hinaus, wo die DC-10 schließlich über einem Wasserkanal zum Stillstand kam. Bevor die Feuerwehr am Unglücksort erschien, waren bereits alle Passagiere evakuiert worden; die Maschine jedoch fing Feuer und brannte aus. 32 Fluggäste wurden verletzt.

Abhilfe konnte bis heute lediglich teilweise und auch nur vorübergehend geschaffen werden. Die Falkenjagd wurde mit nur mäßigem Erfolg betrieben. Mechanische Vogelscheuchen und künstliche Eulen funktionieren nur solange, bis sich die Vögel daran gewöhnt haben, üblicherweise etwa ein oder zwei Tage. Die Vögel gewöhnen sich auch an mit Propan oder Karbid betriebene Geräuschkanonen, die neben den Landebahnen aufgestellt wurden; einige Vögel ließen sich bei kaltem Wetter sogar auf den Geschützrohren nieder, um sich die Füße zu wärmen.

Erfolgreichere Maßnahmen müssen von Spezialisten maßgeschneidert werden. Abgeleitete stehende Gewässer, beschnittene Bäume und Sträucher, gemähtes Gras, vergiftete Mäuse und Insekten, Verlagerung oder Abschirmung von Müllkippen – all das gehört dazu. Aber es ist kostspielig. Fortgesetzte Zusammenarbeit zwischen Wissenschaftlern, Flugplatzbetreibern, Regierungsvertretern, Herstellern und Flugzeugbesatzungen ist nötig, um das Risiko zu minimieren. Komplette Beseitigung ist Utopie.

Während der Jahre, als ich auf der DC-4 durch Europa propellerte, existierte dieser Totengräber noch nicht. Damals bereiteten mir die Eskapaden der Flugplatztiere noch Vergnügen anstatt Sorgen. Wie typisch ist es doch für das Düsenzeitalter, daß wir mehr und mehr in einen Kriegszustand mit unserer Umwelt geraten.

Ein trauriger Anblick allerdings waren für mich Tausende von Singvögeln, die, in hölzerne Käfige gestopft, auf asiatischen Flugplätzen in Jets geladen wurden, um nach Europa transportiert zu werden. Um die Sache noch schlimmer zu machen, waren viele von ihnen mit Farbe besprüht worden. Manche Käfige enthielten Hunderte von winzigen Vögeln, die lila, gelb oder rot angesprüht waren. Warum irgend jemand einen lila Vogel besitzen möchte, ist mir schleierhaft.

Es ist eine lange Zeit vergangen. Niemand badet zweimal im gleichen Fluß, sagt Heraklit. Die Welt, in der wir heute leben, ist nicht mehr jene, als die Luftfahrt noch jung war. Was von den riesigen Gazellenherden, die ich in Afrika sah, übrigblieb, ist nun in Reservaten eingeschlossen. Elefanten wirken wie Sandkörner aus den Flughöhen der Jets. Wir verbringen unser Leben auf Reisen und mit dem Betrachten der Wunder dieser Erde, und am Ende kommen wir desillusioniert heim. Der Mensch ist ein einsames Geschöpf, das einzige Lebewesen auf Erden, welches weiß, daß es einsam ist. Wir fühlen uns glücklicher, wenn wir daran erinnert werden, daß wir Verstärkung durch jemand haben, der älter und stärker ist als wir. Ich fühlte eine tiefe Befriedigung, wenn ich diese wilden Geschöpfe aus meinem Flugzeug heraus sah. Es sollte Platz für uns alle sein. Wenigstens hoffe ich das.

• • • • • •

Mafia

Auf der Via Veneto, nicht weit von dem Platz entfernt, wo die Römer ihren Kaffee und ihre Sahnetörtchen genießen, zog mich ein Mann von kleiner Statur mit Haaren voll stinkender Brillantine plötzlich am Ärmel.

»Ich habe keine Zigaretten«, sagte ich, »aber ich habe eine Kiste brasilianischer Coronas.« Seine Augen leuchteten auf – wie die eines Katers, der eine Maus betrachtet.

Während der Nachkriegsjahre wurde man in Roms Straßen mit Angeboten bedrängt, zu kaufen und zu verkaufen. Zigaretten waren der Hauptartikel bei diesem Schwarzhandel. Mit einem Karton Zigaretten konnte man ein Mädchen kaufen, einen Anzug, eine Reihe von fürstlichen Mahlzeiten und zwei Karten für die Oper.

In meinem Hotel nahm ich den Burschen mit auf mein Zimmer und öffnete die Zigarrenkiste. Die Zigarren hatten zu lange gelegen und waren mit winzigen Wurmlöchern übersät. »Das macht nichts«, sagte mein Geschäftspartner, »diese Zigarren sind nicht zum Rauchen. Sie sind zum Handeln.«

Seit dieser Transaktion hängte sich Toni an die Flugzeugbesatzungen. Er sprach einen New Yorker Eastside-Jargon, war aber, wie er sagte, in Brooklyn geboren. Toni hatte Verbindungen. Egal, was wir haben wollten, Toni lieferte alles. Im Tausch brachten wir ihm Zigaretten, Früchte in Dosen, elektrische Geräte und Füllfederhalter, die Toni auf dem schwarzen Markt mit ansehnlichem Profit an den Mann brachte.

Rom ist eine faszinierende Stadt, wenn einem der Lärm nichts ausmacht. Es ist voller Restaurants, an deren Eingängen ein Tisch mit Platten voller Meeresfrüchte sowie riesigen Pyramiden aus Äpfeln, Birnen, Mandarinen und Pampelmusen steht. Ich liebte Rom, jedenfalls damals. Wenn man heute bei einem Preisausschreiben als ersten Preis eine Woche in Rom gewänne, dann denke ich, daß der zweite Preis zwei Wochen sein müßten.

Eines Abends, während eines Übernachtungsstopps, nahm ich meine Besatzung in ein Restaurant mit, das für seine exzellenten »Fettuchini al burro« bekannt war. Für mich jedoch war die Attraktion ein Musiker namens Mario, der so virtuos auf der Mandoline spielte wie Yehudi Menuhin auf der Violine.

Als wir das Lokal betraten, war es bereits voll besetzt. Der Oberkellner lotste uns durch ein Wirrwarr von Gängen in eine Ecke, wo wir zu einer Gruppe von Italienern gezwängt wurden. Ein Kellner brachte eine gewaltige Schüssel mit Nudeln, bediente jeden und stellte dann die Schüssel mit der letzten Portion vor mich hin, offensichtlich ein italienischer Brauch.

Als ich mein Essen beendet hatte, schlängelte ich mich durch die Menge in jene Ecke, wo die Musiker auftraten. Ich steckte eine Kleinigkeit in Marios Tasche, und wir plauderten ein Weilchen. »Mario«, sagte ich, »in Amerika würdest du eine Sensation sein. In New York könntest du in der Carnegie Hall spielen.« Der kleine Bursche blickte niedergeschlagen drein und schüttelte den Kopf. Gut, vielleicht auch nicht. Cavalleria rusticana auf der Mandoline ist vielleicht nicht gerade Amerikas musikalisches Lieblingsstück. Gerade da sah ich, wie Toni sich durch den Raum drängte.

»He, Captain«, sagte er mit einem servilen Grinsen, »ich sitze in der Ecke mit Lucky Luciano und einigen Freunden. Würden Sie sich zu uns gesellen?«

Sieh mal an, dachte ich. Ich hatte geglaubt, Toni wäre ein Schmalspurganove. Nun schien es, als wechselte er in die Oberliga. Selbstverständlich wußte ich einiges über Lucky Luciano. Wer tat das nicht in jenen Tagen? Luciano war der »Big Boss« der Mafia in Amerika. Sein Bild und seine Heldentaten im Schmuggelgeschäft waren oft in den Boulevardzeitungen zu sehen und zu lesen. Durch Spezial-Ankläger Thomas E. Dewey war er wegen einer Prostitutionsgeschichte vor Gericht gestellt worden. Nach dem auf Gefängnis lautenden Urteil war er auf Bewährung nach Italien, seinem Geburtsland, entlassen worden. Er müßte eine interessante Type sein, dachte ich. Wenn schon in Rom, dann sich auch wie ein Römer benehmen.

»Warum nicht, Toni? Ich bin dabei.«

Toni führte mich an den Tisch und stellte mich dem Mann vor, der für viele Jahre die Oberherrschaft über das organisierte Verbrechen in den Vereinigten Staaten gehabt hatte. Wenn ich ein finsteres Gesicht mit verschlagenen Augen und einem grausamen Mund erwartet hatte, so wurde ich enttäuscht. Toni bezeichnete mich als »den Leiter der berühmtesten Fluglinie Europas« und fügte ein paar Eigenschaften hinzu, die mich fast erröten ließen. Luciano schüttelte mir die Hand und sagte: »Erfreut, Sie zu sehen.«

Da noch einige andere Männer mit am Tisch saßen, hatte ich nicht die Möglichkeit, Luciano aus unmittelbarer Nähe zu beobachten, zumal mein Tischnachbar ein tiefschürfendes Interesse an der Luftfahrt zu hegen schien. Dieser Gentleman, eher von der massigen Art mit beginnender Glatze, einer scharfen Nase und klaren Augen, begann mich über die Verkehrsfliegerei in Europa auszufragen.

»Hör auf damit«, rief Luciano, »und gib dem Captain einen Drink.« Worauf mir mein Nachbar einen Brandy eingoß.

»Tut mir leid«, sagte ich, »aber ich darf nicht trinken. Ich muß morgen fliegen.«

»Nun, wie wäre es dann mit einem Wein?« schlug Luciano vor.

»Gern; ein wenig Wein kann nicht schaden.« Meistens tat er das ja auch nicht. Mein Nachbar, dessen Namen ich nicht erfuhr, aber den sie Gito oder so ähnlich nannten, stellte eine kleine, flache Flasche vor mich hin und sagte: »Bedienen Sie sich selbst.« Ich blickte auf das Etikett. Es war ein Brolio, Jahrgang 1927.

Inzwischen fuhr Gito fort, mich zu fragen, wohin wir flögen und welche Ausrüstung wir benutzten. »Wie kommt es«, fragte er, »daß Sie als Amerikaner für eine brasilianische Luftverkehrsgesellschaft fliegen?«

»Oh«, sagte ich bescheiden, »ich bin ihr Vorturner.«

Während unserer Unterhaltung kamen Leute an den Tisch, um Luciano lächelnd und sich verneigend die Hände zu schütteln; einige baten um Autogramme. Luciano hielt Hof wie der König von Siam. Ungeachtet seiner eher konventionellen Erscheinung war eine Aura von Autorität und Selbstsicherheit um ihn. Eine Narbe auf seiner Wange deutete auf finstere Vorfälle hin, aber vielleicht rührte sie auch nur von einem Autounfall her. Seine Kraft lag in seinen Augen hinter den Brillengläsern. Vielleicht täuschten sie mir das auch nur vor, weil ich ja wußte, wer er war. Toni, in unterwürfiger Haltung, verhielt sich wie ein Narr am Hofe Barbarossas.

»Ich nehme an, ihr Burschen macht eine Menge Zaster«, drang Gitos Stimme an mein Ohr.

»Nicht so schlimm. 15 000 bis 18 000 Dollar im Jahr.«

»Peanuts – bei Ihren Möglichkeiten.«

»Ich nutze keine Möglichkeiten«, sagte ich unschuldig, »ich weiß genau, was ich zu tun habe. Mein Geschäft ist das Vermeiden von Risiken.«

Gito begann zu lachen. »Das ist gut! Das ist ja auch mein Geschäft. Man könnte sagen, wir sind im gleichen Gewerbe.«

Ich fühlte, daß es unnütz war, zu widersprechen. Ich erwähnte, daß ich am meisten den Mandolinenspieler schätzte, der in diesem Moment gerade einige neapolitanische Volkslieder spielte.

»Dieser Depp ...« meinte Gito, sich eine Zigarre anzündend. »Übrigens, wie lange fliegen Sie schon nach Istanbul?«

Froh, über unverfänglichere Dinge sprechen zu können, erzählte ich ihm, wie wir kürzlich unsere Route bis nach Istanbul erweitert hatten. Als nächstes stünden Beirut und Kairo auf der Liste. Gito schien an Beirut interessiert. Wir sprachen eine Weile über den Flugverkehr im Mittleren Osten. Zum Schluß meinte er lässig: »Ich könnte Ihnen einen interessanten Vorschlag machen. Warum gehen wir nicht irgendwann einmal zusammen essen? Sagen Sie nur Toni, wann Sie frei sind.«

»Das wäre sehr nett, vielen Dank«, sagte ich, »aber ich vernachlässige meinen Gastgeber.« Ich wandte mich an Luciano. »Mr. Luciano«, sagte ich, »ich habe praktisch jeden geflogen, der in Europa etwas gilt. Vielleicht kann ich Sie irgendwann einmal fliegen ...« Ich fühlte einen Stoß in meiner Seite. Natürlich! Lucky konnte Italien ja nicht verlassen.

Es war an der Zeit, den Rückzug anzutreten. Ich schüttelte Luciano die Hand, dankte ihm für seine Gastfreundschaft und begann mich zu entfernen. Mich noch einmal umschauend, sah ich jedoch meine Pfeife auf dem Tisch in einem Aschenbecher liegen. Ich ging die paar Schritte zurück und zwängte mich hinter Lucianos Stuhllehne vorbei. Dabei schnappte ich zufällig auf, wie er sagte: »Dieser Captain – dämlicher Kerl. Kann seinen Hintern nicht von einem Loch im Boden unterscheiden.«

Etwa eine Woche später übernachtete ich in Istanbul. Unser Hotel hatte nur wenige Annehmlichkeiten zu bieten, mit Ausnahme des Kochs, dessen Hähnchen mich die Fliegenschwärme hinter den ausgefransten Gaze-Vorhängen vergessen ließen. Aber noch lobenswerter als die entbeinten, saftigen Hähnchenschenkel war Mehmet.

Nachts wurde ich wach, weil mich jemand am Arm schüttelte. Als ich aufschaute, erblickte ich Mehmet, den Assistenten des Hotelmanagers.

»Tut mir leid, Sie zu wecken, Captain«, sagte er, »aber ich glaube, es ist wichtig.« Mit diesen Worten legte er ein in braunes Papier eingewickeltes Paket auf mein Bett. Dieses Paket, erklärte Mehmet, wäre durch einen Mann gebracht worden mit der Bitte, es mir für »Toni« zu übergeben. Der Nachtportier wurde mißtrauisch und verständigte Mehmet.

»Ich muß einräumen, daß das ein wenig seltsam ist«, sagte ich, noch halb im Schlaf.

»Das ist es ganz sicher«, antwortete Mehmet, ein junger Türke, der gut Englisch sprach. »Es ist keine Adresse darauf. Ich denke, wir sollten das überprüfen. Zu Ihrer eigenen Sicherheit.« Er löste die Verschnürung und entfernte das

Papier. Das Paket enthielt ein Dutzend großer Radioröhren von der silbernen Sorte. Mehmet schüttelte eine davon dicht an seinem Ohr. »Ich kann nichts hören«, sagte er.

»Für mich sieht das harmlos aus. Ich habe schon früher Dinge für diesen Toni mitgebracht, allerdings niemals auf diese Art.«

Mehmet war nicht zufrieden. Vielleicht waren diese Röhren harmlos, vielleicht aber auch nicht. Da wurde eine Menge Schmuggel getrieben. »Wenn die Polizei einen Tip erhält und findet etwas bei Ihnen ...« Er hob die Hände und schüttelte den Kopf.

»Laß uns eine zerbrechen«, schlug ich vor.

Mehmet nahm eine Röhre, wickelte sie in sein Taschentuch, legte sie in den Aschenbecher auf dem Nachttisch und zerschlug sie mit einem meiner Schuhe. Außer der Kathode und dem Glühfaden war nichts darin.

»Schauen Sie – nichts da.«

Er nahm eine andere und zerbrach auch sie. Das gleiche Resultat. »Ich schätze, wir verderben einigen Funkamateuren in Rom den Spaß«, sagte ich.

»Das vermute ich auch. Ich bin froh und hoffe, daß Sie nichts dagegen haben, daß ich sie geweckt habe.«

»Überhaupt nicht. Sie haben genau das Richtige getan. Legen Sie sie für mich auf den Nachttisch.«

Mein Nachtschlaf war dahin. Nachdem er gegangen war, knipste ich die Bettlampe an und rauchte eine Pfeife. Ich wußte, daß da einige Schmuggelei unter den Flugzeugbesatzungen im Gange war. Die Crews kauften jeden denkbaren Kram in Europa und führten Artikel aus Südamerika ein. Ein amerikanischer Kollege erstand in einem Bazar in Istanbul alte Duellpistolen, um sie mit großem Profit in Amerika zu verkaufen. Ein wenig irregulär zwar, aber vertretbar.

Aber ich war beunruhigt und unsicher. Ich legte meine Pfeife in den Aschenbecher und versuchte zu schlafen.

Vor dem Frühstück bat ich den Mann in der Rezeption, Mehmet ans Telefon zu holen. Er war noch in seinem Zimmer. Seine Stimme klang rauh, als hätte ich ihn gerade geweckt.

»Das soll keine Rache sein, Mehmet, aber haben Sie irgendwo ein Radio?«

»Ja, natürlich. Wir haben mehrere. Es steht ein großes in meinem Zimmer. Warum?«

»Kann ich heraufkommen?«

»Natürlich, aber ich bin noch nicht angezogen.«

»Wen stört das?«

Mehmet empfing mich im Schlafanzug und mit zerwühltem Haar.

»Ich habe nachgedacht«, begann ich. »Da ist einiges faul an der Sache. Warum prüfen wir diese Röhren nicht in Ihrer Anlage?«

Wir probierten alle durch. Von den zehn restlichen funktionierten acht, zwei hingegen nicht. Wir sahen einander an. Dann nahm Mehmet eine der beiden, wickelte sie in ein Handtuch und zerbrach sie. Die Röhre war mit einem weißlichen Pulver gefüllt. »Ich will verdammt sein«, meinte er. Er verrieb ein wenig von dem Pulver zwischen den Fingerspitzen, roch daran und tat eine Prise auf seine Zunge.

»Das ist kein Zucker!« Seine Stimme klang besorgt, und seine Augen wurden so groß wie Tennisbälle. »Was sollen wir tun?«

»Frühstücken«, sagte ich.

Lucky Luciano fiel 1962 auf dem Flughafen von Rom infolge einer Herzattacke tot um. Es stand in sämtlichen Klatschspalten. Zu dieser Zeit flog ich Jets von New York aus, lebte aber auf den Bermudas und pendelte hin und her. Mein Freund Gordon Wood, ebenfalls auf den Bermudas lebend, lud mich ein, sein Apartment in Manhattan mit ihm zu teilen. Es war ein bezauberndes Versteck, drei Treppen hoch in einem dieser alten Kästen an der 39sten Straße zwischen Park und Lexington Avenue.

Gordon war ein Gentleman, jemand, der all das war, was ich nicht bin. Groß und gutaussehend, war er ein absoluter Zauberer, was Frauen anbetrifft. Seine stählernen, graublauen Augen durchdrangen jedes Problem und jede Situation auf den ersten Blick, und sein Urteil war so präzise, daß es in einer Zündholzschachtel Platz gefunden hätte. Kurz nachdem die Jets begannen, die Menschen mit der Geschwindigkeit der Sonne um die Erde zu schleudern, wurde viel über das Zeitzonen-Syndrom diskutiert. Ost-West-Flüge richteten ein Chaos unter den Bio-Rhythmen an und brachten menschliche Energie und Schlafgewohnheiten durcheinander. Gordon traf es auf den Punkt: »Auf Nord-Süd-Flügen arbeiten meine Eingeweide nach Eastern Standard Time.«

Als ich eines Abends von einem Rund-um-die-Welt-Flug nach Hause kam, fand ich Gordon in unserem Apartment zusammen mit Toni vor.

»Hier ist ein Freund von dir, Lodi«, sagte Gordon. »Er fragt, ob er ein paar Tage bei uns bleiben kann.«

Wir nahmen ein paar Drinks und riefen uns die alten Zeiten in Rom in Erinnerung. Ich entdeckte jedoch schnell, daß Tonis Besuch nicht nur der Geselligkeit diente. Es war ein verzweifelter Versuch, einen Zufluchtsort zu finden. »Sie« waren hinter ihm her. Es war mitleiderregend, seine Furcht mit anzusehen.

Toni blieb. Nicht nur ein paar Tage, sondern ein paar Wochen. Wir gaben ihm den Schlüssel zum Apartment, wenn wir beide auf unseren Flügen unterwegs waren. Er verließ kaum das Haus, und wenn er ein paar Drinks intus hatte, vertraute er uns sonderbare Geschichten an. Seine Vergangenheit war dunkler, als ich angenommen hatte. Einmal deutete er an, daß er zwei Typen um die Ecke gebracht hätte. Es war schwer vorstellbar, daß dieser unbedeutende, kleine Bursche jemanden ermordet haben sollte. Daß er dazu jedoch in der Lage war, sollte ich schnell feststellen.

Er begann, mir auf die Nerven zu gehen. Er agierte seltsam und zusammenhanglos. Dann wieder war er die Liebenswürdigkeit in Person. Gordon beauftragte mich, Toni hinauszuwerfen. Ich stimmte von ganzem Herzen zu, deutete aber an, daß Gordon für diese Aufgabe besser geeignet sei. Gordon, in einem Anflug unverständlichen Sanftmuts, schien jedoch nicht begeistert, Toni einen Tritt in den Hintern zu geben.

Als ich von einem London-Flug zurückkehrte, fand ich Gordon im Sessel sitzend vor. Er war allein und starrte mich mit einem Blick an, der durch und durch ging.

»Wo ist Toni? Hast du ihn hinausgeworfen?«

»Mach dir einen doppelten Wodka Tonic«, sagte Gordon, »und gib mir auch einen; dann werde ich dir die ganze Geschichte erzählen.«

Gordon war zu seinem halbjährlichen Checkflug von den Bermudas zurückgekommen. Als er Toni ausgestreckt auf dem Sofa mit einer Flasche unseres besten Scotch neben sich vorfand, nahm er ihn hoch und deponierte ihn auf dem Treppenabsatz. Dann schloß er die Tür.

Nachts wurde Gordon geweckt, weil jemand seinen Arm schüttelte. Benommen blickte er auf und direkt in die Mündung einer Pistole. Toni stand über ihm, die Pupillen geweitet, plärrend und sabbernd wie ein Idiot. Mit bewundernswerter Selbstkontrolle begann Gordon zu reden; er zeigte keine Furcht und wartete nur auf die Chance, den Strolch zu überwältigen. Die Gelegenheit kam schnell. Ein kräftiger Hieb streckte Toni nieder. Dann nahm Gordon ihm die Waffe und den Apartmentschlüssel ab. Als das getan war, warf er Toni die Treppen hinunter, und zwar alle drei Etagen. Erstaunlicherweise schlief Gordon wenige Minuten später wieder ein. Ich bin absolut sicher, daß niemand auf der Welt so eiskalt zu handeln vermocht hätte, außer vielleicht einer dieser Typen in Kinofilmen.

Gordon saß da und nippte an seinem Drink, während er mir diesen durchdringenden Blick zuwarf. Ich stand auf und ging zu meinem Schreibtisch hinüber.

»Wirf bloß keinen Blick in deine Schublade!«

Ich hielt mit einem Gefühl inne, als wäre gerade meine Fliege bei einer Cocktailparty aufgegangen. »Es war deine Berreta. Ich habe sie sofort erkannt.« Gordon zog die kleine Zweiunddreißiger mit dem perlmuttbesetzten Griff aus der Tasche und warf sie mir zu.

»Mein Gott, Gordo! Das tut mir leid. Toni selbst hat sie mir mal in Rom gegeben. Ich hatte sie total vergessen.«

»Bei diesem herumschnüffelnden Schurken?«

»Warum hätte er dich töten sollen? Er hatte doch keinen Grund.«

»Grund? Zum Teufel! Werde das verdammte Ding los. Sofort!«

»Wie denn?« fragte ich blöd.

Gordon nahm die Waffe und warf das Magazin in den Abfalleimer. Dann holte er einen Hammer und verstopfte den Lauf mit einer Kugelschreibermine. Er wickelte die Pistole in eine Zeitung, und auf unserem Weg zu »Berny's Steakhouse« ließen wir sie in eine Mülltonne fallen.

• • • • • •

Emigrantenchoral

Für den Fall, daß Sie glauben, international fliegende Piloten könnten mit reisenden Politikern über Entspannung und mit Oberkellnern über Haute Cuisine in deren jeweiliger Muttersprache diskutieren, muß ich Sie enttäuschen. Unter meinen Kollegen genoß ich den Ruf eines Sprachkundigen. Ich kann in vier Sprachen schwören, in fünf eine Mahlzeit bestellen und in allen höflich zuhören. Ich habe derart intensiv versucht, Fremdsprachen zu erlernen, daß ich dabei meine eigene vergaß. Als ich während des Krieges Königin Wilhelmina von Holland von Kanada nach Schottland flog, mußte ich zu meiner Bestürzung feststellen, daß ich mich mit Ihrer Majestät nicht auf Niederländisch unterhalten konnte.

Ich mietete mich im Frankfurter Hotel »Metropol« gegenüber dem riesigen Bahnhof ein, der wie durch ein Wunder der Zerstörung während des Krieges entgangen war. Mir wurde der Schlüssel zu einem Zimmer ausgehändigt, das in gutbürgerlicher Eleganz mit einem gewaltigen Kristallüster und einem Federbett ausgestattet und ganz in braun gehalten war. Am nächsten Tag traf ich Barry Eldridge, den neuen Verkehrsleiter von Pan American.

»Warum kommen Sie nicht mit mir?« fragte Barry. »Ich wohne mit Annie und den Kindern in einem Gasthaus in Falkenstein. Es ist keineswegs schlecht und kostet nur zwölf Mark pro Tag, alles inbegriffen. Wenn Sie bis fünf Uhr warten, fahre ich Sie hin.«

Das Gasthaus »Zum Altkönig« war alt, aber auf eine traditionelle Weise charmant. Das Haus stand friedlich zwischen großen Ulmen, den Berg Altkönig im Rücken. Weiter oben hob sich die Ruine einer kleinen Burganlage als Silhouette gegen den dunklen Wald ab.

Tante Ursula, ein altes Hutzelweiblein, führte das Gasthaus mit Hilfe ihrer Nichte, einer jungen Frau aus Berlin, die ihren Mann im Krieg verloren hatte. Barry stellte mich Annemarie vor. »Eine Kriegerwitwe«, flüsterte er mir ins Ohr. Ich trug meine Sachen hinauf und begab mich danach zu Barry an die Bar.

Meine Abende verbrachte ich in einer Kombination aus Speiseraum und Bar und fand mich sehr schnell an einem Tisch wieder, der für Annemarie reserviert war, die sich um die Bar kümmerte.

Hierher kamen ihre Freunde und bevorzugte Gäste und auch Annemarie selbst, wenn sie gerade nicht servierte. Sie war eine Frau von kleiner Statur und sehr schlank, mit eisblauen Augen unter dichtem glänzend-blondem, kurzgeschnittenem Haar. Wenn ihr bestimmte Ausdrücke oder Redewendungen fehlten, gestikulierte sie mit einer Hand, rollte mit den Augen und machte kleine Geräusche.

Eines Abends saß ich in dem Raum mit einem Handelsvertreter aus Mannheim zusammen, der nur sehr wenig Englisch sprach. Er riet mir, Filme anzuschauen. »Sie zeigen amerikanische Filme in einem Kino in Königstein«, sagte er. »Wenn jemand spricht, müssen Sie schnell die Untertitel in Deutsch ablesen. Das ist die leichteste Art, Deutsch zu lernen.« Am nächsten Abend fuhr ich nach Königstein, wenige Kilometer von Falkenstein entfernt. Der Film hieß

»Prairie Queen«, ein Klassiker, der in Deutschland als »Die Königin der Wüste« lief.

»I'll shoot you dead, wise guy«, sagte der Held am Beginn des Streifens. »Ich schieße Sie tot, Mensch«, leuchtete es unter seinen Füßen auf. In diesem Moment erschienen zwei kleine Jungen auf der Leinwand, die vor dem Saloon Cowboy und Indianer spielten. »Bang-Bang!« schrien sie. »Peng-Peng!« lautete der Untertitel.

Da kam Prairie Sal durch die Schwingtür. »Gimme a whiskey, Pete«, sagte sie schleppend, was mit »Gib mir einen Schuß Whiskey« übersetzt wurde. Die Prärie-Braut in Hosen setzte sich an einen Tisch zu einem Typen namens Two-Gun Sam, offensichtlich ein übler Charakter, da er schwarz gekleidet war und ein finsteres Gesicht hatte. Kurz darauf brach die Hölle los. Two-Gun Sam (Zwei-Revolver-Sam) feuerte auf einen Streitsüchtigen, der an der Bar lehnte. Sal hechtete in eine Ecke, ein Gesetzeshüter stieß die Tür auf, und die Untertitel begannen so schnell zu wechseln, daß ich kaum noch mitkam.

Ich fuhr mit einem enorm erweiterten Vokabular heim. Cowboy war Cowboy, Gun war Revolver, und Whiskey war Whiskey. Nur Bang war Peng. Da war ein Unterschied.

Am nächsten Morgen überraschte ich Annemarie mit einem Schwall gehobenen Deutschs: »Guten Morgen, Frau Hosteß. Gib mir einen Schuß Whiskey.«

Sie ignorierte die Bestellung und stellte Kaffee und Brötchen auf den Tisch.

»Ich would rather zwei eggs have«, fuhr ich in perfektem Deutsch fort, »and after that ich muß into the city go. Gott mit uns.«

»Sie sollten so früh am Morgen nicht trinken, Herr Kapitän.«

· · · · · ·

»Jawohl, Partner. Ich bin on der team today.«
Sie hob die Hände und floh.
Als es schien, als würde mein Versuch, Deutsch zu lernen und mich in die deutsche Gesellschaft einzuführen, zum Scheitern verurteilt sein, traf ich Woodie.
Chuck Kimes, ein Pilot, gab für mich eine Willkommensparty, um mich der Truppe vorzustellen. Chuck ist der ungewöhnlichste unter all meinen Freunden; und der treueste und beständigste dazu.
Auf dieser Party stellte er mich einem großen, schlanken Mann in den Mittdreißigern vor, der fließend Deutsch und Französisch sprach.
»Lodi«, sagte mein Gastgeber, »das ist Woodie. Ich denke, ihr beide habt eine Menge gemeinsam.« Bevor der Abend zu Ende war, hatte ich einen Entschluß gefaßt.
Am nächsten Tag ging ich in das Büro des Chefpiloten.
»Tom«, sagte ich, »würdest du mir einen Gefallen tun?«
»Warum nicht, Lodi, wenn es in meiner Macht steht. Was hast du vor?«
»Gib mir Woodie als meinen ständigen Copiloten.«
Tom Flanagan wippte in seinem Sessel vor und zurück. »Nun ja ... das ist ein höchst unüblicher Wunsch. Du weißt, wie unsere Einsatzpläne zusammengestellt sind. Ich glaube tatsächlich, daß es für Piloten ein Unsicherheitsfaktor ist, wenn sie zu lange miteinander fliegen. Es fördert die Schlamperei. Auf der anderen Seite sind mir deine Reputation und deine Dienstjahre durchaus bekannt ... Ich werde eine Ausnahme machen!«
So kam es, daß Woodie und ich uns zusammentaten und die DC-4 von Berlin aus durch die Luftkorridore nach Frankfurt, München, Hamburg, Hannover, Köln und Wien flogen. Woodie war seit 1949 dabei. Seinem Naturell ent-

sprechend bearbeitete er mich mit aller Energie, und die war beträchtlich.

»Das erste, was du tun mußt, ist Deutsch zu lernen«, meinte er, während wir von Berlin nach Hamburg flogen.

»Wunderbar. Wie sagst du auf Deutsch für ›gear down‹?«
»Fahrgestell ausfahren!«
»Gut, und was heißt ›flap up‹?«
»Landeklappen einziehen!«
»Woodie, jetzt weiß ich, warum Deutsch niemals Luftfahrtsprache werden wird. Aber ich will es versuchen.«

Eines Abends lud Woodie mich in sein Berliner Apartment ein. Vom Balkon aus blickten wir über die Kronen verkümmerter Ulmen hinweg auf das ausgebombte, leerstehende Gebäude auf der anderen Straßenseite. Ich hatte ein Paket mit eingelegten Heringen mitgebracht, die Woodie gern mochte. Er hatte den Wein ausgesucht, eine Spätlese mit Nußaroma.

Wir sprachen über das Leben in Berlin. »Der Sinn unserer Aufgabe hier«, begann Woodie, »muß in Zusammenhang mit den tragischen historischen Ereignissen gesehen werden. Der Internal German Service von Pan American entstand aufgrund der Beschlüsse der unglückseligen Potsdamer Konferenz vom Juli 1945. Die Luftkorridore wurden allerdings als vorübergehende Lösung angesehen. Nicht einer, zumindest im Westen, dachte im Traum daran, daß dieser Entschluß in die Zwangssituation der bestehenden Gegebenheiten führen und den Anstoß zum Kalten Krieg geben sollte. Das ist der Hintergrund. Dazu kommt jetzt noch der zunehmende Schrecken im täglichen Leben in der Ostzone, die ersten Flüchtlinge und die Wellen der folgenden.«

Woodie erzählte vom Potsdamer Abkommen von 1945, welches Deutschland in vier Zonen aufgeteilt hatte, die von den USA, Großbritannien, Frankreich und Rußland kontrolliert wurden. Berlin, tief in der russischen Zone gelegen, wurde ebenfalls in vier Sektoren aufgeteilt, die von den vier Siegermächten besetzt und von einer Alliierten Kommandatur regiert wurden.

Dann, im Juni 1948, wurden alle Land- und Wasserwege zwischen Berlin und dem Westen unterbrochen, und der Eiserne Vorhang fiel. General Lucius D. Clay, US-Militärgouverneur für Deutschland, beeindruckte den Präsidenten der USA mit seinem Argument, daß, wenn West-Berlin fiele, Westdeutschland ebenfalls fallen könnte, und daß West-Berlin durch eine Luftbrücke gerettet werden könne. Sein Plan stieß auf allgemeine Skepsis. Wie konnten 920 000 Berliner Haushalte – über zwei Millionen Menschen – mit Nahrung, Kleidung, Medikamenten, Kohle und Treibstoff durch die Luft versorgt werden?

Am 26. Juni 1948 landete der erste »Rosinenbomber« auf dem Flughafen Tempelhof in West-Berlin. Auf dem Höhepunkt der Luftbrücke landeten die Flugzeuge in Abständen von 45 Sekunden. Wenn eine Maschine gezwungen war durchzustarten, hatte der Pilot zum Ausgangsflughafen zurückzukehren. Ein zweiter Anflug hätte die Reihenfolge der Landungen durcheinandergebracht.

Als am 12. Mai 1949, nach 322 Tagen, die russischen Grenztruppen die Straßensperren in Helmstedt räumten, waren die Versorgungswege über Land wieder frei, und Berlin für den Westen gerettet. Zwei Tage zuvor war Bonn als neue provisorische Hauptstadt Westdeutschlands bestimmt worden.

Als die Luftbrücke endete, waren mehr als zwei Millionen Tonnen Güter nach West-Berlin eingeflogen worden. 76 Menschen fanden während dieses Unternehmens den

Tod, darunter 31 Amerikaner. Dankbare Berliner errichteten zwei Jahre später das Luftbrückendenkmal vor dem Flughafen Tempelhof für jene, die ihr Leben dabei verloren hatten.

Im Mai 1949 wurde aus der militärischen Luftbrücke ein ziviles Unternehmen. Die Kohle und Lebensmittel transportierenden Frachtflugzeuge machten Zivil-Maschinen Platz, die anfangs meist Flüchtlinge beförderten. Die drei Korridore waren je 32 Kilometer breit und 3300 Meter hoch – mit »freundlicher Erlaubnis« der Sowjets.

»Deshalb also«, fuhr Woodie fort, »diese blödsinnige Korridor-Fliegerei. Für viele ist dieses Projekt unbedeutend, absolut armselig. Aber du kennst unsere Aufgabe.«

Woodie hielt inne und nahm sich das letzte Stück Fisch. Er füllte unsere Gläser nach.

Dann trennten wir uns, und ich ging durch die sterbende Nacht. Von den Straßen stieg der Geruch nassen Zements auf. In der Ferne heulte ein Hund. Wie eine Laterne schwankte das Licht eines Taxis um die Ecke.

Ich gehe durch die Fluggasthalle in Tempelhof. Draußen ist es noch dunkel. Die ersten Flüge gehen noch vor Sonnenaufgang ab. Alle Arten von Gepäck sind hinter den Abfertigungsschaltern aufgestapelt: das übliche Sortiment aus unscheinbaren Taschen, schäbigen Koffern mit abgestoßenen Metallbeschlägen und traurig aussehenden, mit Schnur zusammengebundenen Kartons. In Tempelhof wundert sich niemand darüber. Nicht über diese Kartons, und auch nicht über jenen jungen Mann, der an diesem frostigen Januarmorgen in einem Sommerjackett und ohne Mantel auf seinen Flug wartet.

Im Schein des bläulichen Lichts der Leuchtstoffröhren unter dem gewaltigen Dach des Flughafens gehe ich über feuchten, schimmernden Asphalt zu meiner Maschine. Ich steige die Treppe hinauf und betrete das Flugzeug durch die hintere Tür. Jeder Platz ist besetzt. Ich spüre die Anspannung, als ich durch den Gang nach vorn gehe. Die Passagiere sitzen steif und unbeweglich: Frauen mit Kopftüchern halten geflochtene Körbe auf dem Schoß; junge Paare umklammern ihre Babys, und alte Männer starren trostlos vor sich hin. Ein Kopf wendet sich um – ein ängstlicher Blick: Ein Mann in Uniform! Werden wir zum Schluß doch noch geschnappt?

Im Cockpit ist es dunkel, klamm. Ein dünner, bleicher Dunst hängt über dem Feld. Woodie rutscht in den Sitz neben dem meinen. Türen schlagen zu. Der Anlasser jault. Propeller Nummer drei dreht sich ruckartig. Tschuck ... tschuck ... Eine gelbe Flamme aus dem Auspuff. Der Motor beginnt ungleichmäßig seinen Lauf.

Wir rollen vom Terminal und halten vor der Startbahn. Nacheinander fahren wir die vier Pratt & Whitneys hoch, prüfen die Magneten. Wir kontrollieren die Cowlings, die weißen, flirrenden Propellerscheiben. Alles ist in Ordnung – wie üblich.

»Tempelhof Tower – Clipper Sechs Eins Drei – startbereit.«

Noch bevor wir das Funkfeuer Grunewald am Rande des Westsektors erreicht haben, ist Woodie bereits in der Kabine, hockt im Gang, spricht in seinem perfekten Deutsch zu den Passagieren, versucht, sie zu beruhigen.

Wir befördern eine Gruppe verhärmt aussehender Unglücklicher, die krampfhaft ihre Tickets in den Westen festhalten. Anfangs schoben sie mit Gepäck beladene Kinderwagen heran oder trugen ein paar erbärmliche Besitztümer in braunem Packpapier. Später kamen sie mit nichts als ihren Kleidern auf dem Leibe.

• • • • • •

Die Deutschen fühlen eine starke Bindung an ihr Heimatland. »Heimat« beinhaltet unendlich viel mehr als lediglich »Heim«. Heimat ist: die Freude am Eigentum, Sonntagnachmittags-Familientreffen, die Lieder der Jugendzeit, eine Bank im Park, der Schulweg, die Späße unter Freunden, der Schützenverein, der Gesangsverein.

Der Flüchtling sitzt in kleinen Restaurants, wo Männer mit gesenkten Augen und dem Hut auf dem Kopf ihre Mahlzeit einnehmen; sein Blick wandert umher, auf der Suche nach einem bekannten Gesicht, von dem er weiß, daß er es hier nicht finden wird. Er liegt im Bett, die Augen weit geöffnet. Würde er sie schließen, so fürchtet er, könnte er eine bekannte Straße, spielende Kinder, eine Frau in der Küche sehen. So wandert er durch leere Straßen und schaut nach erleuchteten Fenstern, wünscht, er könne in einem solchen Hause leben – in irgendeinem. Verlegen lauscht er den Scherzen, die er nicht versteht. Nach der Arbeit geht er in sein leeres Zimmer mit unabgewaschenem Frühstücksgeschirr auf dem Tisch, um sich ein paar Eier in die Pfanne zu schlagen und eine Kanne mit Kaffee aufzuwärmen, sich nur nach Gesellschaft sehnend. Er sieht einen Film, hört ein paar Takte Musik, liest einige Zeilen und fühlt, wie sich sein Herz zusammenkrampft, seine Kehle eng wird.

Walter Mehring, dieser deutsche Dichter, sagte in seinem »Emigrantenchoral«:

Die ganze Heimat und
Das bißchen Vaterland
Die trägt der Emigrant
von Mensch zu Mensch – von Ort zu Ort
An seinen Sohlen, in seinem Sacktuch mit sich fort.

Der Emigrant gewinnt zwar Freunde in seinem Exil, aber nirgendwo auf der Erde verspürt er das Gefühl der wirklichen Zugehörigkeit. Stets ist da ein kleiner Schmerz im hintersten Winkel seines Herzens bis hin zu jenem Tage, an dem es aufhört zu schlagen.

Woodie und ich wurden zu offiziellen und inoffiziellen Veranstaltungen, Feiern und Anlässen aller Art eingeladen. Einmal wollte der Sender Freies Berlin eine Sendung über unsere Flüge machen. Im Studio trafen wir unseren Interviewer, Herrn Pelz von Felinau. Felinau hatte eine sympathische, sonore Stimme über das Radio, stotterte jedoch erbärmlich im privaten Leben. Es war mitleiderregend, ihm beim Sprechen zuzuhören und zuzusehen. Seine Sendungen wurden stets aufgezeichnet, seit er einige Male abbrechen mußte.

Um ihm einen Einblick in unsere Arbeit zu geben, lud ich ihn zu einem Flug nach Hannover für den Tag vor der Sendung ein. Als ich am Morgen des Fluges das Flugvorbereitungsbüro betrat, war da ein kurzes »Achtung!« zu vernehmen. Jeder im Büro sprang in Habachtstellung.

»Guten Morgen, Herr Oberst!«

Ich salutierte. »Guten Morgen, Leute. Alle Abflüge müssen heute pünktlich erfolgen!«

»Jawohl, Herr Oberst!«

»Rührt euch!« Alle setzten sich wieder und fuhren in ihrer Arbeit fort.

Wir inszenierten häufig diesen kleinen Akt. Alle deutschen Mitglieder des Bodenpersonals von Pan American hatten im Kriege gedient und ihren Spaß an diesem pseudomilitärischen Spiel, an dem ich mich gutmütig beteiligte. Sie titulierten mich mit »Herr Oberst«, und ich nannte sie im Gegenzug mit ihren früheren Dienstgrängen. Der Fernschreibmitarbeiter war Pilot gewesen, und der Bürogehilfe hatte Transporter geflogen, und wenn ich sie mit »Herr

Major« und »Herr Oberleutnant« anredete, leuchteten ihre Augen. Für einen Augenblick waren sie keine kleinen Bediensteten mehr, sondern Männer von Bedeutung.

Wir starteten und hatten Felinau auf dem Notsitz zwischen den Pilotensitzen plaziert. Das Wetter war lausig, und wir sahen nichts, bis wir über Hannover ankamen, wo wir ebenfalls nichts sahen. Der Turmlotse, dessen Englisch etwa meinem Deutsch zu jener Zeit entsprach, informierte uns: »Visibility couple of hundred feet – ceiling bad – can't see the ground from the tower.«

Das würde uns nichts ausmachen, erklärte ich ihm. Wir wünschten ohnehin einen »look-see«. Ein »look-see« war ein offizieller Landeanflug auf einen Platz, der offiziell wegen Unterschreitung von Mindest-Bodensicht und Mindest-Wolkenuntergrenze geschlossen war.

»Roger«, kam es vom Towerlotsen, »klar für Instrumentenanflug – auf Ihr eigenes Risiko.«

Die damalige Landeeinrichtung in Hannover-Langenhagen bestand aus einem Instrumentenlandesystem, ILS genannt. Es gab kein Radar auf dem Platz. Bei einem ILS-Anflug hatte ich dem Leitstrahl zu folgen, indem ich zwei Balken auf einem Kreuzzeigergerät zur Deckung brachte. Einen Balken für den Landekurs (vertikal) und einen für den Gleitpfad (horizontal). Da ich damit rechnen mußte, möglicherweise zu weit zu kommen, wies ich Woodie an, nach dem Boden Ausschau zu halten, während ich weiter nach Instrumenten flog. Wir hatten ausgemacht, daß der den Bodenkontakt meldende Pilot dann die Steuerung übernahm und die Landung durchführen sollte.

Wir näherten uns dem Flugplatz in 600 Meter Höhe, bis wir den Gleitpfad anschnitten. Hier war der Nebel nicht so dick; unheimliche, kaum sichtbare Schatten geisterten über die blasse Nebelwand. Dann aber packte uns der Nebel doch, und ein Schleier hüllte uns ein.

»Auf dem Gleitpfad«, soufflierte Woodie und begann, die Höhen auszusingen: »150 Meter … 120 Meter … 90 Meter … 60 Meter … 45 Meter … ich sehe die Bahn! Ich übernehme!« Ich ließ die Steuerung los, und Sekunden später setzte Woodie die Maschine auf. Ich griff nach der Bugradsteuerung, trat sachte in die Bremsen, und dann saßen wir in einem Meer von Nichts.

»Sind wir scho-schon un-unten?« stotterte Pelz von Felinau und hielt seine Tasse mit Kaffee in der Hand, ohne auch nur einen Tropfen auf seine beigefarbene Hose verschüttet zu haben.

»Ich hoffe doch«, antwortete Woodie trocken, »denn wenn nicht, werden wir gleich herausfinden, ob es für Narren wie uns Platz im Himmel gibt.«

Die für die Sendung verantwortliche Dame, Frau Müller, um Realitätsnähe und Schwung bemüht, hatte eine Stimme hinzugefügt, die den Flugverkehrslotsen im Kontrollturm darstellen sollte. Als wir dann im Studio saßen, um die Aufnahme zu machen, waren einige Klänge erhabener Musik zu hören, denen das Geräusch startender Motoren folgte, und dann ertönte jene Stimme, in sonorem, gemessenem Deutsch:

»Herr Kapitän – Sie haben die Erlaubnis, zum Flughafen Hannover zu fahren. Es ist kein Verkehr im Luftkorridor. Das Wetter ist prächtig. Wir wünschen Ihnen eine glückliche Reise!«

Bemüht, nicht laut zu lachen, prustete ich heraus: »Roger, Herr Fluglotse – sind alle zufrieden? Dann haltet eure Hüte fest, denn jetzt geht's los!«

Wir mußten vier Aufnahmen machen. Pelz von Felinau

verpatzte eine und ich zwei. Frau Müller knallten alle Sicherungen durch.

Berlin, eine bretterharte Station, lockte Karrieristen und Spinner gleichermaßen. Es war eine Basis für Junior-Captains. Die meisten strebten eine schnelle Beförderung an, und ein paar liefen von einer Frau fort, – um dann mit der nächsten in dieselbe Patsche zu geraten.

Ich schloß viele aufrichtige Freundschaften in Deutschland. Vergiß Vorurteile, bewundere Rechtschaffenheit, sei nachsichtig und streite nicht über Unterschiede. Nimm die Leute so, wie sie sind, und versuche nicht, sie zu ändern. Dann wirst du Freundschaft und sogar Liebe bei Menschen der unterschiedlichsten Standpunkte, Überzeugungen und Kulturen finden. Meine Zeit in Deutschland half mir auf meinem Weg zu ein wenig mehr Weisheit im Leben. Die Brücke zwischen den Deutschen und mir glich der Luftbrücke, die ich zwischen den zwei Teilen Deutschlands aufzubauen half.

Bevor das »Wirtschaftswunder« Deutschland als Industrie- und Sozialstaat an die Spitze katapultierte, begann eine beeindruckende kulturelle Entwicklung, besonders in Berlin. Aus Hunger und Elend heraus erstand eine Renaissance des Theaterlebens. In einem Alltag zwischen Entnazifizierungsverfahren, Bergen von Trümmern und den Besatzungsmächten kamen die Berliner, um sich Stücke von Thornton Wilder und Thomas Wolfe anzuschauen. Durch das Naziregime kulturell ausgehungert, stellten sich die Berliner mit ein paar Scheiben Ersatzbrot im Magen vor den Theatereingängen an und brachten – nach dem Motto »Sie bringen Nägel, wir reparieren die Bühne« – eine Schachtel mit Nägeln aus den zerbombten Häusern mit. Für diese

Nägel erhielten sie Eintrittskarten für so brillante Aufführungen wie »Nathan der Weise« mit Ernst Deutsch oder »Der Hauptmann von Köpenick« mit Werner Krauss. Was immer gegen die Deutschen gesagt werden kann, sie demonstrierten, wie Kultur dekadente Einflüsse überwindet.

An jedem dienstfreien Abend waren Woodie und ich im Theater, in der Oper, in politischen Kabaretts und in Studentenkneipen. Während der Pause in der Oper aßen wir Würstchen und tranken Bier mit den Sängern und Komparsen in der kleinen Kantine unter der Bühne. Wir besuchten die Auffanglager für Spätheimkehrer, jene unglücklichen Kriegsgefangenen, die Jahre in sowjetischen Arbeitslagern zubringen mußten, bevor sie entlassen wurden. Wir aßen Bouletten in Kneipen, in denen sich Taxifahrer, Schwarzmarkthändler, wenig tugendhafte Damen und Typen zweifelhafter Herkunft drängten. Unter Woodies Anleitung las ich sowohl deutsche Klassiker als auch zeitgenössische Autoren. Mein Deutsch verbesserte sich schnell.

Geschäftsleute und Filmschauspieler begannen die Plätze der Flüchtlinge einzunehmen. Berlin wurde wieder aufgebaut. Es kehrte ein gewisser Wohlstand zurück. Es war an der Zeit, weiterzuziehen.

Ein Mann gehört zu einer Familie, zu einer Person, zu einem Volk. Er ist durch sein Umfeld geprägt. Seine Persönlichkeit und seine Lebenseinstellung sind nachhaltig beeinflußt durch seine Angehörigen, seine Freunde, seine Gefährten. Aber jeder sollte versuchen, andere Menschen und andere Völker kennenzulernen. Nur dann können wir zu einer umfassenderen Kenntnis über unseren Platz im Leben, in der Familie, unter den Menschen gelangen.

Asien rief.

Asien, Kontinent der Geheimnisse, Heimat der Gurus

und Derwische, Heimat von Siddhartha, Krishna, Rabindranath Tagore; Gebiet der kargen Ebenen des Punjab und Tibets Himalaja. Asien, die Philosophie von Buddha, das Geheimnis von Zen und der Bhagawadgita.

Fest schiebe ich die vier Gashebel nach vorn und starte das Flugzeug auf der Startbahn in Tempelhof. Bei ausreichender Geschwindigkeit nehme ich das Bugrad vom Boden. Wir sind in der Luft. »Fahrwerk ein!« Wir dröhnen über den Friedhof und durch den »Schlauch«. Ich könnte den Leuten, die bei Kaffee und Kuchen auf ihren kleinen Balkonen sitzen, fast die Hände schütteln. Als ich in eine flache Kurve gehe, ertönt die Stimme des Tempelhofer Fluglotsen in meinem Kopfhörer: »Clipper 177 – you are cleared to climb to Grunewald – maintain 2000 feet – report Grunewald.« Nach dieser Routineanweisung fügt er die Sportergebnisse zu meiner Information hinzu. Berlin wurde nach wie vor durch die alliierten Streitkräfte kontrolliert, und Tempelhof war von den Amerikanern besetzt. Ich kenne diesen Flugverkehrslotsen gut. Nicht, daß ich ihn jemals gesehen hätte, aber seine Stimme höre ich unter Hunderten heraus. Ich danke ihm, obwohl ich an den Sportergebnissen nicht interessiert bin, und am allerwenigsten heute. Wie sollte mein Freund im Tower auch wissen, daß dieses mein letzter Flug aus Berlin ist?

Ich übergebe die Maschine an Woodie, denn ich will einen letzten Blick auf die Stadt werfen. Fast meine ich, die Bouletten und Bratwürste zu riechen, die in den kleinen Buden auf dem Tauentzien brutzeln. Ich schaue aus nach der Weinstube in der Xantener Straße, wo ich viele glückliche Stunden verbracht habe.

Am Tag zuvor war ich ein letztes Mal um den Grunewaldsee mit seinem kleinen Jagdschloß gewandert. Ein vereinzelter Angler hing über dem stillen Wasser seinen Tagträumen nach. Die Bäume hatten sich in ausschweifende Farben gehüllt. Bald würden die Herbststürme sie kahlfegen. Die Sonne leuchtete rot auf polierte Blätter und erfüllte die Luft mit ihrem Glanz.

»Clipper 177 – steigen Sie auf 2000 Meter. Angenehmen Flug und einen guten Tag, Sir!«

Ein Kapitel ist zu Ende – ein anderes beginnt. Lebe wohl, mein Freund in Tempelhof. Lebe wohl, Berlin. Wir tauchen in die Wolken ein. Feuchtigkeit rinnt in Tropfen auf den Frontscheiben herunter. Die Wolken umfangen uns.

Ich spüre Woodies Hand auf meiner Schulter. »Es ist leicht, eine Liebesaffäre zu beginnen, Lodi, aber verdammt hart, sie zu beenden.«

• • • • •

Drei kleine Wörter

Dan wurde auf der falschen Seite der Kamelfährte in Karatschi, Pakistan, geboren. Seine Eltern besaßen nicht einmal ein Dach über dem Kopf. Dan war siebzehn und hatte kaum mehr als einen Sack aus grober Leinwand mit Öffnungen für Kopf und Arme, ein schlanker Bursche mit tiefschwarzem Haar, olivfarbener Haut und einer scharfgeschnittenen Nase. Dan folgte dieser Nase zu einer monumentalen Reise, die an Tapferkeit Sir Francis Chichesters Einhand-Weltumseglung in nichts nachstand.

Zu jener Zeit, von der ich hier berichte, war ich in London stationiert und flog Pan Americans Round-the-World-Flüge. In Karatschi wurde ich gewöhnlich an der Fluggasttreppe von einem zerlumpten Burschen mit einem Schuhputzkasten unter dem Arm begrüßt. »Shine, Captain?« Und während ich mich mit Kenny, unserem Dispatcher, unterhielt, polierte mir Dan den einen Schuh und klopfte leicht an den Knöchel, wenn ich den Fuß wechseln sollte.

Das war an sich nichts Besonderes. Aber Dan stellte Fragen. Was liegt jenseits der öden Berge im Norden Karatschis? Besitzen die Leute in meinem Land Kamele? Warum haben die Menschen von weit her solche blassen Gesichter? Ein letztes Wischen mit dem Lappen, und meine Schuhe glänzten wie poliertes Kupfer. Dienstbeflissen rollte Dan meine Hosenbeine herunter und hielt seine Hand auf.

Schuheputzen war nur ein Teil seines Geschäftes. Die andere Hälfte war das Gravieren. Mit einem Mini-Prägestock und einem winzigen Hämmerchen schlug Dan Namen und Initialen in Uhren, Ringe und Armbänder. Er konnte weder schreiben noch lesen. Trotzdem vermochte er, einen auf Papier geschriebenen Namen in ein paar Minuten bis auf den letzten Schnörkel perfekt zu kopieren. Ich besitze noch heute eine Waltham-Taschenuhr mit meiner Signatur auf der Innenseite des Deckels, »tapped« - geklopft – von Dan.

Einmal, als »Tapper« Dan meine Schuhe polierte, nahm ich ein Fahrrad-Magazin aus meiner Aktentasche und las darin, während Dan mit seinen Bürsten arbeitete. Er schaute mit einem Lächeln auf. »Für Tapper Dan?« Meinetwegen, warum nicht? Es enthielt viele Abbildungen, die ihm vielleicht gefallen könnten.

Unsere Verbindung wurde eine von jenen, deren ich etliche auf Flughäfen rund um die Welt hatte. Diese Beziehungen außerhalb des Dienstlich-Bürokratischen brachten einen menschlichen Aspekt in den Job.

Eines sonnigen Morgens – so wie jeder Morgen in Karatschi – verließ ich die Maschine, und Tapper Dan war nicht da. Niemand wußte, wohin er gegangen war, und es kümmerte anscheinend auch niemanden. Auch ich sorgte mich nicht sonderlich. Aber ich bekam an diesem Tage meine Schuhe nicht geputzt. Und ich war nicht bereit, diesen Job einem der anderen »Shoeshine-Boys« auf dem Flugplatz anzuvertrauen.

Ich traf Dan ein Jahr später wieder. Er trug nicht mehr sein sacklinnenes Gewand, sondern einen dunklen Anzug und sogar eine Krawatte. Und es war nicht Karatschi, sondern der Flughafen Heathrow in London. Hätte er nicht mit Prägestock und Hämmerchen gearbeitet, hätte ich ihn nicht erkannt. Es ist mir immer schwergefallen, Leute außerhalb ihrer gewohnten Umgebungen wiederzuerkennen.

»Dan! Wie um alles ... Wie bist du hierher gekommen?«

»Auf einem Fahrrad«, sagte Dan.

Ich hätte nicht verblüffter sein können, wenn er geantwortet hätte: »Auf einem Kamel.« Aber es war die Wahrheit; ich schwöre es mit meiner Hand auf einem Stapel Flughandbücher. Das Erstaunlichste war jedoch, daß er nicht nur mit einem Fahrrad um die halbe Welt gefahren war, sondern daß er es mit dem Instinkt eines Zugvogels getan hatte, der keine Ahnung hat, wohin er will, aber genau weiß, wie er hinkommt.

Ich nahm ihn mit in meine Unterkunft in der King's Street in Windsor, die mein Freund, unser »Mädchen für alles«, Bill Smith aus einem Kohlenkeller geschaffen hatte. Es war eine verrückte Wohnung geworden. Die Eingangstür führte ins Schlafzimmer, der Kühlschrank stand im Kamin, und der gasbeheizte Ofen erlosch, wenn er nicht mit halben Kronen gefüttert wurde. Während ich Dan zuhörte, saß Bill auf der zweiten Stufe einer Treppe, die an der Decke endete, rollte seine Zigaretten und folgte der Erzählung.

Dans Erzählfreudigkeit war nicht auf dem gleichen Stand wie sein Sinn für das Abenteuer. Ich mußte die Geschichte aus ihm herausziehen wie ein Rotkehlchen einen Wurm aus dem Boden. Dan hatte sein Fahrrad aus ausrangierten Teilen zusammengebaut. Er verließ Karatschi ohne Geld, nur mit seinem Prägestock und seinem Hammer. Er war niemals zuvor auf einem Rad gefahren. Er besaß keine Karten. Wenn er welche gehabt hätte, hätte er sie nicht lesen können. Er durchquerte riesige Wüstengebiete und füllte Wasser in seine Reifen, damit sie nicht platzten. Er geriet an Banditen, die ihn für sein Fahrrad umgebracht hätten, wenn sie es hätten haben wollen. Aber sie hatten keine Verwendung dafür, und so gaben sie ihm Ziegenmilch und Datteln. Er schloß sich Kamelkarawanen und Lastwagenkonvois an, wenn er fast verhungert und verdurstet war. Er fuhr über steinharten, verkrusteten Schlamm, der sich bei plötzlichen Regengüssen in trügerischen Treibsand verwandelte. Er entging knapp dem Niedergeschossenwerden, und er marschierte zwei Tage und zwei Nächte, nachdem sein linkes Pedal an der Kurbel abgebrochen war. Schließlich erblickte er die sieben Minarette der Hagia Sophia, die sich jenseits des Bosporus erhoben.

Er durchquerte radelnd und hämmernd in nordwestlicher Richtung die Türkei und das ehemalige Jugoslawien. Der Winter brach herein. Deutschlands Schwarzwald hüllte sich in eine Decke aus Schnee. Der Rhein war mit einer Eisschicht bedeckt, und die für Basel bestimmten Frachtkähne machten in Mainz fest. In Stuttgart brach er zusammen und wurde mit starken Erfrierungen in ein Krankenhaus eingeliefert. Als er in Dover die Fähre verließ, wiesen ihm die Flugzeuge den Weg zum Heathrow Airport. Schließlich waren Flughäfen Dans Heimat.

Dort hatte ich ihn dann getroffen.

Als Dan geendet hatte, saß ich eine Weile sprachlos da. Ich konnte es nicht glauben. Zuletzt fragte ich ihn, was er nun zu tun gedenke.

»Ich komme zurecht«, antwortete er.

Der Sommer ging vorbei und machte seinem trüben Nachfolger Platz. Die Sonne verbarg sich hinter finstern Wolken und einer Smogschicht. Es begann zu regnen und würde, von ein oder zwei Unterbrechungen abgesehen, bis zum Frühjahr nicht mehr aufhören. Dans Gesicht wurde trauriger und schmaler, und seine Augen verloren ihren Glanz. Als ich eines Tages von einem Flug heimkam, fragte ich ihn: »Wie geht es dir, Dan? Magst du England?«

»Es ist okay«, antwortete er.

Aber es war nicht okay. Wir standen eine Weile in der großen Halle des Flughafens. Dans Blick wanderte umher, und seine Augen blieben an einigen Reiseplakaten an der gegenüberliegenden Wand hängen. Auf einem dieser Poster war Ägypten mit seiner goldenen Wüste im Vordergrund und den großen Pyramiden dahinter abgebildet. Dachte er an jene Nächte in der Wüste, wo die Sternbilder ihre langsamen Bahnen über den schwarzen Himmel zogen? Spürte er den Wind im Hochland Pakistans? Ein verträumter Blick erschien in seinen Augen.

Ich wußte, was ich zu tun hatte. Ich nahm die Mütze ab und tat hinein, was nötig war. Ich setzte ihn in die für Karatschi bestimmte DC-6. Als die Maschine vom Terminal rollte, winkte mir Dan zu.

Einige Wochen später landete ich wieder in Karatschi. Gespannt hielt ich nach Dan Ausschau. Ich fand ihn an einem kleinen Tisch vor der großen Veranda, die das Abfertigungsgebäude umgab. Auf dem Tisch stand ein Kasten mit Uhren und Schmuck. Ein großer bunter Strandschirm schützte Dan vor der Sonne. Am Tisch lehnte ein Schild, auf dem in drei Sprachen geschrieben stand, daß Tapper Dan Schmuck graviert. Ich bemerkte, daß sein Preis um 200 Prozent gestiegen war.

Dan erhob sich und begrüßte mich mit dem gemessenen Ernst eines anglikanischen Geistlichen. »Wie war es, Dan?« fragte ich, »wie fandest du den Flug?«

Dan machte eine hilflose Geste. Und dann kam seine

Antwort, die ich für die Untertreibung des Jahrhunderts hielt, die aber in Wirklichkeit eine elementare Erkenntnis in komprimierter Form darstellte. Was konnte ein Mann sagen, der mit einer Geschwindigkeit von siebeneinhalb Kilometern in der Minute über wolkenbedeckte Gebirge und brennende Wüsten dahingezogen war, dieselben Berge und Wüsten, die er auf einem Fahrrad durchquert hatte, unter Schweiß, Schmerzen und Hunger?
»Es war schnell«, sagte er.

Das Antlitz der Erde

Türen werden zugeschlagen. Ein Starter jault, und ein Propeller beginnt, sich zu drehen. Flammen schießen aus dem Auspuff. Der Motor spuckt und beginnt seinen unruhigen Lauf. Dann folgen die drei anderen. Die Maschine vibriert. Wir rollen auf den Taxiway hinaus, nachdem uns der Signalmann mit seinem Leuchtstab von der Gangway gelotst hat.

An der Startbahn halten wir. Die Motoren werden einer nach dem anderen hochgefahren, und die Magneten werden gecheckt. Das Flugzeug schüttelt sich im Motorengedröhn. Als die Bremsen gelöst werden, beschleunigt die Maschine. Die Motoren hämmern, noch nicht perfekt synchronisiert. Die Räder verlieren ihren Kontakt zur Erde und gleiten in ihre Schächte.

Stecknadelkopfgroße Lichter blinken in der Dunkelheit der schwindenden Nacht. Und wenn die Sonne, ein großer roter Ball, eine Handbreit über den Horizont steigt, wird die Erde sichtbar. Das Leben erwacht in Ortschaften, auf Straßen und zartgrünen Getreidefeldern, während wir hoch oben in luxuriöser Einsamkeit dahingleiten.

Wären wir mit verbundenen Augen gestartet und hätten die Binde bei Erreichen der Reiseflughöhe abgenommen, so würde es mir nur geringe Schwierigkeiten bereiten, das Land unter uns zu identifizieren. Amerika ist unverwechselbar. Städte und Ansiedlungen wurden in geraden Linien geordnet – nicht eine Kurve in der Landschaft. Holzfäller haben die Erde entblößt, ganz im Gegensatz zu Mitteleuropa, wo mit Weitsichtigkeit abgeholzte Wälder wieder aufgeforstet wurden, um das Erdreich zu bewahren, das Grundwasser zu erhalten und der Erosion vorzubeugen. Die Rocky Mountains ähneln den Alpen so wenig wie Chicago Istanbul. Auch die Mojave-Wüste kann man nicht mehr mit der Sahara verwechseln, hat man die Sahara einmal von oben gesehen. Bei Maine und Vermont vertut man sich schon einmal, außer es ist Herbst, und die Ahornwälder werden golden, gelb und rot. Diese Farbenpracht gibt es in Europa nicht, und auch sonst nirgendwo auf der Welt.

Hausdächer offenbaren soviel über die Bewohner wie deren Gesichter oder Sprachen. Beim Überfliegen der Blue Ridge Mountains könnte ich diese auch für die Kantabrischen Kordilleren im Norden Spaniens halten, gäbe es nicht die Häuser. Die Stadt Oviedo gleicht Hendersonville wie ein Zulu einem Hindu. Man kann Amsterdams stufengiebelige Patrizierhäuser nicht mit Londons Wald aus Schornsteinen verwechseln und auch nicht die Pariser Schieferdächer samt ihren Gaubenfenstern mit den römischen Dachgärten voller Topfpflanzen und heimeliger Winkel. In Spanien mit seinen kargen Flächen verschmelzen die Ortschaften mit der ockerfarbenen Landschaft. Die Portugiesen bemalen ihre Häuser weiß oder mit Pastelltönen in Grün, Pink und Blau. Über Norddeutschland sieht man keine einzelnen Gehöfte. Alle haben sich in kleinen Dörfern zusammengefunden. Wie mir erzählt wurde, ist das ein Übrigbleibsel aus jenen Zeiten, als umherziehende Räuberbanden das Land unsicher machten. Die Niederlande wirken wie ein Mondrian-Gemälde, bunte Rechtecke, die durch schnurgerade Kanäle eingefaßt sind. Und auf den Hausdächern liegen rote Ziegel, die aus dem Ton des »Uiterwaarden«, des eingedeichten Flachlandes entlang der Flüsse, gebrannt wurden.

Über dem Mittleren Osten und Asien wandern die Augen wie Ahasver über unendliche Flächen aus Treibsand, verwitterten Bergen und kargen Schluchten; Wassertümpel liegen wie indigoblaue Flicken im goldenen Sand.

Wo die bleiernen Wasser des Persischen Golfs auf den staubtrockenen Sand der Halbinsel von Oman treffen, drängt sich eine Anzahl schmutziggrauer Behausungen am Strand. Das ist Sharjah, ein wichtiger Checkpoint auf der Strecke von Beirut nach Karatschi. Hier würden wir den Kurs ändern, um nach Überqueren des Persischen Golfs die arabische Küste entlang nach Pakistan zu fliegen. Aber wir würden nichts über dieses armselige kleine Städtchen erfahren. Und auch nichts über seine Bewohner. Irgendwann würden wir erneut hinabschauen und sagen: »Schau, dort ist Sharjah wieder!«

Sieben Meere hat die Erde, und sieben Himmel gibt es am Firmament.

Da ist der unsichtbare, sternenlose Nachthimmel, eine Ewigkeit der Dunkelheit, eine Unermeßlichkeit des Nichts. Erschreckend ist der Nordhimmel, violett und grün aufzukkend, mit eiskalten, geisterhaften Fingern zwischen Horizont und Zenit. Morgen- und Abendhimmel sind wie Geburt und Tod, Anfang und Ende.

Der sanfte Himmel ist der Mondhimmel, Himmel des Gefühls und der Reflektion. Kalt und silbern bestimmt der Mond die Tiden des Meeres und den Rhythmus unseres Körpers. Nicht einmal die Sterne lassen uns die Unermeßlichkeit des Raumes so deutlich spüren wie der Mond, der wie eine silberne Scheibe am schwarzen Gewölbe des Himmels hängt.

Die Monsunhimmel werden durch Blitze zerteilt, schrecklich in ihrer zerstörerischen Kraft und zugleich glanzvoll.

Der siebte Himmel ist der Sonnenhimmel. Blau und Gold sind die Farben von Hoffnung und Glück. Blau ist die Farbe der Atmosphäre, dem Atem unseres Planeten.

Während der Trockenzeit sind die Himmel zwischen Karatschi und Kalkutta ohne eine Spur von Wolken. Im Winter kühlt die Luft über dem asiatischen Kontinent ab, und es bildet sich ein großes Hochdruckgebiet über seinem Zentrum, aus dem die Luft abfließt. Aber der Himalaja stoppt diesen Fluß, und die Feuchtigkeit fällt als Schnee auf die Berggipfel.

Während des Sommers allerdings heizt sich die riesige Landmasse Asiens auf und bildet ein Tiefdruckgebiet aus, das Luft von weit her ansaugt. Diese über dem Indischen Ozean herangereisten Luftmassen sättigen sich auf ihrem Weg mit Feuchtigkeit. Wenn sie über Indien hinwegziehen, entledigen sie sich ihrer Fracht in Fluten von Regen. Während der Regenzeit kann man aus dem Cockpit riesige Wälle aus brodelnden, durcheinanderwogenden Wolkenmassen sehen, mit Bündeln von Blitzen zwischen Himmel und Erde. Diese Monsune sind gleichermaßen grandios und unheimlich. Es dreht dir den Magen um, wenn sie dich und dein Flugzeug zu fassen kriegen.

Derartige Spektakel haben wir in Europa nicht. Etwas anderes, was man in Asien selten findet, ist der Nebel. Die meisten Piloten hassen ihn. Ich hingegen mag ihn – seine Sanftheit, sein Geheimnis, seine Herausforderung. Nebel bildet sich in ruhiger Luft, wenn die Temperatur unter den Taupunkt sinkt und die Luftfeuchtigkeit zu feinsten Tröpfchen auskondensiert. Wolken sind wie der Ozean: heftig, unbeständig und immer in Bewegung. Nebel dagegen ist wie ein Bergsee: kalt, unergründlich und unbeeinflußt durch sich verschiebende Luftmassen. Das Fliegen kommt einem vor, als schwebte man im All, ausgeschlossen von der Welt. Du bist mit dir allein, eingeschlossen in deine eigene Welt.

Nebel ist die letzte Grenze; die äußerste, elementarste Herausforderung. Jeder Pilot, der seine Lizenz wert ist, weiß das.

Die Annäherung an die Küste von Labrador bietet einen ganz besonderen Anblick. Nach etlichen Stunden über Wolkeninseln und schaumbedeckter See werden die Augen von einer schwachen, weißen Kontur am Horizont gefangengenommen. So wie der Minutenzeiger einer Uhr nur unmerklich vorankommt, wächst dieser weiße Umriß vor den Cockpitscheiben langsam, bis er zuletzt von Flügelspitze zu Flügelspitze reicht – eine eisüberkrustete, gezackte Linie. Ohne Erfolg hält man nach Spuren von Leben in diesem phantastischen Eisfeld Ausschau und entdeckt, daß man das Opfer einer grandiosen Täuschung geworden ist. Was man als eingeschneite Küste angesehen hat, ist in Wahrheit der Packeisgürtel, der von Labradors Küste bis weit hinein in den Atlantischen Ozean reicht. Die Eisschollen, zu riesigen Ketten aneinandergereiht, führen das Flugzeug zu felsgezackten Bergen, die in den Strahlen der sinkenden Sonne weiß aufleuchten.

Das ist Labrador, ein Land von ehrfurchtgebietender Unermeßlichkeit, mit gefrorenen Seen und zerklüfteten Hügeln von einem Ende des Horizonts zum anderen. Der Boden ist von wechselnden Wetterextremen gezeichnet, zerschunden durch die urgewaltigen Kräfte von Wasser und Eis. Jenseits der Hügelketten zeichnen sich weitere Einöden voller Wildheit ab, so grenzenlos wie der Ozean. Vereinzelte Lichter verraten, daß in dieser Leere Menschen leben.

Eine riesige Schlange, durch den Mond versilbert, begleitet das Flugzeug über Tundra, Täler und Seen. Der St. Lawrence River leitet uns bis zu dem phosphoreszierenden Netz aus zusammenlaufenden Straßen, flimmernder Neonwerbung und zu den Scheinwerfern von Fahrzeugen, die über die Bänder der Fahrbahnen kriechen.

Die Zivilisation fordert die Maschine wieder für sich.

Heldentum ist nicht mehr, was es war

Vier Jahre trennten mich noch von meiner Pensionierung, und ich saß in einem Klassenzimmer von PanAms Ausbildungszentrum auf dem New Yorker Idlewild International Airport, dem heutigen »John F. Kennedy International Airport«, kurz JFK, neben einem Kollegen, der mir vage bekannt vorkam.

»He, Lodi«, sagte er, »erinnerst du dich an mich? George Knuth. Ich bin erstaunt, dich hier zu sehen. Erzähl mir nur nicht, daß du auch an diesem Wettrennen teilnehmen willst.«

»Ich erinnere mich sehr gut an dich, George«, log ich. »Wo ich schon mal hier bin, will ich auch diese Weltraum-Trips fliegen. Mir ist es egal, wer die Musik macht, Hauptsache ich kann mittanzen.«

»Ich denke«, meinte George ernst, »du bist verrückt.«

Unser Ausbilder, ein exzellenter Bursche namens Stewart Dees, kannte das Innenleben dieses exotischen Vogels so gut wie ein Fleischer die Innereien eines Truthahns kennt. Mir wurde schnell klar, daß ich ebensoviel vergessen mußte, wie ich zu lernen hatte. Das Düsenverkehrsflugzeug durchbricht die Schallmauer nicht. Es bleibt auf dieser Seite. Es ist ein Flugzeug für den hohen Unterschallbereich und bewegt sich mit 82 Prozent der Schallgeschwindigkeit, die nach Luftdichte und Temperatur variiert. Mein siebartiges Gedächtnis hatte es sehr schwer, sich Dinge zu merken wie die neun Pumpen und Geräte, die sich in den Fahrwerksschächten verbargen. »Was geht das mich an?« unterbrach ich Dees. »Vom Cockpit aus kann ich nichts daran tun.« George stieß mich in die Rippen und flüsterte: »Was habe ich dir gesagt?«

Meine mühsam erworbenen Kenntnisse über Verbrennungsmotoren, mit ihren auf und ab sausenden Kolben und einem Zündsystem mit funkenden Kerzen, konnte ich getrost über Bord werfen. Durch den Rückstoß der Turbine wurde all dies so überflüssig wie eine Zeitung der letzten Woche.

Aber einfach war es dadurch nicht. Eines Morgens während der Frühstückspause standen wir mit Kaffee und dänischem Gebäck im Flur.

»Ich bin meinen Lehrer los«, sagte George. »Die Grundlage eines gut organisierten Fortbildungskurses scheint zu sein, den Kursteilnehmer davon zu überzeugen, daß er niemals reif für's Solo sein wird.« Die Imbißfrau begann ihren Wagen weiterzuschieben. »Laß uns in den Unterrichtsraum zurückgehen«, meinte George und zog ein Gesicht. »An uns ist es nicht, nach dem Warum zu fragen – an uns ist es, es zu tun und zu sterben.«

»Genau, alter Junge. Wer sagte das? Shakespeare?«

»Nein«, knurrte George, »ich.«

Wir wurden für den Flugsimulator eingeteilt. Von der freibeuterhaften Fliegerei kommend, wo der Job nur auf das Cockpit beschränkt war, vertrat ich die Ansicht, daß der Simulator so etwas ähnliches wie ein Damenimitator sei. Ich lag damit gar nicht so falsch. Der Flugsimulator ist, wie der Damenimitator, nicht das wirkliche Produkt. Er befindet sich in einem zubetonierten Raum – ein computergesteuertes Cockpit mit allen Instrumenten seines fliegenden

Verwandten. Er ist so realistisch, daß das Klopfen an der Cockpittür die unmittelbare Erwartung einer Stewardeß mit einem Tablett voller Kaffeetassen hervorruft. In dieser Attrappe, die anstelle von Kerosin mit elektrischem Strom arbeitet, wird der Pilot mit seinem Flugzeug vertraut gemacht. Der Simulator kann alles, was ein wirkliches Flugzeug auch kann, und mehr. Man kann nach einem Crash davongehen mit nichts als seinem zerstörten Stolz. Die Simulatorlehrer scherzten: »Die Mechaniker fliegen am besten, dann die Flugingenieure. Danach kommen die Copiloten. Und wenn Sie« – hier blickten sie uns mit der Miene von Leichenbestattern an – »dieses Dinge hier fliegen können, würde ich Sie trotzdem nicht in das richtige Flugzeug hineinlassen.«

Ich dachte mir, daß es nicht schaden könne, schon eine Leine um den Hals des Ungeheuers zu legen, bevor meine Nummer aufgerufen würde. Denn der Simulator brach oft zusammen oder war für Piloten gebucht, die mehr Priorität als ich hatten. Schließlich fand ich heraus, daß ein anderer Simulator, der für die Propellermaschine DC-7, von 22 Uhr bis Mitternacht frei war. Dieses Gerät hatte die gleichen Instrumente wie der Jet-Simulator. Aber es stand weder ein Ausbilder noch ein verantwortlicher Techniker zur Verfügung, der mir hätte zeigen können, wie es zu bedienen war. Also ließ ich mich allein im Cockpit nieder, legte meinen Tabaksbeutel auf die Fensterablage, stellte die Thermoskanne mit Kaffee unter den Sitz und begann Instrumentenanflüge auf Idlewild Airport. Das verflixte Ding simulierte sogar das Motorengeräusch und das Quietschen der Reifen bei der Landung.

Herabgekommen bis auf 75 Meter Höhe, wollte ich gerade Kohlen für das Durchstartverfahren nachlegen, als

Motor Nummer Eins den Geist aufgab. Kraftstoffmangel, teilte mir der Simulator mit. Ich gab den drei anderen Motoren Vollgas und stieg wieder empor, wußte jedoch nicht, wie ich den stehenden Propeller auf Segelstellung bringen und den entsprechenden Tank durch Umschalten wieder befüllen sollte. Ich dachte mir, warum machst du nicht ein paar Überflüge mit drei Motoren? Und dann, Sie vermuten es bereits, quittierte ein weiterer Motor den Dienst. Ich verlor an Geschwindigkeit, und wir stürzten ab. Lichter blinkten, Hupen blökten und Glocken schrillten in dem entsetzlichsten Aufschlag, der jemals simuliert worden ist.

Inzwischen hatte ich die Theorie mit Auszeichnung bestanden, unterstützt durch eine Prüfungsform, die für unser Computer-Zeitalter typisch ist: dem Multiple-Choice-Verfahren. Jeder Trottel vermag aus den Formulierungen die richtige Antwort herauszufinden. Eine Hürde war genommen. Aber wie würde dieser Vogel fliegen?

»Dieser Vogel«, sagte mein Ausbilder Bill Burke bei unserem ersten Briefing, »mag keine Fremden. Er tritt dich in den Hintern wie ein Missouri-Maultier, wenn du nicht aufpaßt.«

Das Strahlverkehrsflugzeug Boeing 707 war meiner Meinung nach ein Traumschiff, ein sinnliches Vergnügen, eine Offenbarung für die Seele. Es hob ab wie eine Rakete, schoß dahin wie ein Projektil und landete wie eine Schneeflocke. Das war es, worauf ich gewartet hatte – dachte ich.

Eines Tages demonstrierte Bill ein verrücktes Manöver, das als »canyon approach« bekannt war. Es bestand aus einem steilen Abstieg, gefolgt von einer Minute Geradeausflug und einem anschließenden Maximum-Steigflug mit Kurve zu vorgegebener Höhe und Kurs. Klingt einfach, ist es aber nicht. Man hat Fahrwerk, Klappen und Spoiler auszufahren, um während des Abstiegs die Fahrt abzubauen, dann im Geradeausflug alles wieder einzufahren, und während sich die Fluggeschwindigkeit vom Heulen zum Flüstern verändert, jagen die Augen zwischen den Instrumenten hin und her. Das Manöver hatte nach meiner Ansicht keinerlei praktischen Wert.

»Bill«, sagte ich nach meinem ersten Desaster, »das hier ist für die Katz. Ich kann so gut wie jeder andere lernen, durch einen Reifen zu springen wie ein dressierter Hund. Was mich daran ärgert, ist, daß ein solches Kunststückchen ernst genommen wird. Es bedeutet doch nur, daß der Hund es beherrscht. Mehr nicht.«

Bill sah mich milde an. »Ich weiß, daß es nutzlos ist, Lodi, aber es steht auf dem Trainingsprogramm. Laß es uns noch einmal probieren. Die meisten Piloten benötigen vier Versuche, bevor sie es drauf haben. Ich wette, du brauchst nur zwei.« George, der hinter mir auf dem Notsitz saß, meldete sich zu Wort: »An uns ist es nicht, nach dem Warum zu fragen – an uns ist es, es zu tun und ...!«

»Halt die Klappe, George«, unterbrach ich ihn verdrießlich.

Das war meine Feuertaufe im Simulator, ein Wort, das mich stets krank macht, wenn ich es heute höre. Man kann Angst und das Zusammenziehen der Eingeweide bei einem Notfall hoch droben ebensowenig simulieren, wie man Hunger mit einem simulierten Hamburger zu stillen vermag. Anstatt ein auf menschlichen Fähigkeiten – und Unzulänglichkeiten – basierendes, zweckmäßiges Trainingsprogramm auszuarbeiten, erstellten die Airlines ein Programm, das im Offenlegen von Unsicherheiten eines Piloten effizienter war als in der Vermittlung solider Fertigkeiten, die auf Selbstvertrauen basierten.

. . . . . .

Es bleibt hinzuzufügen, daß die Inspektoren und nicht die Checkkapitäne der Fluggesellschaften die abschließenden Prüfungsflüge abzunehmen hatten. Diese Inspektoren erhielten nicht einmal die Hälfte des Gehaltes eines Airline-Piloten, den sie zu überprüfen hatten. Manche Inspektoren waren verbitterte ehemalige Verkehrspiloten, die sich aus irgendeinem Grund nicht hatten qualifizieren können oder beurlaubt worden waren. Andere waren Militärflieger, die auf Zivilpiloten herabsahen. Da konnten Reibereien nicht ausbleiben. Diese Inspektoren waren offensichtlich der Meinung, daß ihre Prüfungen einzig und allein dem Zweck dienten, den Umfang des Könnens eines Piloten aufzuzeigen; sie glaubten, daß nur sie allein im absoluten Chaos aufrecht dastünden und nur sie allein um die Sicherheit besorgt seien. Aber sie waren aufrichtig, einige von ihnen aufrichtig gewissenhaft und andere gewissenhaft aufrichtig.

Dann kam der Tag, an dem Bill zu mir sagte: »Du kannst die Maschine fliegen. Laß es uns morgen ausprobieren.« Bills »Ausprobieren« bedeutete, daß ich am nächsten Tag meinen abschließenden Prüfungsflug haben würde. Bestand ich ihn, war ich Jet-Skipper. Wenn nicht, zurück ins Glied.

Auf dem Heimweg hielten George und ich am Schulungsgebäude an und plauderten mit Janet, der Sekretärin, einem großen, schwarzhaarigen Mädchen mit einem Herzen aus purem Gold.

»Ich bin sicher, Sie werden es schaffen, Captain Lodi«, sagte sie. »Wir hatten in letzter Zeit eine Serie von nichtbestandenen Checks, und inzwischen giftet sich selbst das Büropersonal an. Mir tun die Piloten so leid. Wie ich es hasse, in die Formulare ›Nicht bestanden‹ hineintippen zu müssen!«

»Janet«, sagte ich, »sind diese Inspektoren denn wirkliche Menschen?«

• • • • • •

Sie rollte ihre dunklen Augen. »Auf eine Art ja, auf eine animalische. Da gibt es einen, der ist wirklich knallhart, mit lockigem Haar ...«

»Ich weiß, wen Sie meinen, Janet. Wenn ich dieses Traumschiff packe ...«

»Oh, so schlimm ist er auch wieder nicht. Ich bin fest überzeugt, daß Sie es schaffen, Captain Lodi.«

»Danke, Janet«, sagte ich.

Am nächsten Tag startete ich zu meinem Prüfungsflug. Abends saß ich dann in meinem Zimmer im Forest Hill Inn. Mehr als alles andere benötigte ich jetzt einen Drink. George trat ein, ohne anzuklopfen. Er trug eine Flasche Whiskey unterm Arm.

»Gratulation!« sagte er. »Wie war es?«

»Warte eine Minute, George.« Ich eilte ins Bad und holte zwei Gläser. Dann goß ich zwei Fingerbreit Scotch durch meine Kehle und sagte: »Warte, bis ich den zweiten intus habe. Dann erzähle ich dir alles.«

»Immer mit der Ruhe«, meinte George, »ich höre zu.«

»Die ersten Eindrücke sind wichtig. Bevor ...«

»War es Lockenköpfchen?«

»Ja, er war's.«

»Oh, Gott! Erzähl' schon.«

Bevor ich an Bord der Maschine ging, trat ich an den Burschen heran, der das Startaggregat bediente. »Dies ist mein Prüfungsflug, mein Junge, und ich will von den Blökken kommen, schnell und ohne Verzögerung.« Im Cockpit hängte ich mir die Sauerstoffmaske um den Hals, stellte die Lautstärke der Kopfhörer ein und legte mir Karten und Handbücher zurecht. Lockenköpfchen saß hinter mir, und Dave Campbell, ein Fluglehrer, hatte im Copilotensitz Platz genommen, um seine Aufgabe als Dummy zu erfüllen.

»Cockpit to ground – pressurize the manifold and advise when ready to start number three!«

Mein Freund draußen antwortete auf sein Stichwort: »Ground to cockpit – manifold pressurized. Ready on number three!«

So begannen viereinhalb Stunden des intensivsten und konzentriertesten Fluges, den ich jemals absolviert habe. Es war schrecklich. Ich bellte Kommandos, als wäre ich in echten Schwierigkeiten, und gelegentlich schien es mir, als befänden wir uns auch in welchen. Ich tat alles, wozu sowohl das Flugzeug als auch ich in der Lage waren – Notabstiege, Sackflug, Steilkurven, Langsamflug, einen »canyon approach«, Feuer in Kabine und Triebwerken, ungewöhnliche Flugmanöver. Ich begegnete davonlaufender Trimmung, Hydraulikausfällen, Elektrobränden und allen nur denkbaren abnormen Zuständen. Ich vergaß alles um mich herum, außer, daß die Maschine das tat, was ich von ihr verlangte; ich entsann mich aller Verfahrensabläufe, konzentrierte mich ganz auf das, was ich gerade tat, und brüllte Anweisungen, als wäre ich ein Schiffskapitän, der die Evakuierung seiner Passagiere mit dem Megaphon leitet.

All das nahm ich kommentarlos hin. Aber ich konnte der verzerrten Aufgabenstellung an den Captain nicht zustimmen. Zu erwarten, daß der Captain von Hand fliegt und allein die vielfältigen Probleme löst, mit denen er während eines Notfalls konfrontiert wird, macht keinen Sinn. Ich habe etliche kritische Situationen erlebt, und ich meisterte sie mit Hilfe meiner Besatzung. Oftmals war gar keine Zeit für ein Vorgehen nach dem Lehrbuch. Ich erinnere mich an einen Piloten der BOAC, der zu uns kam, um auf der Boeing 707 ausgecheckt zu werden. Ihm wurde während eines

Fluges »Feuer in Triebwerk Nummer drei« gemeldet. Der Engländer wandte sich gelassen an den Prüfungs-Copiloten und sagte: »Würden Sie bitte das Feuer löschen?« Das ist nicht spaßig, sondern sinnvoll. Der Copilot war in der besten Position, um die fünf nötigen Maßnahmen nach der Checkliste abzuarbeiten.

Während meines Prüfungsfluges gab mir der Prüfer einen Notabstieg, ein Manöver, das bei einer plötzlichen Dekompression in der Kabine ein rapides Sinken aus 10 000 Metern Höhe lebensnotwendig macht, da die Luft dort oben nur ein Fünftel der Dichte wie in Meereshöhe aufweist.

Als ich in heulendem Sturzflug abwärtssauste und dabei die einzelnen Maßnahmen laut ausrief, simulierte der Inspektor einen Triebwerksausfall und schaltete ein Triebwerk ab. Ich hatte es nach dem vorgegebenen Verfahren für »Das Wiederanlassen im Fluge« zum Leben zu erwecken. Eigentlich war ich nach all diesen Hürden recht zufrieden mit mir. Aber als wir 3000 Meter erreicht hatten und wieder horizontal flogen, spürte ich eine Hand auf meiner Schulter.

»Captain«, sagte der Inspektor, »Sie haben einen Notfall. Ihre Passagiere atmen noch immer Sauerstoff durch ihre Masken. Die Kabinentemperatur ist nach wie vor unter null Grad. Meinen Sie nicht auch, daß Sie an eine Landung denken sollten?«

Hier begann George zu lachen. »Das ist ja albern! Wie weit kann man die Simulation eigentlich treiben?« Wir saßen für einen Moment still da. Dann sagte ich: »Erinnerst du dich an Slim Eckstrom? Während eines Überprüfungsfluges erhielt er die Meldung »Feuer in der Kabinenheizung«. Slim flog ruhig weiter und machte keine Anstalten, den Feuerlöscher zu betätigen. »Sie haben ein Feuer, Captain«, wiederholte der Checkpilot, »und wenn Sie es nicht löschen, werden wir alle brennend abstürzen!« Slims Gesicht wurde puterrot, aber er antwortete ruhig: »Kaum, denn ich pflege die Kabinenheizung niemals einzuschalten.«

Als wir für die Instrumentenanflüge unsere Höhe verließen, fragte mich der Flugingenieur, ob ich eine Tasse Kaffee wünschte. »Was wollen Sie hineinhaben, Skipper? Milch und Zucker?«

»Nichts davon«, schnauzte ich, »nur einen ordentlichen Schuß Adrenalin!«

Als keine Notsituation mehr übrig und auch meine Energie fast verbraucht war, kehrten wir zum Flughafen zurück. Ich rollte vor den Hangar, setzte die Parkbremse und schloß die Treibstoffzufuhr. Die Turbinen blieben seufzend stehen.

»Gute Arbeit, Skipper«, bemerkte der Flugingenieur, »Sie haben mir nicht ein einziges Mal Angst gemacht.«

Und Dave Campbell sagte, während er mir die Hand auf die Schulter legte, mit lauter Stimme, damit ihn Lockenköpfchen auch hören konnte: »Deine Zusammenarbeit mit der Crew und deine Anweisungen waren ausgezeichnet, deutlich über dem Durchschnitt.«

»Danke, Dave«, sagte ich, und dachte: ›Was aber meint der Inspektor?‹

»Lassen Sie uns ins Büro gehen und die Sache ein wenig durchsprechen«, sagte dieser Guru, nicht bereit preiszugeben, ob ich nun durchgefallen war oder bestanden hatte.

Ich schenkte mir einen weiteren Scotch ein, und wir saßen eine ganze Weile still da, George und ich. »George«,

. . . . . .

sagte ich dann, in seine hellblauen Augen blickend, »der Jet ist die reinste Freude, aber sie geben sich alle Mühe, sie dir zu verderben.«

»Ich weiß«, antwortete George, und seine Stimme klang flach, »Heldentum ist auch nicht mehr das, was es einmal war.«

JEDEN TÖTET, WAS ER LIEBT

*Each man kills the thing he loves,
By all let this be heard.*
OSCAR WILDE

Seit unserem Umschulungskurs auf den Jet hatte ich George Knuth, außer bei einigen wenigen kurzen Begegnungen im Flugvorbereitungsraum vor Antritt unserer Flüge, nicht mehr gesehen. Ein oder zwei Jahre später fand ich ihn in der Kabine einer Boeing 707 sitzen, die vor dem Pan-American-Hangar in Idlewild parkte. Er war über einen Stapel Flug- und Betriebshandbücher gebeugt.

»Hallo, George«, sagte ich, »bist du auch für den periodischen Überprüfungsflug eingeteilt?«

Er blickte auf, das Gesicht so grau wie der Asphalt unter dem Bauch unserer Boeing. Ja, er war für seinen zweiten Check eingeteilt, weil er den ersten vermasselt hatte. Die Überprüfungsflüge fanden zweimal pro Jahr unter Aufsicht eines Fluglehrers statt. Während dieser frühen Jahre flog gewöhnlich auch ein Fluginspektor mit. Flugzeuge standen kaum zur Verfügung, und die Checks wurden zwischen die planmäßigen Flüge gequetscht. Auf seinen ersten Überprüfungsflug hatte George zehn Tage warten müssen, bis ihm das Dispatchbüro mitteilte, daß eine Maschine am Mittag des folgenden Tages zur Verfügung stehen würde. Er ging früh zu Bett und flog seinen Check 50mal im Geiste durch, bis er gegen drei Uhr morgens schließlich einschlief. Um sieben rief man an und teilte ihm mit, daß sein Flug auf neun Uhr vorverlegt worden sei. Ob er rechtzeitig am Flughafen sein könne?

Ja, er konnte. Er verzichtete auf das Rasieren, stürmte die Treppe hinunter, stieß sich den Kopf am Garagentor und brach alle Geschwindigkeitsrekorde auf dem Weg zum Flughafen. Der Inspektor lief mit dem Checkpiloten der Gesellschaft, der als Copilot fungieren sollte, vor der Maschine ungeduldig auf und ab. Die drei gingen an Bord, und bevor George Zeit fand, sich ein wenig zu entspannen, waren sie bereits in der Luft. Der arme George war so konfus, daß er sich, wie die Piloten sagen, »weit hinter seinem Flugzeug befand«. Er war nicht in der Lage vorauszudenken; ein fatales Manko bei einem solchen Anlaß. Der Checkpilot brach den Flug ab.

Nun also hatte er den zweiten Versuch. Das zweite Mal ist hart. Das Selbstvertrauen ist erschüttert. Dieses Mal muß es klappen, sonst ... Man wagt nicht weiterzudenken.

Champe Taliaferro, der Checkkapitän, kam an Bord und durch den Mittelgang nach vorn. Groß, schlank, mit adlergleichen Gesichtszügen und glänzendem, schwarzem Haar, sah Champe aus, wie ein Flugkapitän eigentlich aussehen sollte, es aber selten tut. Champe nahm den Copilotensitz, und der Inspektor den Notsitz des Beobachters. Ich ließ mich am Tisch des Navigators nieder, froh darüber, daß George zuerst dran war und ich noch ein wenig die Gegend unter uns betrachten konnte.

Alles lief gut. Vor das linke Seitenfenster und vor die linke Hälfte der Frontscheibe waren Sichtblenden gesetzt worden, so daß George nur nach draußen schauen konnte, wenn Champe die Blenden hochfuhr.

George brachte die große 707 über alle Hürden und leistete exzellente Arbeit. Was jetzt noch fehlte, war der

Instrumenten-Anflug mit der Abschlußlandung. Er spürte, daß es geschafft war. Während des Abstiegs zündete er sich eine Zigarette an und gab ein paar Scherze zum besten. Instrumentenanflüge waren seine Spezialität: ILS-Empfänger einschalten, in den Landekurs einschwenken, die beiden Kreuzzeiger auf dem Zifferblatt zur Deckung bringen, und die Bahn würde genau vor uns liegen, wenn Champe die Blenden aufzog.

George arbeitete fast ein wenig lässig und mit dem Geschick eines Veteranen; es war ein perfekter Landeanflug. So perfekt, daß er den letzten Teil des Anfluges leider mit einem ausgefallenen Instrument durchführte. Der Inspektor hatte die Sicherung für die ILS-Anzeige herausgezogen und dadurch einen Instrumentenausfall simuliert. Eine kleine rote Flagge erschien im unteren Teil des Zifferblattes. George hatte sich mit Geschwindigkeit, Landekurs und Sinkrate so exakt an den Leitstrahl gehängt, daß sich die Maschine, als Champe die Sichtblenden in einer Höhe von 60 Metern hochzog, in perfekter Landeposition befand.

»Durchstarten!« befahl der Inspektor. »Und werfen Sie einen Blick auf die ILS-Anzeige.«

»Gottverdammt!« fluchte George, gab Schub und fuhr Fahrwerk und Klappen ein.

George war eiskalt erwischt worden; eine typische Falle, die viele Piloten auf Checkflügen in Schwierigkeiten brachte. Obwohl die kleine rote Flagge den Ausfall anzeigt, lagen die beiden Zeiger kreuzweise zentrisch auf dem Zifferblatt, so wie bei einem exakt geführten Landeanflug. Es handelte sich um einen Design- und nicht um einen Pilotenfehler, wenn ein Flugzeugführer nicht reagierte. Außerdem wird die ILS-Anzeige nur bei Instrumentenanflügen benutzt, so daß der Pilot daran gewöhnt war, ständig die rote Flagge zu sehen, wenn das Gerät inaktiv war. Man wird nicht durch etwas alarmiert, das man ständig vor Augen hat. Nebenbei, der Copilot, der die Instrumente während eines Anfluges ebenfalls überwacht und der nicht unter Streß steht, würde die Flagge sofort bemerken und den Captain informieren. Instrumentenüberwachung ist ein Teil seiner Aufgabe. Wer immer dieses Fehlerwarnsystem entworfen hat, sollte eine Abbildung dieses Instrumentes auf seinen Hintern eingebrannt bekommen.

Da er gutherzig war, gestand der Inspektor George einen weiteren Versuch zu. Wie ich erwartete, zog er die Sicherung wiederum heraus. George bemerkte es nicht, weil er nicht darauf gefaßt war. Ich konnte sehen, daß er nervös war.

»Lassen Sie bitte Captain Lodeesen im linken Sitz Platz nehmen«, sagte der Inspektor. George wußte, und ich wußte es auch, daß er erledigt war; ein glückloser Vogel, abgeschossen von der »Friendly« Aviation Administration.

Wir tauschten die Plätze. Bevor aber irgendeine Äußerung von seiten des Inspektors kommen konnte, kam ein Funkspruch von Pan American.

Sofortige Rückkehr. Die Maschine wurde für einen Linienflug benötigt. Konnte man mehr Glück haben?

Als ich Kurs auf New York nahm, wandte sich der Inspektor an Champe: »Hätten Sie etwas dagegen, wenn ich diesen Anflug mache? Ich würde gern etwas Praxis haben.«

»Von mir aus gern«, antwortete Champe, »ist es dir auch recht, Lodi?«

»Seien Sie mein Gast«, entgegnete ich. »Nimm sie eine Minute, Champe, bis ich aus meinem Sitz geklettert bin.« Und hier geschah es, daß ich den Inspektor mit seiner eigenen Waffe schlug.

· · · · · ·

Es waren lediglich zehn Minuten nach New York. Wir machten einen Direktanflug aus 1200 Metern Höhe auf die Bahn 04, Idlewilds Landebahn für Instrumentenanflüge. Ich sah den Inspektor auf die ILS-Anzeige schnippen; offenbar sollte ihm das helfen, die richtige Sinkrate beizubehalten.

Da dachte ich ... warum nicht? Eine solche Gelegenheit bietet sich niemals wieder. Ich streckte die Hand nach oben und zog die ILS-Sicherung heraus. Die rote Flagge leuchtete auf, und die beiden Kreuzzeiger blieben nach wie vor zentriert, da der Inspektor die Maschine exakt auf den Schnittpunkt von Tangente und Gleitpfad geführt hatte, der letzlich die Flugzeuge zum Gleitkurssender hinableitet. Wir rauschten hinunter. Der Inspektor bemerkte den Ausfall ebensowenig wie Champe, der vermutlich die Instrumente nicht überwachte, da es eigentlich ein Anflug nach Sicht war, und Champe nach anderem Flugverkehr in diesem Gebiet Ausschau hielt.

Wir landeten und rollten zum Hangar. Die rote Flagge war weiterhin sichtbar bis zu jenem Zeitpunkt, als wir die elektrischen Systeme abschalteten. Da drückte ich die Sicherung wieder hinein.

Jetzt hatte ich den perfekten Beweis. Aber was konnte ich damit anfangen? Einen Wirbel zu veranstalten, würde George nicht helfen. Es stünde das Wort des Inspektors gegen meines, und ich war nur unbedeutendes Fußvolk. Nebenbei: Wir hatten keinen echten Instrumentenanflug gemacht. Ich brachte die Angelegenheit beim Chefpiloten und seinem für das Training zuständigen Stellvertreter zur Sprache. Beide dachten nur an ihre vorgesetzte Behörde. »Um Gottes Willen, Lodi, keine Kritik! Wir haben mit denen bereits genug Ärger am Hals.«

· · · · · ·

Ich wußte, daß meine Ansicht richtig war, und diskutierte sie mit Champe.

»Du weißt, Lodi, daß ich meine Überprüfungen nicht auf diese Weise durchführe. Ein Checkpilot kann jeden Flugkapitän wie einen Idioten aussehen lassen. Du erschütterst sein Selbstvertrauen, und schon hast du ihn am Boden. Meine Aufgabe ist es nicht, die Schwächen eines Mannes offenzulegen oder ihn auszutricksen, sondern herauszufinden, ob seine Fliegerei dem Standard entspricht. Nicht, daß ich glaube, die vorgegebenen Standards seien zu hoch. Offen gesagt: Von allen Piloten, mit denen ich zu fliegen habe, sind lediglich zehn Prozent Spitze. Der Rest ist Durchschnitt.«

»Da hast du recht, Champe, aber das ist in allen Berufen so. Zufälligerweise gehörst du zur Spitze. Nicht alle können so gut sein. Glücklicherweise brauchen sie es auch nicht. Die Verkehrsfliegerei ist etwas für durchschnittliche Piloten. Aber du mußt zugeben, daß in unserem Gewerbe der Durchschnitt verdammt gut ist.«

»Das denke ich auch«, lachte Champe auf seine charmante Art, und viele Lachfältchen kräuselten sich um seine Augen. »Denn sonst wären alle bereits tot.«

George hatte einen Routine-Checkflug zweimal verhauen. Was bewies das? Daß er ein schlechter Pilot war? Er war zwanzig Jahre lang ohne den kleinsten Fehler geflogen. George hatte durch diese Checks nichts Wichtiges gelernt. Sie hatten nur sein Selbstvertrauen zerstört und ihm die Freude am Fliegen für viele Monate vergällt. Diese Tests, die Ausfälle und Notsituationen während des Fluges simulieren, halten nicht das, was sie versprechen. George war das perfekte Beispiel.

Diese Überprüfungsflüge sind nicht die Wirklichkeit, die

Wirklichkeit ist etwas völlig anderes. Als die Explosion eines Treibstofftanks einen Außenflügel von seinem Jet abriß, zeigte George Knuth, was einen richtigen Piloten ausmacht.

Die Geschichte von Georges letztem Flug ist eine von jenen, die Schriftsteller gern mit den Worten beginnen: »Und sie hatten noch 33 Minuten zu leben.«

Der »Elkton Crash« machte die Luftfahrtwelt fassungslos. Es war Pan Americans erster Verlust eines Jets. Die Ursache lag in einem Blitzeinschlag, bis dahin als relativ harmlos eingeschätzt. Das Federal Accident Investigation Board gab 124000 Dollar für die ausgedehnte Unfalluntersuchung aus. Viele Leute am Boden und die Besatzung eines anderen Düsenverkehrsflugzeuges erlebten den Absturz unmittelbar mit.

Es war die kleine Stadt Elkton, Maryland, unweit Philadelphias. Es war acht Uhr abends an diesem 8. Dezember 1963. Acht Flugzeuge waren übereinandergestapelt und warteten auf ihre Landeerlaubnis durch die Flugverkehrskontrolle. Diese Maschinen kreisten mit jeweils 300 Metern Höhendifferenz zur nächsten Maschine und wurden von der Kontrolle als kleine Lichtflecken auf den Radarschirmen gesehen. Die Augen der Controller hingen gebannt an diesen kleinen Leuchtpünktchen, die durch winzige Markierungen identifiziert werden konnten, die sich zusammen mit den Punkten über den Schirm bewegten. Eine vertikale Einteilung kann auf Radarschirmen nicht dargestellt werden.

Für das Gebiet, in dem die Flugzeuge kreisten, wurden Sturmwarnungen gemeldet: »Über dem östlichen Maryland, dem östlichen Virginia, Delaware, dem östlichen North Carolina und den Küstengewässern häufige mäßige bis schwere

Turbulenzen unterhalb 4500 Metern mit lokaler Turbulenz unterhalb 2100 Metern.«

Extreme Turbulenz ist Turbulenz, die ein Flugzeug in Stücke reißen kann.

Diese Wetterbedingungen wurden durch eine Böenwalze am Rande einer Kaltfront verursacht, die aus Kanada herübergekommen war. Sie ging mit einer Reihe schwerer Gewitter einher und bewegte sich auf den Atlantischen Ozean zu. Dieser Sturm war, wie sich herausstellen sollte, einer der schwersten, den es je gab. Die über Philadelphia in der Warteschleife kreisenden Flugzeuge sahen sich zwei Gefahren gegenüber: extremen Turbulenzen und Blitzeinschlägen.

Der Blitz ist ein komplexes Phänomen, über das zu jener Zeit relativ wenig bekannt war. Flugzeuge wurden schon immer von Blitzen getroffen. Dabei empfängt das Flugzeug, ein Faradayscher Käfig, den Einschlag; die elektrische Aufladung verteilt sich auf der Außenhaut der Maschine und wird an die Atmosphäre abgegeben. Jedenfalls glaubte man das – bis zur Katastrophe in Elkton.

Als George Baltimore in Richtung Philadelphia verließ, wußte er nichts von dieser bedrohlichen Entwicklung. Anderenfalls wäre er niemals gestartet. Aus unbekanntem Grund gab das Wetterbüro der Vereinigten Staaten keine Warnung in Form einer Eilmeldung heraus, die eine unmittelbare Mitteilung an alle Luftfahrzeuge in diesem Gebiet zur Folge gehabt hätte.

George startete in Baltimore mit 73 Passagieren und acht Besatzungsmitgliedern an Bord. Der Flug hatte in San Juan, Puerto Rico, begonnen. In Baltimore waren 71 der ursprünglich 144 Fluggäste ausgestiegen. Sein Flugzeug war eine Boeing 707-121 – übrigens das allererste Exemplar dieses Typs, welches an Pan American ausgeliefert worden war. Als Copilot saß John Dale neben ihm.

Pan-American-Flug Nummer 214 begann über dem Anflugfunkfeuer in einer Höhe von 2400 Metern, unterhalb einer DC-9 der National Airlines mit der Flugnummer 16, zu kreisen. Georges Wetterradar zeigte mehrere Gewitterzellen in der näheren Umgebung. Ihnen konnte ausgewichen werden. Aber die Turbulenzen vereinzelter Böen in niedrigeren Höhen waren unsichtbar. Blitze füllten den Himmel. Meldungen über Turbulenzen von anderen Maschinen hörte George mit; jedoch traf er in seiner Höhe nur auf mäßig rauhe Luft.

Inzwischen hatte Allegheny-Flug Nummer 908 die Landefreigabe erhalten. Die beiden großen Jets kreisten weiterhin in der Warteschleife, National 16 nunmehr in 1800 und der PanAm-Clipper in 1500 Metern Höhe, wo die stärksten Windscherungen vorhergesagt worden waren.

»Okay, Clipper 214«, sagte Philadelphia. »Halten Sie Position nach Anweisung, und wir holen Sie rein, sobald es geht.«

»Keine Eile«, kam die kühle Stimme von dem Clipper. »Wir akzeptieren Freigabe zu jeder Zeit.«

»Prima«, sagte Philadelphia.

Aber es war nicht prima.

In diesem Moment starrten die Piloten von National 16 ungläubig auf einen riesigen Feuerball, wo eine Sekunde zuvor noch die Navigationslichter des PanAm-Jets geblinkt hatten. Und im selben Augenblick wurde ihre eigene Maschine von einem grellen Blitz geblendet, und ein gewaltiger Donnerschlag betäubte ihre Ohren.

Bevor Captain Malcolm M. Campbell von National 16 zum Mikrofon greifen konnte, kam eine Stimme durch den

• • • • • •

Äther, eine Stimme, gefaßt und ruhig und frei von jeder Panik.

»Philly Control – wir haben die Kontrolle verloren.«

Der Fluglotse schrie in sein Mikrofon: »Clipper 214, hören Sie? Haben Sie Philadelphia gerufen?«

Statt dessen antwortete der Copilot von National 16, Gerald Sutliff. Er schaute entgeistert auf das Schauspiel unter ihnen. »Clipper 214 stürzt brennend ab!«

Nach dieser entsetzlichen Meldung stammelte der Philadelphia-Controller in sein Mikro: »Clipper 214 ... sind Sie noch auf der Frequenz ...?«

Aber George hatte seine letzte Meldung abgesetzt.

DREI SEKUNDEN

Zeit ist relativ. Als Albert Einstein einmal gebeten wurde, seine Relativitätstheorie zu erläutern, soll er geantwortet haben: »Es ist ungefähr so: Wenn du mit einem schönen Mädchen zwei Stunden zusammen bist, ist es wie zwei Minuten. Wenn du aber zwei Minuten auf einem heißen Ofen sitzt, kommt es dir wie zwei Stunden vor.«

Mein Freund Charles H. Kimes fällte die größte Entscheidung seines Lebens in drei Sekunden. Ich habe ihn nicht gefragt, aber ich vermute, daß sie ihm wie drei Stunden vorgekommen sind.

Am Montag, dem 28. Juni 1965, kurz nach dem Start von San Francisco nach Honolulu, spürte Kimes ein schweres Schütteln in seiner Boeing 707. Unmittelbar darauf folgten das Läuten der Feueralarm-Glocke für Triebwerk Nummer vier und das Blinken der roten Feueralarm-Leuchte auf der Instrumententafel. Weder Chuck noch sein Copilot konnten sehen, was los war, weil aus einem Jet-Cockpit heraus die inneren Triebwerke den Blick auf die äußeren verdecken. Die Passagiere allerdings hatten eine großartige Aussicht.

»Ich sah einen Widerschein in der Kabine«, berichtete später ein Fluggast, »ein gelbliches Flackern. Ich konnte das Triebwerk nicht mehr sehen, so daß ich annahm, daß es bereits abgefallen wäre. Ich saß neben zwei Mädchen. Eines von ihnen nahm die Hand des anderen und sagte irgend etwas wie ›Bleib ruhig, Baby, die Maschine brennt‹. Ich legte meine Hand auf die ihren und versuchte, sie zu beruhigen.«

Eine junge Dame auf einem Fensterplatz sah es folgendermaßen: »Ich hörte ein gewaltiges ›Whumpf‹ – eine plötzliche Flammenexplosion. Dann eine Sekunde später ein noch lauteres Geräusch, und ich verspürte einen Ruck. Als der Flügel abfiel, war es, als würde die Maschine unter uns wegsacken.« Eine Mutter erzählte: »Ich wußte gar nicht, daß irgend etwas nicht in Ordnung war, bis ich jemanden schreien hörte: Der Flügel brennt! Ich sah, daß wir uns dicht neben der Golden Gate Bridge befanden. Wissen Sie, was unsere kleine Tochter sagte? Sie sagte: ›Daddy, muß ich nun sterben?‹« Ruhig erinnerte sich ein anderer Passagier: »Der Flügel begann sich aufzulösen, und fiel hinunter. Es sah phantastisch aus. Teile brannten ab. Ich verstand nicht, wie wir weiterfliegen konnten. Alles, was von der einen Tragfläche noch übrig war, war ein Stumpf.«

Inzwischen hatte Kimes herausgefunden, daß er das Flugzeug unter Kontrolle halten konnte, indem er die Seitenruder- und die linke Querrudertrimmung betätigte, um eine stabile Fluglage zu erreichen. Wohl wissend, wie seine Passagiere sich fühlen mußten, griff er zum Mikrofon. »Wir hatten einige kleine Schwierigkeiten … Nein, ich sollte nicht kleine sagen …« Fluggäste berichteten später, daß daraufhin viele von ihnen lachten. Von diesem Moment an hielt Kimes den Kontakt zur Kabine und verhinderte eine Panik. »Ich wartete, bis ich ziemlich sicher war, daß wir in der Luft bleiben würden«, sagte er später. Er hielt seine Höhe von etwa 3600 Metern und die Geschwindigkeit von

370 Stundenkilometern, um den Druck auf den beschädigten Flügel so gering wie möglich zu halten.

Nichts und niemand vermag das Gefühl zu beschreiben, wenn man ein bockendes Flugzeug davon abzuhalten versucht, in die Rückenlage umzuschlagen, und jede Sekunde die Haupttanks explodieren können. In einem solchen Moment wird der Pilot entweder paralysiert, oder er tut das, was zu tun ist. Glücklicherweise – wohl aufgrund langer Erfahrung – tun die meisten Piloten das, was zu tun ist. Dieses Gerede über Heldentum und Wunder ist so unsinnig wie die Diskussion darüber, ob in China ein Sack Reis umgefallen ist oder nicht. Ein Pilot ist kein Held. Auch vollbringt er keine Wunder. Seine Ausbildung, seine Erfahrung und sein Adrenalin lassen ihn automatisch Dinge tun, von denen er selbst nicht glaubt, fähig dazu zu sein.

Weil dies der entscheidende Punkt ist, erlauben Sie mir, Chuck selbst zu zitieren.

»Nun zähle langsam – einundzwanzig, zweiundzwanzig, dreiundzwanzig. Während dieser drei Sekunden gingen mir folgende Gedanken durch den Kopf. Ich dachte sofort an George Knuth, als sein Copilot ausrief:»Explosion an der Flügelspitze!« Als George von einem Blitz getroffen wurde, während er in der Warteschleife kreiste, durchliefen Feuer und Explosion des Blitzeinschlages sämtliche Tanks über die Verbindungsleitungen. Aber es ging das Gerücht, daß George trotzdem noch für 600 Höhenmeter die Kontrolle über sein Flugzeug hatte.

Ich entschied augenblicklich, eine Höhe deutlich unterhalb von 600 Metern einzunehmen. Der nächste Gedanke galt Musick auf seinem letzten Flug über den Pazifik mit einem S-42-Flugboot. Warum? Ich hörte ein Gerücht, daß, wenn seine Geschwindigkeit höher als die des sich ausbreitenden, brennenden Flugbenzins gewesen wäre, er Sprit hätte ablassen und eine Explosion der Maschine hätte vermeiden können. So war mein unmittelbares Ziel, meine Geschwindigkeit soweit als möglich zu erhöhen und über das zerklüftete Gebiet westlich San Franciscos hinwegzukommen.

Aber warum meine Entscheidung, zur Travis Air Force Base weiterzufliegen, die rund 80 Kilometer südlich von San Francisco liegt? Travis hat eine 3600 Meter lange Landebahn, haufenweise Notfallausrüstungen und jede Menge Hospitalkapazität. Diese Entscheidung war leicht.

Ende der drei Sekunden.«

Für einen Mann wie Kimes würde die Landung kein Hindernis sein, obwohl das Ereignis schon ein paar spektakuläre Momente hatte. Flugzeuge von Travis flogen dicht neben dem Clipper her, um Chuck über das Ausmaß der Beschädigungen zu informieren. Die Bugradverriegelung würde manuell fixiert werden müssen, weil das Hydrauliksystem ausgefallen war. Die Evakuierung der Flugzeuginsassen würde mit Hilfe der aufgeblasenen Notfallrutschen erfolgen. Die Landeklappen würden lediglich auf 30 Grad ausgefahren werden können, was eine Hochgeschwindigkeitslandung bedeutete. Und die Radbremsen würden vermutlich nicht funktionieren.

Chuck setzte die schwerbeschädigte 707 exakt 24 Minuten nach dem Start auf. Er stellte die Innentriebwerke auf Umkehrschub und nutzte jeden Zentimeter von Travis 3600 Meter Beton.

Die Fluggäste glitten unter der fachkundigen Anleitung des Kabinenpersonals über die Evakuierungsrutschen in Sicherheit. Eine Passagierin meinte: »Als ich aus der Maschine kam, trug ich keine Schuhe und hatte mir die Rückseiten meiner Strümpfe auf dem Asphalt zerrissen. Ich hatte meinen Lippenstift völlig verschmiert und war klatschnaß geschwitzt, und meine erste Reaktion war: All diese gutaussehenden Air-Force-Jungs, und ich biete diesen Anblick!« Und Mrs. Irene Lawliss stellte fest: »Wir hatten eine perfekte Landung in Travis. In der Tat war die Landung besser als der Start, der mir recht rauh vorkam.«

Und Chuck dachte: »Gott war nicht mein Copilot, sondern er hatte das Kommando.« Lediglich das Triebwerk Nummer vier, das auf San Bruno, ein Wohngebiet, herabstürzte, richtete einigen Schaden an. Es schlug in das Dach einer Baufirma ein, verfehlte nur knapp drei Arbeiter, durchbrach dann eine Betonmauer und blieb auf einem Verbindungsweg liegen. Teile des brennenden Außenflügels richteten geringen Sachschaden an.

Die »Daedalian Civilian Air Safety Trophy« für 1965 wurde an Captain Charles H. Kimes und seine Besatzung verliehen für exzellentes Teamwork sowie Demonstration von einwandfreier Urteilsfähigkeit und fliegerischem Können.

Ein nettes Memento, um es an die Wand zu hängen. Obwohl ich glaube, daß die meisten von uns sehr gut ohne diese Auszeichnung auskommen.

Mother Goose

Die Erinnerung an jenes Mädchen, mit dem du von deinem ersten Tanz heimkamst und das du auf der Treppe küßtest, kann die Zeit nicht auslöschen. Flugboote entfachten diese Schwärmerei ebenfalls in meiner Seele. Und obwohl ich später mit vielen Flugzeugen glücklich zusammenlebte, kam ich niemals über diese erste Liebe hinweg. Mit einem Magnetkompaß vor und einer Lunchbox unter mir steuerte ich Flugboote über aquamarinblaue Lagunen, über palmengesäumte Strände und Korallenriffe hinweg. Ich jagte meinem Schatten über schlammigen Flußmündungen nach und spielte Verstecken mit den Wolken.

Aber nichts währt ewig, und das strahlende Mädchen, das mein Herz entflammte, wandelte sich zur Hausfrau und Köchin. Sie umgaben das Cockpit mit Glas, taten Räder unter den Rumpf und begannen, Beton zu schütten. Dann übernahmen die Leute vom Boden das Ganze, und die Romantik wich aus dem Cockpit. Luftfahrt wurde zur Industrie, Fliegerei zur Technik, und ich überwachte die Geräte.

Da traf ich »Mother Goose«.

»Mother Goose« war das Flaggschiff von Charlie Blairs »Flug-Show«. Die Legende besagt, daß, als Charlies Blick zum ersten Mal liebkosend über ihre altertümliche Gestalt glitt, sie entzückt zurückgequakt haben soll. Dieses ehrwürdige Grumman-G-21A-Amphibium repräsentierte die komplette Flotte der »Antilles Air Boats, Inc.«, und Blair setzte sich selbst als Vorstandsvorsitzenden ein. Charlie war nicht irgendein Pilot. Er stellte einen Rekord für einmotorige Propellerflugzeuge auf. Er flog in einem Jagdflugzeug aus dem Zweiten Weltkrieg vom Typ P-51 Mustang über den Nordpol, das heute in der Ehrenhalle des Smithsonian Institute in Washington, D. C., steht. Er leitete die erste Luftbetankung von Jägern über dem atlantischen Ozean. Daß ein Mann wie Charlie von einem mehr als dreißig Jahre alten, rostigen Schrotthaufen fasziniert sein konnte, zeigt, daß er genauso verrückt war wie ich.

Blairs Imperium bestand aus Mother Goose, einigen Ersatzteilen, verschiedenen Marineausrüstungsgegenständen, zwei Boston-Walfängern und fünf »klassischen« Autos für die angeworbenen Hilfskräfte. Der Flugdienst begann zwischen St. Croix und St. Thomas auf den Virgin Islands, ein Hüpfer von 65 Kilometern. Angetrieben von zwei 450-PS-Wasps, konnte das Flugboot zwölf Passagiere in intimem Beisammensein in seiner winzigen Kabine befördern.

Charlie zog mich mit typischer Gerissenheit in seinen Bann. Wir flogen in einer Boeing 707 von London nach New York, er als Skipper und ich als Besatzungsmitglied ohne Funktion. Charlie sprach nostalgisch über Flugboote. Nachdem er meine sentimentalen Vorstellungen entfacht hatte, fragte er beiläufig: »Wie würde es dir gefallen, wieder ein Boot zu fliegen?«

»Sei nicht albern. Das Flugboot ist ausgestorben.«

»Das denkst *du*. Komm mit nach St. Croix, und ich werde dir etwas zeigen.« Zwei Tage später starteten wir mit Mother Goose aus der Lagune von Christiansted. »Okay«, meinte Charlie, »laß uns sehen, ob du dich an die alten Tage erinnerst.«

Ich schob den Gashebel nach vorn und zog das Steuerrad zurück. Gischt sprühte an die Frontscheibe, als sich das kleine Boot anhob. Über die Wasseroberfläche hinwegziehend nahm ich langsam den Bug empor. Schon waren wir oben, anmutig wie eine Möwe, die aus der Flushing Bay aufsteigt. Ich war wieder dort, wo ich einst begann.

Der Start eines Jets ist eine Angelegenheit von Kraft und Größe. Man wird in einem Raketensessel in den Himmel geschossen. Seeflugzeuge hingegen sind eine ganz andere Angelegenheit. Auf dem Wasser treibend spürt man das Schlagen der Wellen an den Rumpf. Hat man abgewassert und fliegt an den Dalben, Tonnen und Bojen vorüber, ist die Sensation der Geschwindigkeit mit mickrigen 185 Kilometern pro Stunde ungleich größer, als wenn man mit dem Jet an der Schallmauer kratzt. Bei Wind ändert sich das Plätschern der kleinen Wellen zu gewaltigen Schlägen, und man wundert sich nur, daß die Flügel dranbleiben.

In einem Jet ist die erste Amtshandlung, Höhe zu gewinnen. In Mother Goose kümmerten wir uns darum weniger. Charlie hatte einen Piloten engagiert, der früher in Arkansas Pflanzenschutzmittel über den Feldern versprüht hatte. Er hatte mehr Flugstunden unterhalb von zehn Metern als ich oberhalb von 10 000. Er war ein Meister des bodennahen Fliegens. Er liebte es, in Tischhöhe über das Riff hinwegzustreichen und dann in den Wind zu drehen wie ein Albatros, der über die Wellen gleitet und die Kämme dabei mit der Flügelspitze berührt. Mit all meinen Goldlitzen würde ich in diesem Spielzeugboot niemals so gut ausgesehen haben wie er.

Wartung und Instandhaltung nehmen mehr Zeit in Anspruch als alle anderen Aktivitäten auf dem Schauplatz eines Luftfahrtunternehmens. Und so betraten zuerst Toolsie und dann Chopski die Bühne. Toolsie, übrigens sein richtiger Name, arbeitete bereits für Pan American, als die Flugzeuge noch keine Räder hatten. Er wechselte einst einen Motor an einem Flugboot auf dem Orinoko, indem er ihn von einem Baum herabließ. Chopski war ein Flugingenieur, ebenfalls von Pan American. Chopski war Golfer, und Toolsie jagte Schlangen, aber ansonsten waren beide absolut normal.

Gerade zu dem Zeitpunkt, als Toolsie abreiste, um seine Familie in Trinidad zu besuchen, meinte Jo Chopski, Urlaub machen zu müssen. Er wurde augenblicklich zum Dienst gezwungen. Man händigte ihm den Schlüssel zu einem der »klassischen« Automobile aus, damit er zur Arbeit fahren konnte. Alles, was der arme Jo von St. Croix sah, war die Straße zum Flugplatz.

Zur Wartung überführten wir Mother Goose zum Alexander Hamilton Field, dem regulären Flugplatz von St. Croix auf der anderen Seite der Berge. An einem Freitag abend landeten wir in Hamilton Field mit einer festgeklemmten Seitenrudertrimmung. Normalerweise benutzten wir die Wochenenden, um uns selbst zu überholen. Aber es war Karneval in St. Thomas, und Charlie hatte je fünf Trips für Samstag und Sonntag eingeplant.

Chopski, Charlie und ich zogen uns bis auf das Allernotwendigste aus und krochen hinunter in die Bilge. Unser Kratzen und Schaben wurde nur gelegentlich durch ein kaltes Bier unterbrochen. Gegen Mitternacht wurde Chopski ohnmächtig, als er mit dem Kopf nach unten in der Bilge hing, und Charlie schwor, während er sich mit einem Grasbüschel das Öl aus dem Gesicht wischte, er würde lieber an einem regnerischen Weihnachtsmorgen mit einem Kater in einer jugoslawischen Zollbaracke stranden. Aber wir bekamen Mother Goose in einen flugfähigen Zustand. Wir alle waren stolz darauf. Zu guter Letzt, als die alte Lady versorgt, ihre Bilgen trockengelegt und ihr Rumpf herausgeputzt waren, fuhren wir zurück zu Charlies Haus in den Bergen oberhalb Christiansteds. Bei einigen Bieren gingen wir die Ereignisse des Tages – und der Nacht - noch einmal durch und fielen dann ins Bett, denn der Wecker würde um sechs läuten.

Über der hohen Meeresdünung kreisend blickte ich hinab, besorgt darüber, was ich tun könnte, wenn jetzt ein Motor ausfiele. Das Herz schlug mir bis zum Hals, als ich die Rampe hinaufrollte, die Bremskammern voller Wasser. Ich konnte nur eben genug Leistung setzen, um die Maschine über die Steigung hinweg auf die ebene Fläche zu bekommen, die von Schuppen und Ausrüstungsgegenständen gesäumt war. Zum ersten Mal in meinem Fliegerleben wurde ich übervorsichtig. Warum das alles? War das hier wert, ihm den Rest meines Lebens zu widmen? Würde ich es genießen, mein Leben in Christiansted zu verbringen – ganz sicher ein Touristenparadies, jedoch kulturell ein Entwicklungsland.

Dann, eines Morgens, startete ich aus der Lagune. Es war windstill, die Maschine war schwer, bis zum Maximum betankt. Neun Fluggäste saßen in der Kabine, der zehnte saß neben mir im Copilotensitz. Ich zog das Steuerhorn zu früh zurück. Mother Goose reagierte wie ein verspielter Delphin, machte große Sprünge und prallte zurück auf das Wasser, jeder Satz war höher und jeder Aufprall entsetzlicher. In einem solchen Fall ist die einzige sichere Maßnahme, das Gas wegzunehmen, sich festzuhalten und zu beten.

• • • • • •

Gute, alte Mother Goose. Nicht ein Teil war defekt, als wir sie auf der Rampe untersuchten. Das war mehr, als ich von mir selbst sagen konnte. In dieser Nacht meinte ein Freund zu mir: »Lodi, sei kein Dummkopf. Du bist dreißig Jahre geflogen, ohne einen Unfallbericht unterschrieben zu haben. Willst du dir in diesem rostigen Eimer noch deinen Hals brechen?«

Als ich das letzte Mal auf der Rampe von Christiansted stand, schaute ich Mother Goose nach, wie sie hinausglitt und zwei weiße Bugwellen vor sich herschob. Palmwedel rauschten am Himmel. Die Sonne schien hell und strahlend und zeichnete meinen Schatten dunkel auf die Planken der Rampe. Ist nicht der Schatten das Kind des Lichts? Es war bereits nach zwölf, ja, aber noch ein langer Weg bis Mitternacht.

Ich ging davon und pfiff eine fröhliche Melodie.

Acht Pfeifen ab London

Ich gehe zu Joe, dem Dispatcher, der hinter seinem mit Bergen von Papier beladenen Schalter steht, und frage nach meinen Unterlagen.

»Hier haben wir Sie, Captain.« Joe schiebt einen Stoß Formulare über den Tisch. »Ich komme gleich zu Ihnen, nachdem ich Captain Zilch abgefertigt habe.«

Ich schaue auf die Dokumente, die zum Flugplan gehören: Wettervorhersagen, 300-, 250- und 200-Millibar-Karten, Höhenwinde, die Deutung von Luftturbulenzen, Jetstream, Meldungen vom Kennedy Airport, unserem Zielflughafen, und außerdem verschiedene reguläre als auch Ausweichhäfen entlang der Strecke. Ich studiere das Diagramm, das die voraussichtliche Flugzeit in Relation zum verbrauchten Treibstoff setzt. All dies ist die gleiche Routine, mit der sich ein Chirurg die Hände wäscht, bevor er zur Operation schreitet.

Ich unterschreibe den Flugplan. Nachdem auch Joe sein Autogramm daruntergesetzt hat, bin ich berechtigt, von London nach New York zu fliegen. Ich wende mich ab, um zu gehen. »Tanken Sie sie voll bis zum Maximum, Joe.«

»Warten Sie, Skipper. Ich habe Sie noch nicht instruiert.«

»Oh, das ist schon in Ordnung, Joe; ich muß jetzt los. Alles, was mich interessiert, ist nur: wird es auch Spaß machen?«

Der Mann im Kontrollturm drückt auf seine Mikrofontaste: »Freigabe für Kennedy Airport nach Flugplanroute. Steigen Sie zunächst auf 1700 Meter.« Diese Freigabe verbindet 150 Menschenleben miteinander. Wenn sie gut genug für mich ist, dann sollte sie gut genug für alle sein, denn ich lebe genauso gern wie jeder von ihnen.

Indem wir zu unserer Startposition rollen, gehe ich die Fakten und Zahlen durch, bis sie Gestalt annehmen. Während dieser Minuten starte ich, fliege meine Strecke, sinke wieder, mache meinen Landeanflug und lande – im Geiste. Ich blicke auf Anzeigen, Instrumente, Uhren, Hebel und Schalter. Sie sind nicht perfekt. Ich bin es auch nicht.

Ich will Sie nicht mit den zahllosen Details langweilen, die nur dann von Bedeutung wären, wenn Sie dabei sein könnten. Wenn Sie nie in der Nase eines Jets gesessen haben, der seine dreieinhalb Kilometer Beton verschlingt, um eine Geschwindigkeit von 350 Kilometern pro Stunde zu erreichen, ist jenes Gefühl nur schwer zu vermitteln, das einen überkommt, wenn man abhebt und am Bahnende die Butterblumen im Gras stehen sieht. Bisweilen habe ich dann ein trockenes Gefühl im Mund und sehne mich danach, meine erste Pfeife zu stopfen.

In den Jets habe ich mein eigenes Zeitmaß entwickelt – die Anzahl der gerauchten Tabakspfeifen zwischen Start und Landung. Ich habe stets zwei Pfeifen im Cockpit. Die eine zwischen den Zähnen und die andere auf der Fensterablage neben mir.

Ein Routineflug von London nach New York zum Beispiel währte acht Pfeifen lang. Wenn ich eine neunte stopfte, ergab sich eine ernste Diskussion mit dem Flugingenieur über die noch verfügbare Treibstoffmenge. Wurde das Zündholz für die zehnte Pfeife entfacht, bedeutete das, daß ich unterwegs nach Washington oder Montreal oder einem anderen Ausweichflughafen war.

Die Maschine bahnt sich ihren Weg durch die Troposphäre. Oceanic Control hat uns eine Höhe von 11 400 Metern zugewiesen; etwas zu hoch für unser Fluggewicht. Aber ob nun 11 400 oder 9600 Meter, wir geben unser Bestes. Die Luftstraßen über dem Nordatlantik beginnen einer Autobahn zu ähneln.

Auf meinem Oberschenkel ist eine Schreibunterlage befestigt, über meine Ohren sind Kopfhörer geklemmt, und an meiner Kehle baumelt eine Sauerstoffmaske. Mappen, Karten, Wetterprognosen, Navigationsformulare und eine, inzwischen erledigte, Startstreckenberechnung hängen an Saughaken und Klammern überall im Cockpit herum.

Während die noch zu fliegenden Kilometer stetig durch das Sichtfenster unserer computergesteuerten »Black Box« laufen, gleicht der Autopilot die Abdrift durch den Wind aus. Die Geschwindigkeit über Grund kann kontinuierlich abgelesen werden. Welch ein Unterschied zu dem Ratespiel, das wir im »China Clipper« spielen mußten!

Mein Erster Offizier, mein Flugingenieur und ich sind mit endlosem Beobachten der Instrumente beschäftigt, eine unaufhörliche Beurteilung aller ablesbaren Angaben: Triebwerksleistung, Abgastemperaturen, vordere und hintere Kompressoren, Kraftstoffdurchfluß, Generatorenleistung, Öltemperaturen, Hydraulikdrücke, Sauerstoff- und Kabinendrücke und noch vieles mehr.

Wir fliegen einige tausend Meter über einer geschlossenen Wolkendecke. Der feurige Sonnenball steht tief über dem Horizont, und da wir uns auf dieser Breite mit nahezu der gleichen Geschwindigkeit vorwärtsbewegen, mit der sich die Erde um ihre Achse dreht, scheint der Feuerball für immer an derselben Stelle zu hängen. Wir stellen ein paar Karten und Kissen vor die Frontscheiben, um das Gegenlicht abzuschirmen.

Der nadeldünne Leuchtzeiger auf dem Radar kreist um den Schirm und schleppt einen weißen Schleier wie einen Kometenschweif hinter sich her. Ein weißes Gebilde am oberen Bildschirmrand wird immer größer: Grönland.

Ich zünde meine vierte Pfeife an. Pfeifen brennen länger dort oben. Das stellte mich vor ein Rätsel, bis mir klar wurde, daß der Kabineninnendruck normalerweise einer Höhe von etwa 2000 Metern entspricht, wenn wir 10 500 Meter oder noch höher fliegen. Weniger Sauerstoff – langsamere Verbrennung. Grönlands Schatten schiebt sich vom Radarschirm. Die Wolken reißen auf, und die Sonne wirft goldene Strahlen auf den Schleier hoher Cirren, als wir unter ihrem gazeartigen Gespinst dahineilen.

Was denken Sie über diese Stunden hinter dem Autopiloten? Gelegentlich erzählen Piloten sich Witze; ich versuchte zu lesen, oder noch schlimmer, Eindrücke niederzuschreiben. Es funktionierte nicht. Ich muß in Alarmbereitschaft sein für die Augenblicke der Gefahr. Sie kommen vielleicht nie, aber wenn doch, habe ich bereit zu sein. Die Zeit, um umzuschalten, wäre dann vielleicht zu lang. Ich bin wieder dort, wo ich einst mit meinem Fluglehrer auf Doppeldeckern begann: in Sekundenbruchteilen bereit für einen »cut-gun« und eine Notlandung zu sein. Ich denke an meinen Freund Waldo Lynch. Als er sich, von der Toilette kommend, auf dem Weg nach vorn befand, ging seine Maschine plötzlich in einen Sturzflug über und warf ihn der Länge nach zu Boden. Unter Aufbietung aller Kräfte kroch er zurück in den Pilotensitz und konnte das Flugzeug wenige Meter über dem Meeresspiegel abfangen. Hätte er in seinem Sitz gesessen, wäre ihm dasselbe mit einem Höhenverlust von etwa 300 Metern gelungen. Anstatt Waldo für diese Leistung auszuzeichnen, erteilte ihm die Untersuchungsbehörde einen Verweis.

Ich klopfe die Asche meiner sechsten Pfeife im Aschenbecher aus. Eine Stewardeß kommt mit einem Tablett voller Kaffeetassen ins Cockpit.

»Wieviel Zucker möchten Sie in Ihren Kaffee, Captain?«

Ich fälle die wichtigste Entscheidung dieses Fluges: »Zwei Stückchen, bitte.«

»Ein weiterer Ozeanflug in diesem Logbuch«, witzelt unser Flugingenieur MacEwan, »und es tut kein bißchen weh.«

Ja, Mac, es war ein Kinderspiel. Wer erinnert sich heute noch an Alcock und Brown, die im Jahre 1919 als erste den Nordatlantik in einem Vickers-Vimy-Doppeldecker überflogen? Geschichten über den Atlantischen Ozean sind Geschichten von Männern: Nadd Odd, Leif Eriksson, Prinz Madoc, Martin Frobisher, Miles Standish, Charles Lindbergh; Gestalten realer und legendärer Art.

Einige überquerten den Ozean, um die Nordwest-Passage zu finden. Andere segelten, um ihrem Traum zu folgen, und manche brachen auf zur Suche nach Ruhm und Abenteuer. Alle halfen mit, die Brücke zwischen den Kontinenten zu errichten. Mit ständig zunehmendem Tempo bezwangen sie den Ozean.

Wir bezwingen den Ozean nicht auf unserem Flug, sondern wir ignorieren ihn einfach. Lichtpunkte in der Dunkelheit unter uns weisen auf menschliche Ansiedlungen hin.

Ich klingele in der Galley an und frage die Stewardeß, ob alle Fluggäste wach sind, um ihnen mitteilen zu können, daß wir in vierzig Minuten New York erreichen werden.

• • • • • •

Das ist meine dritte Ansage. Ich habe für Geschwätzigkeit nicht viel übrig.

Der Copilot wendet sich mir zu: »Boston Control gibt uns frei auf 6000 Meter. Sind Sie einverstanden?«

»Wir haben noch 9500 Kilogramm Kraftstoff für den Beginn des Abstiegs«, meldet MacEwan.

9500 Kilogramm hört sich viel an. Das ist es aber nicht, wenn man bedenkt, daß wir 3600 Kilogramm davon bis zur Landung ohne Verspätung verbrennen. Eine halbe Stunde Verspätung ist jedoch normal, und Verkehrsverzögerungen von einer Stunde sind nicht selten. Ein Durchstartmanöver würde uns allein 2300 Kilogramm Sprit kosten.

Ich klopfe die Asche aus meiner Pfeife und stopfe sie erneut. Dies ist das letzte Mal, und es soll bis zum Landeanflug reichen – hoffe ich. Ich ziehe die vier Schubhebel bis zur Leerlaufdrehzahl zurück und bewege den Drehknopf für die Sinkrateneinstellung am Autopiloten nach vorn. Sachte geht die Maschine mit der Nase voran und drei Metern pro Sekunde in den Sinkflug. Das Drehfunkfeuer in Deer Park, Long Island, richtet die Nadel unseres Peilgerätes direkt nach vorn.

»Sinken Sie auf 1500 Meter«, befiehlt New York Anflugkontrolle.

Ich sinke.

»Enteisung aus«, ersucht der Flugingenieur.

Ich schalte sie aus.

»Wechseln Sie auf die Frequenz von New York Radar Control«, blafft ATC.

Ich wechsele die Frequenz.

»Rechtskurve auf 235 Grad«, ordnet Radar Control an.

Ich drehe nach rechts.

· · · · · ·

»Sie kommen etwas zu schnell herein«, sagt der Erste Offizier.

Ich werde langsamer.

»Kabine ist drucklos«, berichtet der Flugingenieur.

Der Erste Offizier betet die Litanei der Lande-Checkliste herunter.

»Landung frei auf Landebahn 04«, informiert Kennedy Tower.

Ich drehe in das Endteil ein und erblicke den »Rabbit«, dieses pulsierende Blitzlicht, das zwischen zwei Reihen roter Landeleuchten regelmäßig nach vorn huscht. Niemand sagt ein Wort. Sie arbeiten mir alle zu. Diese Landung muß eine sanfte werden. Solider Beton ist unter uns. Ich werde flacher. Sachte jetzt, und sei nicht ungeduldig, sonst wirst du mit einem Bums aufsetzen. Ein kaum wahrnehmbares Beben geht durch die Struktur der 707, als die Räder die Landebahn berühren. Wir sind unten.

»Sie sind freigegeben zum Terminal-Vorfeld über den äußeren Rollweg«, kommt die Bodenkontrolle.

Wir rollen zum Terminal und schieben uns in unsere Position hinein. Die Turbinen drehen seufzend immer langsamer bis zum Stillstand. Nachdem ich die Asche aus meiner Pfeife geklopft habe, verstaue ich die Mappen, Karten, Sauerstoffmaske, Brille, Saughaken und Klammern in meiner Bordtasche, erhebe mich aus meinem Sitz und betrete die Kabine.

»Ein herrlicher Flug«, sprudelt ein begeisterter Passagier heraus, »und eine wunderbare Landung.«

Ich lächle.

War es romantisch? Hat es Spaß gemacht? Nicht in dem Sinne, den ich meine. Was nur habe ich verloren?

Du hast deine Jugend verloren, Skipper, und die Welt, die

du kanntest. Dein Herz ist nicht mehr dabei. Sei nicht stolz, wenn sie dir auf die Schulter klopfen und sagen: »Oldtimer, sowas wie Sie stellt man heutzutage nicht mehr her.« Ein Kompliment, dessen unausgesprochener Sinn ist: »Und man benötigt es auch nicht mehr.« Dein Leben war eine Suche nach Freiheit und Ringen um Individualität in einer Welt zunehmender und erstickender Konformität. Der Bursche zu deiner Rechten, der das Fahrwerk und die Klappen einfährt, kann es kaum erwarten. Das Ende deiner Welt ist der Beginn der seinen.

Ich gehe durch die Kabine zum Ausgang. Was für eine wunderbare Maschine ist das hier, unendlich viel effizienter als der alte »China Clipper«. Und doch war da etwas, was der »China« hatte, und dieser Jet nicht: Persönlichkeit.

Die Gebäude des Kennedy Airports als Silhouette gegen den Abendhimmel geht die Sonne über meiner Karriere unter. Ich gehe davon und schaue nicht zurück, denn man soll nicht über seine Schulter auf das blicken, was man liebt und nun verlassen muß.

Ich hätte wissen müssen, daß der Job nicht ewig währt.

· · · · · ·

Letzte Landung

Eine persische Sage erzählt von einem Gärtner, der zu seinem Herrn sagte: »Heute morgen habe ich auf dem Marktplatz den Tod getroffen. Er machte eine drohende Geste. Herr, bitte errette mich! Ich wünschte, ich könnte durch ein Wunder heute abend in Isfahan sein.« Der freundliche Herr lieh seinem Gärtner ein Pferd.

Am Nachmittag traf der Herr den Tod. »Warum«, fragte er ihn, »machtest du eine drohende Geste, als du heute morgen meinen Gärtner sahst?

»Ich machte eine Geste des Erstaunens«, antwortete der Tod, »als ich ihn heute morgen hier sah, so weit entfernt von Isfahan, wo ich ihn heute abend holen muß.«

Als Kind wurde ich belehrt, am Ende eines Besuches nicht so lange an der Tür stehen zu bleiben. Ich will mich kurz fassen.

Ich habe nicht alles gesagt, was ich sagen wollte, und auch nicht so gut, wie ich es sagen wollte. Das Werk ist vollbracht. Ich habe gegeben, was ich konnte, so wie ich es einst beim Fliegen auch getan habe. Ob alles einen Sinn hatte, vermag ich nicht zu sagen. Aber vielleicht liegt der Sinn des Lebens einfach darin, daß man seinem Leben einen Sinn gibt. Manche, denen ich begegnete, diejenigen, mit denen ich flog und lebte, gaben meinem Leben einen Sinn, der meine kühnsten Träume übertraf.

Ich schaue auf Dinge, die mich an all die Reisen erinnern, die Länder, die ich sah, die Menschen, die ich traf. Wir absolvierten so manchen Flug zusammen, meine Freunde und ich. Dann folgte jeder seinem Weg, und man verlor sich wieder wie Flugzeuge, die einander am Himmel passieren.

Cassmier starb nach langer Krankheit, kühn und ungebeugt bis zum Schluß. Tapper Dan radelt mit seinem Fahrrad über den Sternenstaub der Elysischen Gefilde, oder welches sonst der Ort für unerschrockene Abenteurer sein mag. Leo ist wahrscheinlich am Hofe Boris Godunows, den er so sehr bewunderte, vermutlich weil das Naturell des Zaren dem seinen so sehr glich. Maxl, der Kuhhirt von Namlos, wird wohl seine Mundharmonika für den Heiligen Franz von Assisi spielen. Möge der unsägliche Pedro nicht die himmlischen Weiden bei der Landung überrollen, und ich bitte schon jetzt um Vergebung für meine Hoffnung, Petrus möge Lockenköpfchen beiseitenehmen und zu ihm sagen: »Lassen Sie uns ins Büro gehen und die Sache ein wenig durchsprechen.« Ich erwarte, daß an der Eingangspforte goldene Flugzeugführer-Schwingen auf Bills Schulter geheftet werden. Charlie Blair, Ideal eines Piloten in einer Welt, die nicht mehr an Ideale glaubt, verabschiedete sich auf die für ihn einzig denkbare Art: es im Cockpit auszutragen. Ich bete, daß ich Charlie wiedersehe, wenn der lange Flug der fröhlich am Firmament quakenden »Mother Goose« vollendet ist und der »China« mit kostbaren Ballen beladene Luftschiffe anführt. Es sollte für alle ein kleines Plätzchen im Himmel vorhanden sein.

Ich hab einmal gelesen: »Wenn einer fünfundsiebzig ist, sollte ihn der Gedanke an den Tod nicht mehr beunruhigen. Ich akzeptiere diesen Gedanken mit Gelassenheit, weil ich überzeugt bin, daß unser Geist unvergänglich ist, voranschreitend von Ewigkeit zu Ewigkeit. Er ist wie die Sonne, die nur für unsere irdischen Augen auf- und wieder untergeht. In Wirklichkeit scheint die Sonne immer.«

Das ist es, woran ich glaube.

Das Leben beginnt weder mit vierzig, noch endet es mit sechzig oder achtzig. Das Leben beginnt jetzt. Und so werden wir am Ende der Reise nicht fragen: »Ist das alles?«

Meine Zeit ist vorüber; es war eine heilige Zeit. Ich glaube, daß ich nun alles ein wenig besser verstehe. Ich denke, ich kenne auch meine Freunde besser und hoffe, daß sie auch über mich etwas mehr erfahren haben. Unsere Leben waren miteinander verwoben und verflochten, verschlungen auf tausenderlei Weise.

Ich spüre eine Gelassenheit, da ich nicht mehr in Kampf und Sehnsucht eingeschlossen bin. Ich bin im völligen Einklang mit dem Fluß des Lebens, bin voller Sympathie und Mitgefühl. Das Erwachen habe ich in der Jugend erfahren; diesen Stolz darüber, allein dastehen zu können; diese Bereitschaft, der Stimme des Herzens zu folgen – all das ist vorüber. Allein habe ich begonnen, und allein werde ich enden mit meinen Gedanken.

Ich leere mein Glas und lösche die Kerze.

Ein buddhistischer Priester predigt über einem Neugeborenen: »Weinend kamst du auf diese Welt, während die anderen lachten. Verlasse diese Welt lachend, während die anderen weinen.« Ich habe immer gerne Landungen an meine Copiloten abgegeben. Aber bei meiner letzten Landung habe ich hoffentlich den Mut zu lächeln und zu sagen: »Fahrwerk ausfahren! Diese hier mache ich selbst.«

Bis dann.

DANK

Ich bedanke mich für die Erlaubnis zum Nachdruck von

THE VIRGIN OF DIEGO GARCIA
Explorers Journal, New York, März 1968

THE PLACE THAT KNEW THEM
Explorers Journal, New York, März 1969

FLYING DOWN TO RIO
Explorers Journal, New York, November 1971

THE ART OF FLYING
Flying Magazine, a Ziff-Davis publication, November 1971

APPOINTMENT TO NAWABSHA
Kurzfassung von *Faraway Christmas* aus Guideposts, New York, Dezember 1983

Teile dieses Buches erschienen in anderer Form in den Luftfahrtmagazinen *Der Flieger* und *Flugwelt*.

Mein ganz besonderer Dank gilt meinem Bruder Clifford, der meine eigenwillige Grammatik korrigierte und meiner Prosa den aufrechten Gang beibrachte. Ein Buch zu schreiben, ist eine Sache, es auf die Reise zu schicken, eine andere. Clifford war derjenige, der diesem Vogel das Fliegen beibrachte. Cliff und ich waren seit unserer Jugendzeit eng miteinander verbunden. Wir machten Musik in Kellertheatern und Tanzschuppen, er am Klavier, ich am Schlagzeug. Abenteuerlust und unsere Herkunft waren starke Gemeinsamkeiten.

Clifford wurde Chirurg und Schriftsteller und war als Bürgerrechtler aktiv. Ich blieb ein Herumtreiber, ruhe- und wurzellos. Keine zwei Menschen sind von ihrem Wesen her verschiedener als wir beide. Und doch teilten wir ein Leben lang Siege und Niederlagen miteinander und gaben uns in weniger guten Tagen Kraft und Zuversicht.

Zum unpassendsten Zeitpunkt, geplagt durch Krankheit und bedrängt durch viele Verpflichtungen, nahm Clifford die Herausforderung an, ein Buch zu überarbeiten, das von seiner Veröffentlichungsreife so weit entfernt war wie vom Mond.

Man sagt, was du für dich selbst tust, ist vergänglich; was du jedoch für andere tust, wird mit den Jahren immer mehr. Ich weiß, daß Cliffords Beitrag uns beide überleben wird.